KB079515

The Story of Christianity

그리스도교, 역사와 만나다

유대교의 한 분파에서 세계 종교가 되기까지 2,000년의 이야기

이 도서의 국립중앙도서관 출판시도서목록(CIP)은
서지정보유통지원시스템 홈페이지(http://seoji.nl.goV.kr)와
국가자료공동목록시스템(http://www.nl.go.kr/kolisnet)에서
이용하실 수 있습니다. (CIP제어번호 : CIP2020020363)

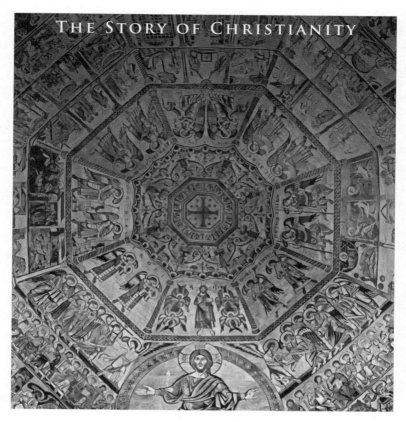

THE STORY OF CHRISTIANITY

그리스도교, 역사와 만나다

유대교의 한 분파에서 세계 종교가 되기까지 2,000년의 이야기

데이비드 벤틀리 하트 지음   양세규 · 윤혜림 옮김

비아
VIA

| 차례 |

들어가며   / *17*

1. 영광의 백성: 이스라엘   / *17*

2. 예수   / *27*

3. 메시아의 죽음   / *37*

4. 이제 기뻐하라   / *49*

5. 사도들의 교회   / *59*

6. 초대 교회의 성장   / *69*

7. 순교자의 시대   / *79*

8. 영지주의자   / *89*

9. 알렉산드리아의 초대 교회   / *99*

10. 그리스도교 세계의 탄생: 콘스탄티누스 대제 / *109*

11. 사막의 도시: 수도원 운동의 시작   / *119*

12. 아르메니아와 인도의 그리스도교   / 129

13. 고대의 경이: 에티오피아의 그리스도교   / 139

14. 삼위일체 하느님: 최초의 공의회들   / 149

15. 교부들의 시대   / 159

16. 로마의 멸망   / 169

17. 서유럽의 수도원 운동과 고전 학문의 보존   / 177

18. 그리스도교 세계의 등장   / 187

19. 정통 그리스도교의 형성   / 197

20. 통일 그리스도교 제국의 마지막 꿈   / 205

21. '동방의 교회' 네스토리우스파 이야기   / 215

22. 새로운 힘: 이슬람 세계의 등장   / 225

23. 카롤루스 대제   / 233

24. 하느님의 얼굴: 성상 파괴 논쟁   / 243

25. 프랑크와 비잔티움: 깊어지는 골   / 253

26. 슬라브인들의 개종   / 261

27. 대분열   / 271

28. 초기 십자군   / 281

29. 비잔티움의 영광과 몰락   / 293

30. 신성 로마 제국   / 303

31. 중세 성기   / 313

32. 이성과 미신: 중세의 두 얼굴   / 323

33. 중세 후기 오리엔트 교회들   / 333

34. 비잔티움의 황혼   / 345

35. 최후의 황제   / 355

36. 르네상스 그리스도교 사상   / 365

37. 스페인과 이단 심문   / 375

38. 종교개혁의 시작   / 383

39. 종교개혁의 전개   / 393

40. 재세례파와 가톨릭 종교개혁 / 403

41. 분열과 전쟁: 근대 초 유럽 / 415

42. 식민과 선교 / 427

43. 교회와 과학자 / 437

44. 이신론, 계몽주의, 혁명 / 447

45. 근대 초기의 동방 정교회 / 455

46. 19세기: 의심의 시대 / 465

47. 19세기: 뜨거운 신앙의 시대 / 477

48. 20세기 미국 / 489

49. 역사상 가장 폭력적인 세기 / 499

50. 20세기에서 21세기로:
    그리스도교 세계의 새로운 출발 / 509

추천 도서 목록 / 519

찾아보기 / 521

일러두기

- 역자 주석의 경우 *표시를 해 두었습니다.

- 성서 표기와 인용은 원칙적으로 『공동번역개정판』(1999)을 따르되 원문
  과 지나치게 차이가 날 경우에는 대한성서공회판 『새번역』(2001)을 따랐
  으며 한국어 성서가 모두 원문과 차이가 날 경우에는 옮긴이들이 임의로
  옮겼음을 밝힙니다.

- 단행본 서적은 『 』표기를, 논문이나 글은 「 」, 음악 작품이나 미술 작품은
  《 》표기를 사용했습니다.

- 인명표기는 가급적 해당 시기의 현지어 발음을 존중하였으며, 지명은 오
  늘날 더 대중적으로 사용되는 표기법을 따랐습니다.

- 교부들의 저서명은 원칙적으로 한국교부학연구회, 『교부 문헌 용례집』
  (수원가톨릭대학교출판부, 2014)을 따랐습니다.

- 로마 교황 및 라틴어로 저작 활동을 한 인물의 인명은 원칙적으로 고전
  라틴어 발음을 따르되, 개신교가 분리되는 16세기 이후로는 한국 천주교
  에서 통용되는 방식에 준해 표기하였습니다. 또한 용어나 인명 중 이미
  표기법이 고정되어 이 책의 표기 원칙을 따르는 것이 지나치게 혼선을
  초래한다고 판단한 경우에는 고정된 표기법을 존중하였습니다.

들어가며

    2,000년의 세월을 품어온 종교, 전 세계에 전파되어 셀 수 없을 만큼 다양한 제도와 문화로 표현되어 온 종교, 적어도 명목상으로는 오늘날 인류의 3분의 1이 믿는 종교, 그리스도교의 이야기 전체를 한 권의 책에 담아내기란 불가능하다. 당연한 일이다. 그럼에도 이런 책이 할 수 있는 역할이 있다. 지면이 허락하는 한 최대한 세부적인 사항을 담아내면서도, 특정한 측면이 너무 도드라지지 않게 하면서 그리스도교 역사의 전반적인 그림을 제시하는 것이다. 물론 이 또한 지나치게 큰 포부일 수 있다. 비그리스도교인들은 물론이고, 대부분의 그리스도교인은 그리스도교 전통과 교리, 관행에 관해 극히 일부만을 알고 있을 뿐, 익숙하지 않은 다른 형태의 신앙에 대해서 탐구하려 하지 않기 때문이다. 사실 그리스도교의 형태는 매우 다양하다. 동방 정교회, 로마 가톨릭, 장로교, 침례교, 오순절파, 성공회, 콥트 교회, 칼데아 그리스도교, 에티오피아 정교회, 아르메니아 정교회, 시리아 정교회, 이외에도 헤아릴 수 없이 많은 교파가 있다. 그리스

도교인들은 자신이 속한 교파나 전통에 대해서는 잘 알고 있더라도 더 커다란 범위의 그리스도교 사상과 신심에 관해서는 거의 알지 못하는 경우가 많다. 그래서 그리스도교 역사를 다룰 때는 흔히 특정한 그리스도교 형태, 이를테면 서방 교회만을 집중적으로 다루려는 유혹에 휘말리기 쉽다. 그 결과 전체 그리스도교가 간직해 온 풍요로운 전통과 영성의 유산은 온전히 드러나지 못하곤 한다.

책을 쓰면서 나는 이러한 유혹에 휘말리지 않기 위해 노력했다. 그리스도교의 온전한 깊이와 넓이를 드러내는 이야기, 있는 그대로의 그리스도교 이야기는 헤아릴 수 없을 정도로 매력적이다. 아니, 어쩌면 새롭고 낯설기까지 하다. 그리스도교 운동은 로마가 점령한 유대 지역에서 피지배자의 종교였던 유대교의 한 분파로, 그것도 작고 약하며 박해를 피해 숨어야 했던 한 분파로 시작했다. 그리고 수백 년 동안 불법 종교로 낙인찍혀 수난을 당해야 했다. 그리스도교 신앙을 고백하는 이유만으로도 사형에 처해질 수 있었지만, 그리스도교 운동은 사그라지지 않았다. 오히려 뿌리를 내리고 자라나기 시작했다. 그리고 마침내 자신을 몰살시키려고 한 로마 제국 자체를 '정복'했다. 이후 그리스도교는 수백 년에 걸쳐 끊임없이 수많은 지역으로 퍼져 나가며 새로운 문명을 싹틔우고 꽃피웠다. 어떤 시대와 지역에서는 확대되어 번성하기도 했고, 또 다른 시대와 지역에서는 위축되어 풍전등화에 이르기도 했다. 그리스도교 공동체, 곧 교회는 때로 숭고한 도덕적 원리로 세상을 감화하며 그 참됨을 드러내기도 했다. 때로는 결코 용납할 수 없을 정도로 타락하며 그 원리를 배반하는 모습을 보이기도 했다. 그러나 이 이야기에서 중요한 것은 얼마 지나지 않아 꺼져버릴 것 같았던 신앙의 불꽃이 점점 더 불타올라 광범위한 지역으로 전파되고, 매우 다양한 모습으로 자라났다는 사실이다. 그 불꽃이 처음 타오르던 지역에서 세력이 쇠퇴하고 있는 것은 사실이지만. 그리스도교는 처음 싹트고 꽃을 피운 곳과는 전혀 다른 문화적 토양에서도, 불과 한 세기 전까지만 해도 결코 그리스도교가 전해질 수 없으리라고 생각했던 곳에서도 빠른 속도로 뿌리를 내리고 있다.

그리스도교 전체 이야기에 담긴 우연성과 다양성을 적절하게 드러내기 위해서는 그리스도교의 근본적인 특징들뿐 아니라 그렇지 않은 요소들까지 고려해야 한다. 가장 눈부시게 빛나고 성공했던 순간뿐만 아니라 가장 어둡고 모호하며 대다수의 기억 속에서 사라진 순간도 기억해야 한다. 가장 익숙한 형태뿐 아니라 가장 낯선 형태도 돌아보아야 한다. 지면이 허락하는 한, 이 책은 동방 교회와 서방 교회의 역사를 동등하게 다루고자 했다. 그리고 아시아와 아프리카에 있는 작지만 오래된 그리스도교 공동체, 나아가 중국의 가정 교회와 같이 그리스도교 세계 주변부에 존재하는 현대 그리스도교 공동체들에도 관심을 기울였다.

그리스도교 이야기는 그저 서양 문명이 낳은 한 종교의 이야기가 아니다. 그리스도교 이야기는 근본적으로 서양 문명 자체의 이야기다. 그리스도교 세계에서 자라나며 꽃을 피운 문화들, 그 문화들이 우리에게 전하는 가치는 그 문화를 처음 싹틔운 신앙을 이해하지 않고서는 온전히 헤아릴 수 없다. 겉보기에 그리스도교가 점차 영향력을 상실하고 있는 지역에서조차 그리스도교의 인간 이해는 사람들의 상상과 욕망을 가장 깊은 수준에서 끊임없이 형성하고 있다. 그래서 가장 소중하게 여겨야 하는 것이 무엇인지, 자신과 타인에게 어떠한 윤리적 기대를 품어야 하는지 결정하고 있다. 우리가 그리스도교 이야기를 더 잘 알아야 할 이유는 이것만으로 이미 충분하다.

마지막으로 염두에 둘 점이 있다. 그리스도교 역사를 글로 쓸 때는 역사, 즉 민족과 통치자, 국가와 제도, 타협과 전쟁과 같은 사회적·정치적 사안들을 함께 다루는 것이 불가피하다. 그렇기에 누군가는 이러한 시도가 진정한 그리스도교 이야기(한 사람 한 사람의 삶에 스며든 그리스도교 신앙, 그리스도교 신앙이 한 사람에게 심은 믿음, 사상, 가치)를 담아낼 수 없다며 비판할 수 있다. 이런 입장에 선 이들에게 이 책이 도움을 줄 수 있는 것은 기껏해야 그리스도교 세례를 받은 이들이 거주하던 지역 문화와 제도의 발전에 관한 서술 정도일 것이다. 물론 이러한 비판은 충분히 타당하다. 어쩌면 가장 진정한 그리스도교 이야기는 오직 신앙인들의 마음과 생각을 통해 펼쳐지는 것일 수 있기 때문이다. 하지만 눈에 보이지 않는 영적인 움직임은 부분적으로나마 역사라는 거울을 통해 드러나기 마련이다. 그 사실을 감안한다면 이런 종류의 책은 지금 어딘가에서 눈에 보이지 않게 일어나고 있는 비밀스럽고 신비한 이야기를 경험할 수 있게 하지 않을까? 어쩌면 저 신비로운 순간은 그러한 방식으로만 우리에게 말을 건네는 것인지도 모른다.

데이비드 벤틀리 하트

01

영광의 백성: 이스라엘

그리스도교의 구약성서, 다시 말해 히브리 성서_{Hebrew Bible}는 서로 다른 시기에 서로 다른 저자들이 서로 다른 방식으로 남긴 작품들의 모음집이다. 그리고 그 작품들은 결코 단일하고 연결된 서사를 구성하지 않는다. 그러나 전체로 본다면, 히브리 성서가 전하는 하나의 위대한 이야기가 있다. 하느님의 영광이 이 세상에 임했다는 것, 히브리 성서는 바로 이를 노래하는 대서사시다.

유대교 전통은 이러한 영광을 '셰키나'שְׁכִינָה라고 불렀다. '머물다', '깃들다'라는 뜻이다. 하느님이 직접 이 세상에 깃들어 신비롭고 놀라운 방식으로 인류 곁에 머무시는 것, 바로 그것이 유대인들이 생각한 영광이었다. 때로 유대인들은 하느님의 영광이 어두운 구름에 감싸여 황금이 입혀진 계약의 궤Ark of the Covenant에, 모세의 율법이 새겨진 판이 들어 있는 신성한 함에 깃든다고 여겼다. 하느님의 왕좌라고도 할 수 있는 이 계약의 궤는 처음에는 모세 시대에 만들어진 천막 성전(장막)에 보관되었다. 이후에는 솔로몬 왕이 예루살렘에 건설한 성전의 성소로 옮겼다.

하느님의 선택

히브리 성서에는 또 다른 이야기도 있다. 하느님이 어떻게 한 백성을 선택하셨는지, 하느님의 선택은 왜 시간이 흐르며 더 제한되었는지에 관한 이야기다. 최초에 하느님은 인류를 창조하여 당신과 상통하게 하셨다. 그러나 인류는 하느님을 버리고 죄에 물들고 만다. 이에 하느님은 한 백성을 택하여, 그 백성과 깨지지 않는 계약을 맺고 그들 가운데 이 세상에 당신이 머물 곳을 다지셨다. 그때부터 이스라엘 백성은 하느님의 특별한 관심을 받게 된다. 히브리 성서는 이를 자식을 향한 부모의 사랑, 혹은 아내를 향한 남편의 사랑에 견준다. 이어 히브리 성서는 이스라엘 백성의 헌신과 배반의 이야기, 하느님의 자비와 분노의 이야기를 기록한다. 하느님과 이스라엘 백성의 관계는 파열로 치닫다 다시 회복된다. 이스라엘 백성은 곧잘 다른 신들의 유혹에 넘어가곤 한다. 그러나 이내 하느님께 용서를 구하며 돌아온다. 하느님은 이들의 잘못을 꾸짖으신다. 그러나 결국 하느님은 그들의 잘못을 용서하신다. 이렇게 하느님의 영광은 때로는 선명하게 드러나기도, 때로는 흐릿함 속에 감춰지기도 한다. 그러나 하느님은 결코 어떤 경우에도 당신의 백성을 포기하지 않으신다.

히브리 성서는 이러한 시각에서 이스라엘 백성이 경험한 역사적 사건을 바라보고 해석한다. 예수 시대 이전 약 2,000년 동안 일어난 사건들을 다루고 있는 히브리 성서의 이야기는 족장 시대, 즉 반#유목 민족이었던 유대인들의 옛 조상들이 활동하던 시대로부터 시작한다. 최초의 족장은 아브람, 곧 아브라함이었다. 하느님은 메소포타미아 도시 우르에 살던 그를 불러 미지의 땅으로 나아가게 하셨다. 그리고 아브라함에게 그의 후손들이 위대한 백성을 이룰 것이라고 약속하신다. 이는 하느님이 아브라함과 맺은 특별한 약속이자 부족 모든 남성의 할례를 통해 새긴, 말 그대로 공동체의 살로 맺은 계약이었다. 아브라함의 아내인 사라는 가임기를 훨씬 넘겨 기적적으로 아들 이사악(이삭)을 낳았고, 이사악은 아브라함의 뒤를 이어 족장 자리를 물려받는다. 이사악이 세상을 떠나자 아들 야곱이 부족을 이끌게 된다. 야곱의 아들인 요셉은 어린 시절 형들의 질투 때문에 이집트에 노예로 팔려 가는 신세가 되었으나, 파라오의 궁정에서 막강한 권력을 행사하는 자리에 오른다. 그리고 요셉의 보호로 이스라엘 부족은 이집트로 이주한다. 족장들의 이야기는 그렇게 마무리된다.

예언자와 왕

요셉의 죽음과 함께 이스라엘 백성에 대한 보호도 중단되었다. 이후 이스라엘 백성은 수백 년 동안 이집트에서 노예로 살아가게 되었다. 그러나 기원전 14~13세기경 예언자 모세가 등장해 이스라엘 백

조반니 카스틸리오네, 《바위를 쳐 물을 나오게 하는 모세》(1650년 이후)

성을 해방했다. 이때 하느님은 처음으로 모세에게 당신의 이름 '야훼'יהוה를 드러내셨다. 이 이름은 출애굽기의 신비로운 구절 "나는 곧 나다"אהיה אשר אהיה에서 나왔다. 모세는 또한 입법자였다. 그의 지도 아래 이스라엘 백성은 사제직과 성전 의례를 확립했다. 하느님이 모세를 통해 주신 율법은 이스라엘의 종교적, 도덕적, 사회적 규정의 바탕이 되었다.

이어서 히브리 성서는 40년 동안의 광야 유랑 끝에 모세가 세상을 떠나고, 마침내 이스라엘 백성이 '약속의 땅' 가나안을 정복하고 정착하는 과정을 다룬다. 가나안에 정착한 후에는 약 200년 동안 판관, 곧 사사judge들이 이스라엘 열두 부족을 다스리게 된다. 그러나 기원전 10세기 초, 이스라엘은 왕정 국가로 발돋움한다. 첫 번째 왕은 사울이었고, 사울에 이어 뛰어난 전사이자 지도자인 다윗이 이스라엘을 다스리게 된다. 다윗 치하에서 이스라엘은 강력한 군사력을 지닌 문화 강국으로 도약한다. 다윗은 계약의 궤를 실로의 장막에서 예루살렘으로 가져왔다. 그러나 계약의 궤를 보관할 지성소가 있는 거대한 성전은 다윗의 아들로서 지혜와 부로 유명했던 전설적인 왕 솔로몬 시대에 이르러서야 완공되었다. 하느님이 계신 지성소에는 오직 사제만이 들어갈 수 있었고, 그마저 1년에 단 한 번, 속죄일Yom Kippur에만 가능했다.

화려했던 솔로몬의 치세는 성공적이지 못했다. 여러 이방인 왕비들을 위해 솔로몬이 추진한 이방 종교 관용 정책은 결과적으로 자신의 파멸을 재촉했고, 사후 이스라엘 왕국이 두 왕국, 곧 북부의 이스라엘과 남부의 유다로 분열되는 결과를 초래했다.

북이스라엘은 약 200년 동안 지속되다가 기원전 722년 아시리아인들에게 멸망하며 역사의 뒤안길로 사라진다. '유대교'는 따라서 유다 왕국에서 유래한 명칭이다.

이 시기는 예언자들의 시대이기도 하다. 예언자들은 하느님의 부름을 받아 가난한 이들과 억압받는 이들을 위한 정의를 선포했고 이스라엘 백성의 우상숭배를 고발하며 하느님의 심판을 경고했다. 그리고 이스라엘의 하느님이 온 세상을 당신의 자비로운 통치로 이끄실 날이 올 것을 예언했다.

솔로몬의 성전

그러나 하느님, 하느님께서 땅 위에 계시기를, 우리가 어찌 바라겠습니까? 저 하늘, 저 하늘 위의 하늘이라도 주님을 모시기에 부족할 터인데, 제가 지은 이 성전이야 더 말하여 무엇 하겠습니까? (열왕기상 8:27)

솔로몬이 예루살렘에 건설한 성전은 길이 약 30m, 너비 11m, 높이 15m로, 오늘날 척도에 비추어 볼 때 그렇게 커다란 건축물은 아니다. 그러나 당대(기원전 957년경)의 기준으로는 엄청난 건축물이었다. 성전 경내에 있는 안뜰에는 번제를 드리는 커다란 제단이 놓여 있었고, 이른바 '놋쇠 바다'the molten sea라고 부르는 신비로운 물체도 있었다. 정화 의식에 사용한 청동 대야로 추정된다.

성전은 크게 세 부분으로 이루어져 있었다. 입구에는 '울람'Ulam이라고 부르는 현관이 있었고, 청동으로 만든 두 번째 제단이 놓여 있었다. 양옆에는 '야킨'Jachin과 '보아즈'Boaz라고 불리는 거대한 기둥 두 개가 세워져 있었다. 그 너머에는 성소, 즉 '혜칼'Hekah이 있어 예배를 위한 주된 공간으로 사용되었다. 여기에는 가장 안쪽 방으로 이어지는 입구에 있는 것을 포함하여 세 개의 제단들이 놓여 있었다. 마지막으로는 사람들이 볼 수 없도록 가려진 지성소, 곧 계약의 궤가 보관된 '데비르'Devir가 있었다.

성전은 호화로운 기물들로 가득했고, 문과 창틀 또한 정교하게 장식되었다. 내벽은 조각한 향나무로 만들어졌고 금으로 덮여 있었다. 지성소에는 올리브 나무로 만든 두 개의 거대한 거룹들(케루빔 cherubim, 4개의 날개를 가진, 인간과 동물의 특징을 모두 가지고 있는 천상의 존재)의 조각상이 계약의 궤를 가리고 있었다.

예루살렘에 있는 솔로몬 성전의 모형

종살이

기원전 587~586년경 유다 왕국은 바빌로니아인들에게 멸망한다. 성전은 파괴되었고 보물들은 약탈당했다. 계약의 궤는 행방이 묘연해진다. 많은 사람이 포로가 되어 바빌론으로 끌려갔다. 그러나 기원전 539년, 페르시아가 바빌로니아를 정복한다. 페르시아 왕 고레스 Cyrus는 유대인들을 이스라엘로 귀환시키고 성전을 다시 건설할 수 있도록 재가했다. 성전은 기원전 516~515년경 재건되었다. 그 후 기원전 322년 알렉산드로스 대왕Alexander the Great이 페르시아를 정복했다. 이로써 헬레니즘, 후기 그리스 유대교 시대가 시작했다.

헬레니즘 이집트 왕조인 프톨레마이오스 왕조Ptolemies 치하에서 유대인들은 자유롭게 예배할 수 있었고, 150여 년의 세월이 흐르며 팔레스타인과 그 밖의 지역에서 유대 문화는 평화롭게 헬레니즘 문화와 동화되었다. 그러나 기원전 198년 헬레니즘 시리아의 셀레우코스 왕조Seleucid가 이스라엘을 정복하며 상황은 급변한다. 기원전 168년 안티오코스 4세 에피파네스Antiochus IV Epiphanes는 유대교를 완전히 뿌리 뽑고자 했다. 안티오코스는 예루살렘 성전을 모독하고 그리스 신들에게 제사를 올렸으며, 저항하는 유대인들을 무자비하게 탄압했다.

그러나 유다 마카베오Judas Maccabeus의 주도로 봉기가 일어났고, 셀레우코스 왕조는 결국 유대교를 승인하고 성전을 다시 봉헌하도록 허가하지 않을 수 없었다. 나아가 30년 후에는 마카베오의 핏줄인 하스몬 왕조Hasmonean가 유대 민족의 독립을 쟁취하게 된다. 그리고 이 독립 상태는 기원전 63년 로마에 정복될 때까지 약 한 세기에 걸쳐 이어진다.

02

예수

이 땅에 깃드는 하느님의 영광. 구약성서의 주제는 신약성서에서도 이어진다. 그러나 근본적으로 다른 방향으로 전개된다. 그리스도교는 하느님이 인간들 가운데 머무는 방식을 완전히 다르게 바꾸어놓았다. 하느님은 경이롭고 다가갈 수 없는 셰키나로 머무시지 않는다. 오히려 구체적인 존재, 다시 말해 살아있는 인간이 되어 우리 곁으로 다가오신다.

그렇기에 천사가 마리아에게 아이를 잉태하였다는 사실을 알리는 대목에서 루가 복음서의 저자는 뚜렷하게, 히브리 성서에서 주님이 당신의 집으로 들어가실 때 드리웠던 어두운 구름을 회상한다.

성령이 그대에게 임하시고, 더없이 높으신 분의 능력이

그대를 감싸 줄 것이다. (루가 1:35)

요한 복음서는 하느님의 아들이 육신이 되어 말 그대로 "우리와 함께
계셨다"고 쓴다.

말씀이 사람이 되셔서 우리와 함께 계셨는데, 우리는 그분의 영광을
보았다. 그것은 외아들이 아버지에게서 받은 영광이었다. (요한 1:14)

예수는 자신을 성전에 견준다. 그리고 공관 복음(마태오, 마르코, 루가)
은 모두 그리스도의 변모에 관해, 곧 그리스도의 거룩한 영광이 당신
의 몸, 그리스도의 인성이라는 '장막'에 잠시 드러난 사건에 관해 이
야기한다.

역사의 중심

초대 그리스도교인들은 지상에 임하는 하느님의 역사가 그리스도
의 탄생에서 정점에 도달했다고 믿었다. 그리스도는 하느님의 본질
을 "표현하는 형상"이자 "그분의 영광을 드러내는 광채"(히브 1:2)였
다. 에제키엘서에서 보듯, 히브리 성서는 이미 하느님의 영광을 인간
을 닮은 천상의 인격체로 묘사한 바 있다.

그러나 그리스도교인들은 하느님의 영광이 실제로 인간이 되었다
고 믿었다. 그리스도를 통해 하느님의 광채는 인간의 본성에 닿았고,

라파엘로, 《그리스도의 변모》 (1520년)

그 결과 온 인류가 하느님의 현존을 담는 그릇이 되었다고 그들은 확신했다. 초대 그리스도교인들은 그리스도와 함께 하는 이들에게 하느님의 영광이 드러나 모든 피조물이 변모하게 될 그 날을 열망하며 기대했다(로마 8:18~21). 나자렛 예수는 온 인류, 그리고 인류를 넘어 온 세상 역사의 중심이었다. 그분 안에서 하느님의 창조는 궁극적인 성취에 이르렀다.

물론 그리스도교 신앙 공동체 바깥에 있는 이들에게 이러한 그리스도교인들의 웅대한 주장은 터무니없게 들렸다. 교회가 처음 등장한 후 수백 년 동안 고대 다신교인들은 그리스도교가 주장하는 복음,

곧 하느님이 인류에게 당신을 온전히 계시하시기 위해 택하신 방식이 얼마나 모호하고 볼품없는 것인지 날카롭게 지적하며 비판했다. 그들의 지적은 타당해 보였다. 예수는 피지배 민족 출신의 떠돌이 설교자였다. 웅장한 궁전에서 태어나기는커녕 보잘것없는 집안에서 태어났고, 로마 제국의 중심으로부터 한참 떨어진 곳에서 짧은 인생을 살았다. 그러나 그리스도교인들은 이를 자랑스럽게 생각했다. 그들은 하느님께서 힘 있는 자들의 기대를 거슬러 가난한 이들, 이름 없고 경멸당하며 무시당하는 이들 가운데 당신을 드러내고자 하셨음에 기뻐했다.

물론 유대 지역이 마냥 낙후되기만 했던 것은 아니다. 예수가 탄생했을 무렵, 유대인들은 수백 년 동안 바빌로니아, 페르시아, 그리스, 로마와 같은 여러 세력의 부침과 지배 속에서 이들에게 커다란 영향을 받았다. 유대인들은 헬레니즘 세계와 로마 세계 곳곳으로 퍼져 나가고 있었다. 바빌론 유수를 거치며 유대교는 많은 측면에서 진보했다. 성전이 없어 희생제를 드릴 수 없게 된 상황에서 유대인들은 기도하며 율법과 예언서를 연구하는 데 집중했다. 이러한 요소는 훗날 유대교의 중요한 종교적 특징이 되었다.

또한 죽음 이후의 삶과 부활, 심판, 우주적 차원의 선과 악의 투쟁 등 페르시아 조로아스터교의 중요한 특징 여러 가지가 유대인 대다수, 특히 영향력 있는 바리사이파의 신앙에 스며들었다(하지만 사두가이파 등 어떤 유대인들은 이를 배격했다). 게다가 약 300년 동안 그리스 문화와 사조가 (널리 퍼진 유대인 집단) 디아스포라 유대교는 물론 유대 본토의 유대교에 막대한 영향을 남겼다. 디아스포라 유대인 학자로 예수와 동시대 인물이었던 알렉산드리아의 필론Philo of Alexandria(기원전 15년경~기원후 50년경)은 이러한 경향을 대표했다. 그는 그리스 학자들이 사용하던 주석 방법론을 활용해 히브리 성서를 해석했고, 그리스의 형이상학을 과감히 차용했다. 신성한 로고스(하느님, 혹은 그분의 영원한 '아들'을 가리키는 표현)에 대한 정교한 이론을 발전시킨 것은 필론의 탁월한 업적이었다. 이 모든 '이방' 문화와 사상은 그리스도의 활동 및 정체성을 이해하는 교회의 방식에도 영향을 미쳤다.

사람의 아들

복음서에서 예수가 종종 이야기하는 수수께끼 같은 표현 '사람의 아들'은 이따금 최후의 날 이 세상을 심판하고 의로운 이들을 하느님의 나라로 인도하기 위해 내려올 천상의 특사를 가리킬 때 사용된 표현이기도 하지만, 대부분 지상에서 분명한 임무를 지닌 그리스도 자신을 가리킬 때 사용되었다.

히브리 성서에서 사람의 아들, 곧 '벤 아담'ben Adam은 일상적인 표현으로 '인간'이라는 뜻의 일상적인 표현이다. 욥기와 시편에서는 '사람'을 우회적으로 가리킬 때 이 표현을 쓴다.

구더기 같은 사람, 벌레 같은 사람의 아들 (욥기 25:6)

한편 에제키엘서는 하느님 혹은 하느님의 전령이 예언자 에제키엘을 부르며 그가 진흙으로 만들어진 필멸의 존재라는 사실을 지속해서 일깨우기 위해 이 표현을 사용한다. 반면에 다니엘서는 최후의 심판 때 지고한 존재가 왕좌에 앉아 있는 장면을 그리며 "사람의 아들 같은 이"가 하늘 구름을 타고 왕좌에 다가가 지상 모든 민족에 대한 영원한 권세를 받을 것을 예언한다.

신약성서의 '사람의 아들'이란 표현도 마찬가지다. 대개 앞서 이야기한 두 가지 뜻 가운데 하나를 가리키거나, 두 가지 뜻을 모두 함축하고 있다. 신약성서의 저자들은 때로 매우 기교 있게 이 표현을 사용한다. 예수는 때로 높이 떠받들어지기도 하고, 때로 굴욕적인 취급을 당하기도 한다. 그리스도교 신앙은 이 두 가지, 높음과 낮음, 천상과 지상을 결코 분리하지 않는다. 오히려 그리스도교 신앙의 핵심은 두 끝을 하나로 잇는 성육신의 신비다. '사람의 아들'이라는 표현은 인간의 육신을 입은 그리스도의 낮아지심과 역사의 신성한 주인이신 그리스도의 영광을 동시에 담아내는 매우 우아한 표현이다.

예수의 활동

예수의 어린 시절에 관해서는 알려진 바가 거의 없다. 물론 마태오 복음서와 루가 복음서는 동정녀 마리아가 그를 낳았다는 기적과 같은 이야기를 전한다. 여기에 더해 마태오는 동방박사들의 방문과 헤로데의 박해를 피해 이집트로 피신했던 일을 기록한다. 반면 루가는 마구간에서의 탄생과 목자들의 경배를 기록한다. 그리고 예수가 열두 살에 성전 뜰에서 학자들과 대화를 나누었다고 쓰고 있다. 여기까지가 예수의 초기 생애에 관해 우리가 알고 있는 내용의 전부다.

복음서는 예수가 요르단강에서 세례자 요한에게 세례를 받음으로써 공식적인 활동을 시작했다고 기록한다. 물론 마르코 복음서와 요한 복음서에 한해서다(게다가 요한 복음서는 '영원'에서 이루어진 일들을 다룬 도입부에 이어 예수의 세례 이야기를 기록한다). 공관 복음은 예수가 본격적으로 지상 활동을 시작하기 전 광야로 나가 40일 동안 금식하고 기도하며 사탄의 유혹에 저항했다고 기록한다. 이후 예수는 열두 명의 사도를 포함한 제자들을 모아 유대 지역을 돌아다니기 시작했다.

주세페 데 리베라, 《학자들 가운데 있는 그리스도》(1635년)

예수의 가르침에는 당대인의 시각에서 익숙한 요소와 낯선 요소가 결합되어 있었다. 언뜻 보기에 그는 유대교 랍비들과 유사했다. 경전의 뜻을 사람들에게 풀이해 주었고, 남녀노소에게 율법의 핵심을 일깨워 주었다. 나아가 하느님이 결코 가난한 이들과 억압받는 이들, 버림받은 이들을 저버리지 않으며 오히려 그들을 사랑하고 계신다고 선포했다. 예수는 산파술의 대가였다. 진심이 담긴 질문이든, 적대적인 마음에서 나온 질문이든, 그는 질문하는 이들에게 보완하는 질문을 던지며 스스로 답하도록 유도하곤 했다. 그러나 예수가 한 활동의 핵심은 주님의 날이 임박했음을, 이 땅에 하느님의 나라가 도래했음을 선포하는 것이었다. 그렇기에 그의 가르침은 긴박함으로 가득했다.

더 놀라운 것은 예수가 제시한 하느님 나라의 모습과 범위다. 예수는 때로 난해한 은유를 통해, 때로는 교훈과 비유를 통해 폭력을 배격했다. 그리고 사랑이 어떤 윤리 덕목보다 우월하며 하느님의 사랑은 무한함을 단호히 선포했다. 같은 맥락에서 예수는 복수를 포기할 것을, 이웃의 짐을 질 것을, 빚을 탕감해 줄 것을, 재물을 가난한 이들에게 나누어 줄 것을, 원수를 사랑할 것을 요구했다. 나아가 예수는 이웃을 비난하고 단죄하는 것을 비판하며 세리와 사마리아인들, 매춘부들과 같이 당시 사회가 가장 경멸하던 이들과 더불어 먹고 마실 것을 요구했다. 바로 그것이 예수가 선포한 하느님 나라의 모습이자 이상이었다.

03

메시아의 죽음

성서는 사람들이 예수의 말과 행동에 담긴 권위와 권능에 관해 물음
을 던지는 모습을 기록하고 있다. 물론 어떤 사람도 예수의 권능과
가르침 자체에는 의문을 품지 않았다. 다만 문제는 그 권능과 권위가
어디서 비롯된 것인지에 있었다.

복음서는 예수가 병자를 치유하고 맹인의 눈을 뜨게 하며, 절름발
이를 걷게 하며 악령을 좇아냈다는 사실 자체는 예수 그리스도의 적
들조차 의심하지 않았다고 전한다. 다만 예수의 적들은 예수가 행한
것들이 하느님에게서 왔는지를 지적했다. 어떤 사람들은 예수가 악
마의 힘을 빌려 귀신들을 좇아내는 것이라고 주장했다. 예수와 논쟁
했던 율법 학자들과 바리사이파 사람들 역시 예수의 능력과 가르침

에 담긴 힘을 부정하지 않았다. 그러나 그들은 예수가 어떠한 권위로 사람들을 가르치는 것인지 의문을 제기하며 그가 과연 인간을 향한 하느님의 뜻을 선포하며 도덕적 지침을 줄 수 있는지 의심했다. 그리고 결정적으로는 예수가 과연 (오직 하느님만 하실 수 있는 일인) 죄를 용서할 자격이 있는지 물었다.

그리스도의 권능

사실 예수 그리스도가 도발적인 인물이었던 이유는 그가 수많은 기적을 행했기 때문만은 아니었다. 오히려 더 큰 이유는 예수가 이스라엘의 율법을 자유롭게 해석한 것에 있었다. 기적은 놀라운 것이 아니었다. 자연법칙을 어느 정도 통제할 수 있는 사람들이 존재한다는 것, 적어도 통제하고 있는 것처럼 행동할 수 있는 사람들이 존재한다는 것이 기원후 1세기의 대중적 믿음이었다. 동시에 사람들은 그런 능력이 사악한 마법에 의한 것이 아니면 교묘한 속임수에 따른 것이라고 생각했다. 요한 복음서는 예수의 기적을 공관 복음과 같이 '타우마'θαῦμα(경이)로 표현하지 않고 '세메이온'σημεῖον(표징)이라는 단어를 사용하고 있다. 즉 그리스도의 활동은 하느님 나라가 이 땅에 임했음을 분명하게 보여주는 징조이자 표지다. 그러나 모든 사람이 예수의 활동을 하느님 나라의 표지로 이해한 것은 아니었다. 죽은 라자로를 살려낸 일은 예수가 마지막으로 보인 위대한 표징이었으나, 예수의 대적자들은 이를 보고 하느님 나라가 임했음을 인정하는 대신 예수를 죽음으로 몰아넣기 위해 음모를 꾸몄다.

그러나 앞서 언급한 것처럼, 예수가 사람들에게 충격을 주고 율법학자들과 바리사이인들의 적의를 사게 된 가장 큰 원인은 그의 대범한 율법 해석에 있었다. 예수는 마치 자신이 율법 위에 있는 존재인 양 율법을 대했다. 그는 결코 율법을 폐지할 마음이 없다고 강조했다. 그러나 예수는 사람들이 지나치게 경직된 자세로 율법의 문자적 의미에 집착하다 오히려 율법의 정신을 훼손하고 있음을 비판했다. 무엇보다 그는 율법을 지킨다는 미명 아래 정의를 외면하는 세태를 비판했다. 복음서에 따르면 안식일에 예수가 어떤 사람을 치유하자, 사람들은 예수가 율법을 어겼다며 비난한다. 그러나 예수는 안식일이 사람을 위해 있는 것이지, 사람이 안식일을 위해 있는 것이 아니라고 대답한다. 또한 그는 죄인들과 허물없이 어울렸다. 종교적 의식을 거행할 때 지켜야 할 정결함보다 마음의 정결함이 중요하다고 예수는 주장했다. 예수가 율법을 어떻게 이해하였는지 보여주는 가장 생생한 일화는 간음한 여인의 이야기일 것이다. 여기서 예수는 여인을 죽이는 것이 율법에 따른 행위임을 인정한다. 그러나 오히려 예수는 더 근본적인 도덕적 잣대로 율법을 조명한다. 죄가 없는 사람이 아니라면 누구도 형을 집행할 수 없게 한 것이다. 그렇게 예수는 율법의 판결을 무효로 만든다. 정의를 사랑으로 바꾼 것이다.

메시아

물론 예수를 따르던 이들은 예수의 권위와 활동이 하느님으로부터 나온다고 믿었다. 그들은 예수가 하느님이 기름 부으신 자, 곧 메시아Messiah, 다시 말해 그리스도임을 확신했다. 예수가 자신을 두고 이 칭호를 사용했다는 이야기는 어느 복음서에도 없다. 그러나 필립보 카이사리아 지방에서 베드로가 예수를 그리스도로 고백했을 때, 예수는 이를 부인하지 않았다고 복음서는 기록한다.*

예수가 죽음을 앞두고 예루살렘으로 들어섰을 때, 수많은 군중이 그가 메시아일 것이라는 기대를 품고 환호했다는 사실은 더욱더 의미심장하다. 물론 당시 유대인들이 기대하던 메시아의 모습은 종교 지도자에 머물지 않았다. 유다 마카베오와 같은 민족 해방의 투사, 아니 그보다 더 위대한 군사 지도자가 나타나기를 유대인들은 염원했다. 모든 형태의 폭력을 완강히 거부하던 예수는 그런 이상에 부합하는 인물이 아니었다. 베드로가 예수를 그리스도로 고백했을 때, 예수는 사람들이 기대하는 메시아의 모습처럼, 자신이 로마를 상대로 싸워 승리할 것을 약속하지 않았다. 오히려 그들의 손에 죽임을 당할 것이라고 예언했다.

그럼에도 불구하고 당대 권력자들에게 예수는 눈엣가시였다. 그들은 예수를 유대의 정치적 안정을 심각하게 위협하는 인물로 여겼다. 예수가 마침내 이스라엘을 해방할 영도자가 올 것이라는 희망을

---

* "예수께서 제자들과 함께 필립보의 가이사리아 지방에 있는 마을들을 향하여 길을 떠나셨다. 가시는 도중에 제자들에게 "사람들이 나를 누구라고 하더냐?" 하고 물으셨다. "세례자 요한이라고들 합니다. 그러나 엘리야라고 하는 사람들도 있고 예언자 중의 한 분이라고 하는 사람들도 있습니다" 하고 제자들이 대답하였다. "그러면 너희는 나를 누구라고 생각하느냐?" 하고 예수께서 다시 물으시자 베드로가 나서서 "선생님은 그리스도이십니다" 하고 대답하였다. 그러자 예수께서는 자기 이야기를 아무에게도 하지 말라고 단단히 당부하셨다." (마르 8:27~30)

자극했기 때문이다. 예루살렘의 평화를 유지하는 책임은 사제들과 성전 경비대에 맡겨져 있었으나, 최종적인 권력을 쥐고 있던 것은 로마의 행정장관governor이었다. 군중의 불만이나 봉기의 조짐이 포착되면 참혹한 일이 일어날 것이 분명했다. 성전에서 환전상을 몰아내던 예수의 모습, 자신이 옳다고 믿는 바에 따라 단호하고 권위 있게 행동하던 예수의 모습은 예루살렘의 권력을 쥐고 있던 이들에게 위험 인물로 낙인찍히기에 충분했다.

한밤중의 배반

가리옷 사람 유다는 왜 그리스도를 배반한 것일까. 구체적인 정황에 관해 복음서들은 침묵한다. 다만 예루살렘에 예수가 도착했을 때, 유다가 사제들을 찾아가 자신의 스승을 성전 경비대에 넘겨주기로 합의했다고 쓰고 있을 뿐이다.

요한 복음서를 제외한 나머지 복음서, 곧 공관 복음에 따르면 예수가 제자들과 함께한 마지막 식사는 유월절 만찬, 곧 '세데르'seder였다. 예수는 제자들과 함께 모인 자리에서, 자신이 체포될 것이며 죽게 될 것이라고 예언했다. 그리고 당혹해하며 항의하는 제자들에게 빵과 포도주를 나누어 주며 이를 자신의 몸과 피에 빗댐으로써, 자신이 감당해야 할 희생이 어떤 의미가 있는 것인지 미리 맛보게 했다.

같은 날 밤, 예수는 유다를 뺀 나머지 제자들과 함께 올리브산의 게쎄마니(겟세마네)라는 곳으로 향했다. 게쎄마니에 도착한 예수는 괴로움 가운데 제자들을 뒤로 한 채 홀로 나아가 다가올 수난과 죽음을

레오나르도 다 빈치, 《최후의 만찬》 (1947년경)

모면하게 해달라고 하느님께 간구한다. 마침내 유다를 따라 성전 경비대가 들이닥친다. 유다는 예수에게 입을 맞추며 예수의 정체를 알린다. 제자 중 한 명(요한 복음서에 따르면 베드로)이 칼을 뽑아 대사제를 따르던 노예의 귀를 베어버린다. 그러나 예수는 폭력을 사용한 그를 꾸짖는다. 그리고 (루가 복음서에 따르면) 노예의 귀를 치유한다. 예수는 결박되어 압송되고, 제자들은 모두 달아난다.

　꼭두새벽, 대사제 가야파Caiaphas와 산헤드린sanhderin, 곧 사제들과 원로들이 모인 의회가 예수를 심문했다. 수많은 이들이 증인으로 나와 예수를 중상하지만 그들의 증언은 모두 엇갈린다. 마침내 가야파가 예수에게 직접 묻는다. 예수가 바로 그 메시아인지, 가장 높으신 하느님의 아들인지 대답할 것을 요구한다. 예수는 가야파가 바로 그렇게 말하고 있지 않냐고 반문하며, 자신을 심문하는 이들이 사람의 아들이 전능하신 분의 오른편에 앉아 있는 모습을 보게 될 것이라고 예언한다. 가야파는 말한다. "이 이상 무슨 증거가 필요하겠소?"

베드로의 눈물

네 편의 복음서는 하나같이 예수가 자신이 붙잡히는 날 밤 제자들이 그를 버릴 것이라고 예언했다는 이야기를 전한다. 베드로는 그럴 리 없다고 항의하며, 다른 제자들이 용기 있게 행동하지 못하더라도 자기만큼은 충직하게 스승의 곁을 지킬 것이라고 의기양양하게 약속했다. 그러나 예수는 베드로에게 말한다.

오늘 밤 닭이 울기 전에 너는 세 번이나 나를 모른다고 할 것이다.

과연 베드로는 예수를 버리고 도망쳤다 다시 돌아와 대사제의 관저 뜰 근처에 머물지만, 예수의 추종자라는 의심을 사자 곧바로 자신은 예수를 모른다고 세 번 주장한다. 이윽고 닭의 울음소리가 들려오고, 베드로는 무너져 내리고 만다. 그리고 비로소 자신이 무슨 일을 저질렀는지 깨닫고 몹시 울었다고 공관 복음은 기록한다.

우리는 베드로의 눈물 이야기에 감동하면서도 그리 대수롭지 않게 넘겨 버릴 때가 많다. 그러나 이 이야기에는 독특한 장엄함이 서려 있다. 현대인의 시각에는 서술자가 이러한 사건을 다루며 잠시 숨을 고르고 엄숙한 어조로 이야기를 계속하는 것이 당연해 보인다. 그러나 복음서가 기록될 당시에는 평범한 사람이 눈물을 흘리는 일은 진지한 주제에는 어울리지 않는다는 것이 일반적 정서였다. 그리고 작

가들은 기껏해야 우스꽝스러운
상황을 묘사하기 위해 간혹 평
범한 사람들의 눈물을 활용하던
것이 전부였다. 고귀한 인물이
흘리는 눈물이야말로 비극적인
것이었고, 숭고한 것이었으며,
참으로 인간적인 것이었다.
그러므로 평범한 사람 베드로

프란시스코 고야 〈베드로의 후회〉 (1820~1824년경)

가 눈물을 흘린 이야기는 당대인의 도덕적 상상력과 감수성에 커다
란 변화가 일어났다는 것을 보여주고 있다. 이전에는 보이지 않던,
감추어져 있던 무언가가 눈에 들어온 것이다. 하느님이 당신을 가장
비천한 이들 가운데 드러내기로, 그럼으로써 그들을 당신의 존엄한
자녀로 삼기로 하셨다고 그리스도교인들은 믿었다. 그렇게 인간 영
혼의 존엄성에 관한 새로운 시각이 이방 세계의 의식 안으로 들어온
것이다.

십자가의 죽음

아침이 밝자 산헤드린의 대표들은 예수를 로마의 행정장관 폰티
우스 필라투스(본티오 빌라도)Pontius Pilate에게 끌고 가 고발한다. '유대인
의 왕'을 참칭하며 사람들을 선동했다는 것이 죄목이었다. 필라투스
는 예수가 갈릴래아 사람인 것을 알고 갈릴래아를 관할하던 헤로데
Herod에게 예수의 처분을 맡겼으나, 헤로데는 예수를 다시 필라투스

에게 돌려보냈다고 루가 복음서는 기록한다.

예수가 딱히 위협이 되는 인물이라고 여기지 않은 필라투스는 유월절의 관례를 따라 예수를 석방할 것을 제안한다. 그러나 그는 결국 반역자 바라빠를 대신 석방하라는 군중의 아우성에 굴복하고 예수를 군인들에게 넘겨 처형한다. 군인들은 예수를 채찍질하고 머리에 가시관을 씌운 뒤 조롱하며 구타했다. 그리고 예수에게 십자가를 지게 한 후 예루살렘 외곽에 있는 '해골의 터' 골고타Golgotha로 끌고 가 그곳에서 예수를 십자가에 못 박았다.

십자가형은 당시 로마 세계에서 가장 굴욕적이고 고통스러운 사형 방식으로 가장 비천하고 극악무도한 범죄자들에게 적용하는 형벌이었다. 십자가에 못 박힌 사형수는 극심한 고통 가운데 점차 기진맥진해지고 서서히 질식하며 죽음에 이르렀다. 네 편의 복음서는 십자가에 매달린 예수가 남긴 말을 전하고 있다. 루가 복음서는 예수가 "아버지, 저 사람들을 용서하여 주십시오. 저 사람들은 자기네가 무슨 일을 하는지 알지 못합니다"라고 기도하고 자신과 함께 십자가에 못 박힌 죄수에게 "너는 오늘 나와 함께 낙원에 들어갈 것이다"라고 약속했다고 기록한다. 마태오와 마르코에 따르면 예수는 숨을 거두기 직전 "나의 하느님, 나의 하느님, 어찌하여 나를 버리셨습니까?"라고 울부짖었다고 한다. 한편 루가는 예수가 "아버지, 제 영혼을 아버지 손에 맡깁니다"라고 말하며 죽음을 맞았다고 쓰고 있다. 요한 복음서는 예수가 마지막 순간에 남긴 매우 간결하면서도 의미심장한 한 마디를 전한다.

다 이루었다. (요한 19:30)

예수는 십자가에 못 박힌 지 몇 시간이 되지 않아 숨을 거두었다. 예수가 죽기를 바라던 이들은 이제 나자렛 예수의 이야기가 종지부를 찍었기를 간절히 바랐고, 그렇게 믿었다. 그러나 우리가 알고 있는 것처럼, 이야기는 끝나지 않았다. 아니, 이것이 시작이었다.

04

이제 기뻐하라

십자가에 못 박힌 예수가 숨을 거두었을 때 일어났던 무시무시한 사건들을 복음서는 앞다투어 전하고 있다. 하늘이 어두워지고 땅이 흔들렸다. 창에 찔린 옆구리에서는 피와 물이 흘러나왔다. 공관 복음은 성전 입구를 덮고 있던 휘장이 위에서 아래까지 두 폭으로 찢어졌다고 기록한다. 하느님의 변치 않는 영광이 온 세상에 퍼져 나가기라도 한 것처럼.

그러나 당시 예수를 따르던 사람들은 예수의 죽음으로 모든 것이 끝났으며, 잠시 불꽃처럼 타올랐던 예수 운동도 그대로 사그라지고 말았다고 생각했다. 예수에게 걸었던 희망과 기대는 산산이 조각나고 말았다. 하느님이 기름 부으신 자는 노예처럼 비참한 최후를 맞았다. 제자들은 스승을 잃고 뿔뿔이 흩어져 몸을 숨겼다. 스승과 동료를 배신했던 어느 제자는 (마태오에 따르면) 스스로 목을 매달아 생을 마감한다. 몇몇 여인들만이 예수의 시신을 거두어 장례를 치렀다. 당대의 메시아 운동은 언제나 이런 식으로 끝나고 말았다. 예수 운동도 이것으로 끝난 것이라고 모두가 생각했다.

그러나 예수가 죽은 지 얼마 지나지 않아 제자들은 그리스도가 무덤에서 다시 일어나셨다고 의기양양하게 선언했다. 믿을 수 없을 정도로 놀라운 선언이었다. 게다가 예수를 따르던 이들은 지도자를 잃은 절망을 떨치고 놀라울 정도로 빠르게 다시 모여 한목소리로 승리를 외치기 시작했다.

빈 무덤

복음서는 모두 예수가 십자가에 못 박혀 죽은 후 그를 따르던 몇몇 여인들이 일요일 이른 아침 무덤을 찾았다고 기록한다. 이 여인들이 누구였는지는 분명하지 않다. 다만 모든 복음서는 막달라 마리아의 이름을 언급하고 있으며, 요한 복음서는 막달라 마리아만을 언급한다. 가장 오래된 기록인 마르코 복음서에 따르면, 무덤 입구를 막았던 돌이 굴러져 있는 것을 본 여인들이 무덤 안에 들어서자 흰옷을 입은 젊은이가 그들을 맞았다고 한다. 그리고 그 젊은이는 여인들에게 예수가 살아나셨다고 말하며 이제 제자들에게 돌아가 갈릴래아에서 예수를 만나게 될 것이라고 전하라고 명했다고 한다.

마태오 복음서는 예수의 제자들이 시신을 훔치지 못하도록 경비

프라 안젤리코, 《나를 만지지 마라》 (1442년)

병들이 배치되어 있었다고 기록한다. 이어 큰 지진이 일어났고, 빛나
는 천사가 무덤 입구를 막은 돌을 굴려냈다고 한다(이 광경을 본 경비병
들은 겁에 질려 기절하고 말았다). 그리고 무덤을 찾은 여인들에게 마르
코 복음서가 전하는 것과 같은 내용을 전했다고 기록한다. 한편 루가
복음서는 여인들이 무덤에 도착하자 무덤을 막았던 돌은 이미 굴러
나와 있었다고 기록한다. 그리고 그들이 무덤 안으로 들어서자 눈부
신 옷을 입은 두 사람이 나타나 "너희는 어찌하여 살아 계신 분을 죽
은 자 가운데서 찾고 있느냐?"라고 물으며 예수가 다시 살아났다고
전했다고 한다. 이를 본 여인들은 제자들에게 돌아가 자신들이 겪은

일을 전했지만, 제자들은 이를 믿지 않았다고 한다(베드로만이 무덤에 달려가 무덤이 정말로 비었는지 확인했다).

요한 복음서가 전하는 이야기는 더 단순하다. 무덤이 빈 것을 본 막달라 마리아가 베드로와 요한에게 달려가 이를 알린다. 베드로와 요한은 그의 말을 확인하러 무덤으로 향한다. 홀로 있던 마리아는 무덤 안에 앉아 있는 두 천사를 만난다. 문학적으로 윤색되고, 이야기가 점차 확대되는 경향은 있다. 그러나 모든 이야기가 품고 있는 하나의 공통된 전승이 있다. 여자들이 빈 무덤을 가장 먼저 발견했고, 이 사실을 남자들에게 전했다는 것이다.

부활하신 주님

그러나 초기 그리스도교인들이 빈 무덤만을 근거로 예수가 살아났다고 주장한 것은 아니었다. 그들은 예수가 라자로처럼, 그러니까 언젠가는 다시 죽게 될 방식으로 소생했다고 생각하지 않았다. 오히려 그들은 예수가 완전히 죽음을 넘어섰으며, 죽음과 맞서 싸워 승리하고 새롭고 영원한 생명으로 들어섰다고 믿었다.

그래서 제자들은 부활한 그리스도를 만나자 그의 모습을 알아보기도 하고, 알아보지 못하기도 한다. 요컨대 그리스도의 몸은 단순히 소생한 몸이 아니라 (바울의 표현을 빌리자면) '영적인 몸'으로 바뀌어 있었다. 이러한 영적인 몸은 만질 수 있으면서도 시공간의 한계를 초월한다. 그리스도는 당신의 의지에 따라 나타나고 또한 사라질 수 있었다. 마태오 복음서는 빈 무덤을 뒤로 한 채 제자들에게 달려가던 여인들에게 그리스도가 느닷없이 나타났다고 기록한다. 또한 루가 복음서는 부활한 예수가 갑자기 제자들 곁에 나타났다고 전한다. 요한 복음서는 부활한 예수가 닫힌 문을 통과하여 제자들 가운데 들어왔다가 다시 문을 통과하여 나갔다고 쓰고 있다. 그러나 예수는 귀신이 아니다. 부활한 예수의 몸은 만질 수 있는 것이며, 뚜렷한 상처 자국을 지니고 있고, 심지어 예수가 제자들과 음식을 나누어 먹었다는 사실을 루가와 요한은 입을 모아 강조하고 있다. 마침내 제자들 곁을 떠날 때가 되자, 그리스도의 몸은 하늘로 들어올려진다. 다시 말해 그리스도의 몸은 이미 하느님 나라의 초월적 지평으로 들어갔다. 그렇게 하느님 나라는 그리스도의 부활을 통해 과거와 현재, 미래를 '정복했다'.

죽음에 대한 승리

교회가 선포한 기쁜 소식, 곧 '복음'은 바로 '예수는 주님이시다'라는 것이었다. 그리스도의 부활을 통해 하느님 나라는 승리했다. 그리고 그리스도는 모든 시간을 아우르는 통치자가 되었다. 더 중요한 것은 그전까지 인류를 죄와 죽음, 악에 사로잡히게 했던 모든 권세가 결정적으로 정복되었다는 사실이다. 이러한 측면에서 부활은 이 세상의 모든 영역에서 하느님이 완전한 승리를 거두셨음을 알리는 사건이었다. 에페소인들에게 보낸 편지 4:8~10에 따르면 그리스도는 땅 아래의 세계로 내려가 죽음에 사로잡힌 이들을 구출하여 "모든 것을 완성하시려고" 하늘 위로 올라가셨다.* 이 위대한 정복 활동은 예수가 죽은 바로 그 순간에 이미 시작되었다. 베드로의 첫째 편지는 하데스Hades에서 예수가 죽은 자들에게 복음을 전했다고 거듭 강조한다. 곧 예수는 죽은 이들이 "영적으로는 하느님을 따라 살 수 있게"(1베드 4:6) 하고자 그곳까지 나아갔다. 심지어 예수는 하데스에서 "옥에 있는 영"들, 즉 (하느님께) "순종하지 않던 자"들에게까지 기쁜 소식을 선포했다.** 이들은 예수의 비유에 등장하는 부자와 같이, 자신의 죄로 인해 "아브라함의 품"에서 내쫓긴 존재들이었다.

초기 그리스도교인들은 그리스도가 당신의 죽음으로써 죽음에 매인 온 인류를 대신해 몸값을 치르시고 그들을 구원하셨다고 믿었다. 이러한 몸값 개념은 훗날 서방 교회에서 때로 인간의 죄에 대한 대가로 치르는 속전贖錢과 같은 것으로 혼동되기도 했다. 그러나 신약성서와 초대 교회의 가르침에서 이 은유는 노예 소유자에게서 노예를 해방할 때 치르던 대가를 염두에 둔 것이다. 인간의 경우에는 죽음과 악의 세력이 노예 소유자가 되었다. 그리고 그리스도는 이 대가를 지불하고 죽음의 나라를 그대로 내버려 두지 않았다. 그리스도교인들은 예수 그리스도가 불의하고 잔인하며 거짓과 죄로 물든 옛 악마의

---

* "그러므로 성경에 이르시기를 "그분은 높은 곳으로 올라가셔서, 포로를 사로잡으시고, 사람들에게 선물을 나누어 주셨다" 합니다. 그런데 그분이 올라가셨다고 하는 것은 먼저 그분이 땅의 낮은 곳으로 내려오셨다는 것을 말하는 것이 아니고 무엇이겠습니까? 내려오셨던 그분은 만물을 충만하게 하시려고, 하늘의 가장 높은 데로 올라가신 바로 그분이십니다." (에페 4:8~10)

** "그리스도께서는 갇혀 있는 영혼들에게도 가셔서 기쁜 소식을 선포하셨습니다. 그들은 옛날에 노아가 방주를 만들었을 때 하느님께서 오래 참고 기다리셨지만 끝내 순종하지 않던 자들입니다." (1베드 3:19~20)

제국을 타도했다고 확신했다. 하느님과 인간을 갈라놓은 모든 세력은 산산이 조각났다. 교회는 이러한 기쁜 소식을 로마 세계에 선포하기 시작했다.

베드로를 용서하는 예수

예수가 붙잡혀 심문을 받던 날 밤이었다. 날씨가 추웠던 것일까, 대사제의 집 바깥에서는 많은 하인과 경비병들이 모닥불을 피워 불을 쬐고 있었다. 예수를 찾아온 베드로도 추위를 피하고자 은근슬쩍 그들과 함께 불을 쬐기 시작한다. 그때 베드로를 알아본 사람들이 세 번에 걸쳐 그를 추궁한다. 그리고 베드로는 그때마다 자기는 예수의 제자가 아니라고 항변한다. 요한 복음서의 이야기다.

그것이 예수가 십자가에 못 박히기 전 베드로의 마지막 모습이었다. 베드로는 예수와 이야기를 나눌 수 없었다. 자신이 예수를 실망시켰다는 사실을 고백할 수도, 용서를 구할 수도 없었다. 다시 기회를 달라며 간청할 수도 없었다. 그가 저지른 일을 돌이킬 방법은 없었다.

요한 복음서는 문학적으로 매우 정교한 문헌이다. 이러한 정교함을 가장 잘 나타내는 장면은 갈릴래아 바다(티베리아스 호수)에 배를 타고 나가 그물을 던지던 제자들에게 부활한 예수가 나타나는 사건을 묘사하는 부분이다. 제자들이 어떤 이의 말을 따라 그물을 던지자, 그물은 기적같이 물고기로 가득 찬다. 이에 제자들은 그가 예수라는 사실을 깨닫는다. 이후 그들은 아침 식사를 준비한 예수와 함께

모닥불을 쬐며 음식을 나눈다. 이 장면은 예수가 붙잡히던 날 밤 대
사제의 집 바깥에 모인 사람들이 불을 쬐던 모습과 자연스럽게 겹친
다. 부활한 예수는 베드로에게 세 번에 걸쳐 묻는다. "나를 사랑하느
냐?" 베드로는 그때마다 그렇다고 대답한다. 그리고 예수는 그때마
다 베드로의 사명을 일깨운다. "내 양들을 잘 돌보아라." 그렇게 예
수는 베드로의 배신을 용서한다.

이 장면에서 복음서는 예수의 부활로 인류에게 주어진 새로운 생명,
새로운 삶이 어떤 것인지 마지막으로 일깨우고 있다. 불가능해 보였
던 화해의 가능성이 열렸다고, 결코 치유될 수 없었던 상처가 치유
된 것이라고 복음서는 전한다. 모든 희망이 사라진 것처럼 보이는
바로 그 순간, 새로운 희망이 시작된다.

수수께끼

이처럼 그리스도의 제자들은 어느 순간 갑자기 철저한 패배와 좌
절에서 벗어나 승리의 기쁨에 환호했다. 너무나 갑작스럽고 순식간
에 일어난 이 전환은 단순히 역사적 사건으로 바라보기에 결코 이해
할 수 없는 커다란 수수께끼다. 사도들은 그저 스승의 활동을 이어가
면서 종교적인 가르침을 전하는 것에 머무르지 않았다. "이제 기뻐하
라"라는 부활의 선언은 완전히 다른 성질의 것이었다. 예수의 제자들
이 이를 선언하며 여생을 보냈다는 사실, 그리고 이를 부인하느니 차
라리 목숨을 내놓았다는 사실은 예수의 부활 사건이 전무후무한 대
사건이었음을 뚜렷하게 보여준다.

조심스럽게 예수의 부활 사건을 살펴보자면, 제자들이 어떤 공통 경험을 했고 이로 인해 예수의 삶과 죽음의 의미는 물론 지상에서의 그의 현존을 이전과는 완전히 다른 방식으로 이해하기 시작했다는 것은 분명하다. 그리고 그 경험은 제자들이 본래 가지고 있던 삶의 의미와 목적에 대한 이해조차 철저하게 바꾸었다. 분명 어떤 경이롭고 전례 없는 사건이 일어난 것이다.

05

사도들의 교회

요한 복음서는 예수 그리스도가 제자들에게 남긴 중요한 약속을 기록한다. 예수는 제자들에게 자신이 세상을 떠나고 난 뒤 성령을 보내 제자들을 "모든 진리 가운데로"(요한 16:13) 이끌 것이라고 말한다. 부활한 예수 그리스도는 제자들에게, 아버지 하느님이 자신을 보낸 것처럼 자신도 제자들을 보낸다고 말하며, 제자들에게 성령을 불어넣고 죄를 용서하는 능력을 나누어 준다.

루가 복음서 저자와 동일한 인물의 저작으로 알려진 사도행전에 따르면 제자들은 마지막 선물, 곧 성령을 그리스도가 하늘로 올라간 후, 유월절이 지난 지 50일째 되는 날인 '샤브오트(오순절)' שבועות, 곧 성령강림절에 받았다고 한다. 어떤 의미에서는 이때 교회가 탄생했다고 볼 수도 있다. 유다의 빈 자리에 마티아가 뽑힘으로써 사도들은 다시 열두 명이 되었다. 그들은 부활한 그리스도가 일러준 대로, 예루살렘에 머무르며 성령이 오기를 기다리고 있었다. 오순절 날, 갑자기 "하늘에서 세찬 바람이 부는 듯한 소리가 나더니" 그들이 있던 온 집안을 가득 채웠고, 혀 같은 것들이 나타나 불길처럼 갈라지며 각 사람 위에 내렸다. 그 순간 그들은 여러 가지 외국어로 말할 수 있게 되었다. 이후 제자들은 거리로 나가 각지에서 온 디아스포라 유대인들에게 설교했다. 갈릴래아 사람들이 자신들의 언어로 말하는 것을 본 디아스포라 유대인들은 소스라치게 놀랐다고 사도행전은 기록한다(물론 그들 가운데 일부는 제자들이 술에 취해 횡설수설하는 것이라고 빈정댔다). 베드로를 비롯한 사도들은 예수 그리스도가 부활하셨다는 것, 그리고 지금 하느님이 성령을 부어주고 계신다는 것을 선포했다. 그날 약 3천 명의 유대인이 예수 그리스도의 이름으로 세례를 받았다.

사도들의 교회

교회는 예루살렘에서 첫걸음을 내디뎠다. 최초의 교회를 사실상 이끌고 있던 인물은 베드로였다. 부를 쌓는 것을 거부했다는 점에서 교회는 다른 공동체와 달랐다. 그리스도교인들은 가진 재물을 함께 나누며 생활했다. 특히 부유한 성원들은 재산을 팔아 공동체의 가난한 성원들을 도울 의무가 있었다. 최초의 교회는 오직 유대인들로 구성되었다. 그렇기에 이방인들 또한 모세의 율법을 따라 유대인이 되지 않고서도 복음을 받아들일 수 있다는 결정에 이르기까지는 어느 정도 시간이 필요했다. 그러나 이미 베드로는 사도 필립보가 (유대인들이 전통적으로 배척하던) 사마리아인들에게 복음을 전하는 것에 찬성한 바 있고, 직접 요한과 함께 사마리아에 가서 설교하기도 했다.

그러나 사도행전에 따르면 베드로가 이방인 그리스도교인을 있는 그대로 받아들이게 된 계기는 따로 있었다. "경건하고 하느님을 두려워하는" 로마군 백인대장 코르넬리우스(고넬료)가 환상 중에 천사의 말을 듣고 고무되어 베드로를 초대해 설교를 청했을 때였다. 유대인의 정결법은 유대인이 이방인의 가정을 방문하는 것을 일반적으로 금하고 있었다. 그러나 베드로는 코르넬리우스의 초대를 받아들인다. 이미 하느님이 유대교 율법에 따라 준비하지 않은 음식도 먹어야 한다고 명령하시는 환상을 체험했기 때문이었다. 베드로와 코르넬리우스가 이야기를 나누는 가운데 성령이 코르넬리우스와 가솔 모두에게 내려왔고, 모든 사람이 다른 언어로 말하기 시작했다. 이에 베드로는 그들 모두에게 세례를 주었다.

부활하신 그리스도의 사도, 바울

교회가 '할례를 받지 않은' 이들에게까지 적극적으로 복음을 전하게 된 보다 결정적인 계기는 사도들을 찾아온 한 사나이로부터 시작되었다. 그는 예수가 활동하던 시절 예수에 관해 전혀 아는 바가 없었던 인물이다. 그럼에도 그는 자신이 그리스도가 직접 복음을 전하라고 세운 사도라고 확신했다. 그는 소아시아 타르소스 출신의 디아스포라 유대인 사울이었다. 사울은 열정적으로 율법을 준수하던 바

리사이파로, 헬레니즘 배경에서 자라나 그리스어에 능통하였을 뿐
아니라 유명한 랍비 가말리엘Gamaliel of Jerusalem의 문하에서 공부한 히
브리 성서의 대가이기도 했다. 한동안 사울은 그리스도교 운동을 뿌
리 뽑는 일에 전념하던, 그리스도교인들에게 가장 무시무시한 적으
로 악명을 떨쳤다. 심지어 그는 최초의 그리스도교 순교자 스데파노
(그리스어를 사용하는 유대인이었던 그는 성전을 모독했다는 혐의를 받아 투석
형에 처해졌다)의 처형에 관여하기도 했다.

그러나 사울은 교회를 가장 악랄하게 박해하던 인물에서 가장 열
성적인 선교사로 순식간에 변모했다. 사도행전에 따르면 사울은 시
리아의 도시 다마스쿠스의 그리스도교 공동체를 뿌리 뽑기 위해 그
곳으로 향하던 중 찬란한 빛에 감싸였고 부활한 그리스도를 만났다
고 한다. 그 빛이 너무나 밝았기에 사울은 며칠 동안 앞을 보지 못했
다. 다마스쿠스에 살던 그리스도교인 아나니아를 만나고 난 뒤에야
다시 앞을 보게 된 사울은 곧바로 각 도시의 유대교 회당을 돌아다니
며 예수의 부활을 설교하기 시작한다. 뻔뻔할 정도로 집요하게 설교
한 탓에 종종 목숨을 잃을 뻔한 일이 한두 번이 아니었다고 사도행전
은 기록한다. 그럼에도 바울은 결코 선교 활동을 멈추지 않았다. 그
는 로마 제국의 도시들을 돌아다니며 머무르는 곳마다 교회를 세웠
다. 어느 순간부터인가 사울은 파울로스Παῦλος, 곧 '바울'이라는 이름
을 사용하기 시작한다. 그리스도 안에서 시작한 새로운 삶을 알리는
신호였을까. 회심 직후, 곧 다마스쿠스를 떠나자마자, 혹은 그로부터
3년 후 바울은 예루살렘에 가서 베드로와 예수의 형제 야고보를 비롯

마술책을 불태우는 에페소 사람들을 바라보는 바울 (에페 19:19)

한 그리스도교인들을 만난다. 여기서 그는 사도로 인정받아 할례받지 않은 이들에게 복음을 전하는 특별한 임무를 맡게 되었다.

바울이 한때 완고하게 유대교의 순수성을 옹호했던 인물이었다는 사실에 비추어 보면, 그가 단호하게 복음의 절대적인 포괄성을 주장했다는 사실은 더욱 놀랍다. 물론 헬레니즘 유대인이었던 바울은 로마 제국의 지적, 문화적 환경에 매우 익숙했다. 그러나 바울이 이해하던 복음의 범위는 세계 시민주의에 바탕을 둔 관용보다 훨씬 급진적이었다. 그는 교회가 유대인과 비유대인을 모두 받아들여야 한다고 믿었다. 바울은 그리스도가 유대인과 이방인의 경계를 완전히 허물어버렸다고 확신했다. 바울이 이해한 그리스도교 신앙은 유대인과 그리스인, 할례받은 이와 그렇지 않은 이의 구별을 아무런 의미도 없게 만들어 버리는 새로운 보편주의였다. 바울은 그저 이방 출신의 그리스도교인들에게 유대교 율법을 면제해야 한다고 주장한 것이 아니었다. 그는 율법에 대한 집착 자체가 복음에 충실하지 못한 행위라고 여겼다.

모든 민족을 향한 소명

자신이 세우고 일군 여러 지역의 그리스도교 공동체에 보낸 편지들에서 바울은 이스라엘에 대한 하느님의 약속 전체가 그리스도 안에서 성취되었으며, 이제 그 약속은 기적과도 같이 이 세상의 모든 민족을 향하고 있다는 신념을 펼친다. 모든 민족이 이스라엘의 하느님을 두려워하게 될 것이라는 고대의 예언은 성취되었다. 그러나 바로 그 때문에 율법은 이제 본질적으로 쓸모없는 것이 되어버렸다. 유대인과 이방인 모두가 하느님이 아브라함과 맺은 계약의 상속자가 된 것은 모세의 율법에 순종했기 때문이 아니라 아브라함의 신앙에 함께 참여했기 때문이다. 바울은 하느님이 아브라함과 맺은 계약이 율법보다 훨씬 앞선다는 점을 지적했다. 계약은 율법에 의존하지 않는다. 오히려 율법이 계약에 의존한다.

바울의 주장은 율법을 경건하게 준수해 오던 유대인 출신 그리스도교인들에게 매우 낯설게 다가왔다. 오해의 여지도 많았다. 바울이 직접 쓴 편지와 바울의 이름으로 된 신약성서 문헌 곳곳에는 그리스도에 대한 신앙이 '율법의 행위'뿐 아니라 도덕적 의무도 면제해 주는 것이라고 오해하는 사람들이 등장한다. 이에 대표적으로 야고보의 편지는 대부분의 지면을 할애하여 그리스도교인은 선한 행동을 해야 하며, 교회는 언제나 가난한 이들과 과부들, 고아들을 돌보아야 할 뿐 아니라 불의를 규탄하고 세상에 흠잡을 데 없는 도덕적 모범이 되어야 한다고 강조한다.

초대 교회가 모세의 율법과 복음을 분리하지 않았다면 그리스도교는 어디까지나 유대교의 한 분파로 남았을 수 있다. 그리고 소수 종파 대부분이 그러하듯, 몇 세대 안에 사라지고 말았을지도 모른다. 부활한 그리스도의 복음이 민족적 차이를 아무것도 아닌 것으로 만들어버렸다는 사실을 깨달았기에 그리스도교는 지속되었다. 복음은 심지어 가장 중요한 차이인 아브라함의 자녀들과 모세의 율법 바깥에 있는 이들 사이에 놓인 장벽마저 헐어버렸다고 교회는 믿었다. 그렇게 교회는 세계를 변혁하는 힘을 지니게 되었다.

베드로와 바울의 순교

전승에 따르면 사도 베드로와 바울은 모두 로마에서 마지막 나날을 보내다 순교했다. 이 전승의 신빙성을 뒷받침할 만한 초대 교회 문헌은 수없이 많다.

사도행전은 기근이 일어나자 바울이 이방 그리스도교인들의 구호 헌금을 모아 예루살렘을 방문했다고 전한다. 그곳에 머무는 동안 바울은 성전 안에 그리스인 출신의 동료를 데리고 들어갔다는 무고를 당하고는 급기야 율법을 모욕하는 이로 낙인찍혀 성전 경내에서 군중의 공격을 받다가 로마 병사들이 도착해 겨우 목숨을 건질 수 있었다. 병사들은 그를 병영으로 데리고 갔지만, 도중에 어리석게도 바울이 군중에게 연설하도록 허락하는 바람에 군중의 분노만 더 부추기는 결과를 낳고 만다. 로마군 파견대장은 로마 시민권자였던 바울에게 채찍질이나 고문을 가할 수 없었고, 다음날 산헤드린에 보내 그를 심문하게 한다. 하지만 그곳에서 바울이 답변한 내용은 바리사이인들과 사두가이인들의 분열과 불화를 조장할 뿐이었다. 이윽고 유대인들이 바울을 살해하려는 음모를 꾸미고 있는 것을 안 로마인들이 그를 카이사리아로 압송하자 그곳에서 바울은 2년간 감금 생활을 하게 된다.

마침내 바울이 황제에게 재판을 받을 수 있는 로마 시민의 권리를 내세우자 로마인들은 그를 배에 태워 로마로 압송한다. 몰타섬 근처에서 난파되는 등 다사다난한 여정 끝에 로마에 도착한 바울은 가택연금 상태로 또다시 2년을 보내게 된다. 물론 그동안에도 바울은 교회의 성원으로 활발한 활동을 이어간다. 여기서 성서가 전하는 바울의 이야기는 끝난다. 후대의 전승에 따르면 바울은 64년, 거대한 화재가 일어나 로마 시 대부분이 파괴되었을 때 일어난 네로Nero 황제의 그리스도교 박해로 순교했다고 한다. 또 바울은 로마 시민이었으므로 십자가형이 아닌 참수형으로 생을 마감했다고 한다.

전승은 또한 베드로도 같은 시기에 네로 황제의 박해로 순교했다고 전한다. 왜 베드로가 당시 로마에 있었는지는 불분명하다. 후대의 어떤 전승은 베드로가 25년간 로마에 머물렀다고 한다. 요한 복음서는 베드로의 순교를 이야기하는 유일한 성서 문헌이다. 부활한 예수는 베드로에게, 어느 날 늙은 그에게 사람들이 다가와 팔을 벌리게 하여 그가 원하지 않는 곳으로 끌고 갈 것이라고 예언한다. 외경 문헌 『베드로 행전』Acts of Peter에 따르면 베드로는 십자가에 못 박혀 순교했다고 한다. 또 그는 자신이 주님과 같은 방식으로 죽을 자격이 없으므로 십자가에 거꾸로 못 박힐 수 있도록 간청했다고 한다.

06

초대 교회의 성장

첫 그리스도교 공동체는 주로 유대교 회당을 중심으로 자라났다. 교회는 먼저 헬레니즘 세계의 유대인들 가운데, 다시 말해 그들의 거대한 디아스포라 공동체를 기반으로 발전했다. 회당에는 유대교의 관습과 신앙을 받아들이던 이방인들도 곧잘 모여들곤 했다. 유대교 공동체 주변부에서 살아가던 이방인 중 상당수는 유대교로 개종하려는 마음을 가지고 있었다.

그리스도교인들에게는 예배할 장소가 없었기에, 그들은 각자의 사적 공간에서 모였다. 그곳에서 그들은 성찬례를 거행했을 뿐 아니라 실제로 음식을 나누곤 했다. 그리스도교인들은 매주 첫날에 모였다. 일요일, 바로 주님이 부활하신 날에 그들은 예배했다. 시편과 찬미가를 노래하고 서로를 권면하고 훈계했다. 그들은 예언하고 방언으로 기도하며 병을 치유했다. 이 모든 것이 예배였다. 이렇게 그리스도교 신앙은 로마 세계의 동방과 서방으로 전파되며 안티오키아와 알렉산드리아, 그리고 수도 로마에 싹트기 시작했다.

위계

교회가 성장하자 권위의 문제가 중요하게 다가왔다. 첫 세대 그리스도교인, 특히 사도들이 세상을 떠나자 그리스도교인들은 에피스코포스ἐπίσκοπος(주교, 본래 의미는 '감독자')와 프레스뷔테로스πρεσβύτερος(사제, 본래 의미는 '원로')를 세웠다. 예루살렘에 세워진 첫 교회와의 역사적 연속성을 지켜나가면서 신학적·도덕적으로 올바른 방향성을 잃지 않도록 돌보는 일이 그들의 역할이었다. 사실 이러한 제도는 이미 사도들의 시대에 세워진 것이었다. 교회가 뿌리를 내리는 곳마다 감독자들과 원로들은 보조자deacon들의 도움으로 새롭게 그리스도교인이 되는 사람들에게 세례를 주고 성찬례를 집전하며, 재화를 나누어 가난한 이들을 구호하고 공동체를 관리했다.

최초의 그리스도교인 대부분은 그리스도의 재림이 임박했다고 믿었다. 이들에게 에피스코포스, 다시 말해 주교의 직무가 무엇인지의 문제는 그렇게 중요한 것이 아니었다. 그러나 그리스도교 첫 세대가 지나가자 사람들은 주교의 역할이 교회의 일치와 질서를 유지하는 데 필수적이라고 생각하기 시작했다. 2세기 초 안티오키아의 주교 이그나티오스Ignatius of Antioch는 순교를 기다리며 로마로 압송되던 중,

조반니 바티스타 크레스피, 《이그나티오스의 순교》

교회는 오직 적법한 주교가 있는 곳에 존재한다고 썼다.* 주교는 성령에 의해 사도로부터 이어지는 살아있는 연결 고리로 세워지며, 주교 없이 성찬례를 거행하는 것은 불가능하다. 마찬가지로 그리스도교 공동체도 주교 없이 세워질 수 없다. 주교에게 부여된 고유한 권위를 옹호하는 이그나티오스의 이러한 주장은 사실 당시 그리스도교 세계를 혼란에 빠뜨리던 '거짓 교사들'을 염두에 둔 것이었다. 이들 가운데는 그리스도가 인간의 몸을 입지 않았으며, 다만 살과 피를 가진 인간으로 '보였을' 뿐이라고, 겉보기에만 수난을 당했다고 주장하는 '가현설주의자'docetist('보이다'라는 뜻의 그리스어 '도케인'δοκεῖν에서 유래했다)도 있었다. 이런 상황 가운데 주교 제도는 불화와 분열을 막기 위

* 『일곱 편지』에 나오는 내용이다. 『일곱 편지』(분도출판사)

한 불완전한 안전장치였다.

그리스도교 역사의 초창기부터 이러한 분열은 끊임없이 교회를 괴롭혔다. 주교직도 예외는 아니었다. 아마도 가장 유명한 '대립 교황'anti-pope, 다시 말해 또 다른 로마 주교는 히폴뤼투스Hippolytus(165년 경~235년경)*일 것이다. 히폴뤼투스는 학식 있는 탁월한 신학자였으나 동시에 성마른 성격의 인물로, 199년부터 217년까지 로마 주교를 지낸 제퓌리누스Zephyrinus의 주장**을 격렬히 비난했다(후대 교회는 히폴뤼투스를 정통으로 인정한다). 제퓌리누스가 세상을 떠나자 로마 교회는 또 다른 '이단자' 칼릭스투스Calixtus를 후임 주교로 선출했다. 히폴뤼투스는 주교의 권위가 풍전등화에 이르렀다고 확신했다.

히폴뤼투스는 새 주교와의 상통을 단절했다. 그리고 로마의 여러 그리스도교인에게 지지를 호소했다. 히폴뤼투스를 따르던 신자들은 그를 로마의 주교로 추대했고, 그는 235년까지 주교로 있었다. 같은 시기 로마에는 세 명의 주교, 칼릭스투스, 우르바누스 1세Urban I, 폰티아누스Pontian가 대립하고 있었다. 그러나 235년, 막시미누스Maximinus 황제 치하에서 박해가 일어났고 세 명의 '교황'들은 모두 체포되었다. 하느님의 섭리였던 것일까.

히폴뤼투스와 폰티아누스는 유죄 판결을 받고 사르데냐의 광산에

---

* 성 히폴뤼투스는 리옹의 주교 에이레나이오스(이레네우스)Irenaeus의 제자였다. 대표 저서로 『사도 전승』Traditio Apostolica(분도출판사)이 있다.

** 당시 사제였던 히폴뤼투스는 주교 제퓌리누스가 양태론modalism(삼위일체 하느님은 한 분이신 하느님의 세 형태라는 주장)에 온정적인 태도를 보인다는 점을 들어 그를 공개적으로 비난했다.

서 기약 없는 고된 노역을 함께 하는 처지가 되었다. 그곳에서, 신앙을 위해 죽음으로 향하던 길목에서 그들은 화해했다. 두 명 모두 주교직에서 물러났고, 안테루스Anterus라는 이름의 한 인물이 그들을 계승해 로마의 주교가 되었다. 그렇게 두 공동체는 하나의 주교 아래 재결합했다. 안테루스는 236년 세상을 떠났지만 그를 계승하여 주교가 된 파비아누스Fabian(250년까지 재임)는 히폴뤼투스와 폰티아누스의 유해를 로마로 이송했고, 하나의 교회를 위해 목숨을 버린 거룩한 순교자들 곁에 안장했다.

로마 세계에서 특별한 위치에 있던 도시의 교회는 다른 교회보다 더 높은 명성을 누리기 시작했다. 적어도 2세기 후반부터 로마 교회는 다른 지역 교회에 비해 특별한 중요성과 품격을 누리고 있다고 자처했다. 3세기 중반, 로마 주교 스테파누스Stephen는 그리스도가 베드로에게 부여한 권위가 로마 주교에게 영적으로 계승되고 있다고 주장하기에 이르렀다.

하느님의 말씀

물론 교회의 권위와 일치의 또 다른 원천은 성서였다. 그러나 그리스도교 성서가 최종 형태를 갖추는 데는 상당한 시간이 필요했다. 최초의 그리스도교 성서는 그리스어로 번역된 히브리 성서였다. 대개 이는 (성서 번역에 참여했다고 전해지는 학자들의 수를 따라) '칠십인역'Septuagint이라고 부르는, 알렉산드리아 유대인들의 번역본이었다. 이 역본에는 히브리어 정경에는 없는, 그리스어로만 집필된 후기 문헌들도 여러 편 포함되어 있었는데, 추가된 문헌들의 지위는 계속하여 논쟁거리가 되었다. 초대 교회의 신학자들 가운데는 이를 성령의 영감을 받은 책이라고 생각하는 사람들도 있었고, 그저 부차적인 문헌으로, '이차적 정경' 정도로 이해하는 사람들도 있었다. 아예 관심이 없는 사람들도 있었다. 물론 후대 프로테스탄트 전통처럼 '외경'이라는 틀로 분류하지는 않았지만 말이다.

신약성서 정경의 발전 과정은 더 복잡하다. 1세기 말, 어느 정도 정경이라고 인정할 만한 다양한 그리스도교 문헌이 있었다. 예컨대 네 편의 복음서는 초창기부터 권위 있는 문헌으로 인정받았다. 다만 당시 그리스도교인들은 네 편의 복음서를 별개의 문헌으로 이해하지 않고 통합된, '조화를 이루는' 형태로 읽었다. 2세기 시리아 출신 헬레니즘 그리스도교 철학자 타티아노스Tatian(120년경~185년경)가 쓴 ('네 개를 가로질러'라는 뜻의 그리스어)『디아테사론』Diatessaron은 이러한 조화의 정수를 보여주는 탁월한 작품이다. 또한 1세기 말에는 바울의 몇몇 편지가 수집되어 여러 교회에서 회람되었다. 그러나 어떤 문헌이 그리스도교 성서를 구성할지에 대한 분명한 결정은 아마도 2~3세기의 여러 대항 '성서'의 범람과 이단적 교사들의 등장에 대응하는 과정에서 이루어졌을 것이다. 점차 어떤 문헌이 사도들의 전승과 정말로 연결되어 있다고 할 수 있고, 어떤 문헌은 그렇지 않은지 판별해야 했던 것이다. 합의가 도출되기까지는 시간이 걸렸다. 예를 들어 많은 교회가 환시 문헌인 헤르마스Hermas의 『목자』Shepherd of Hermas*를 신약성서의 일부로 간주했고, 그러한 경향은 지역에 따라 4세기까지 지속되기도 했다. 나아가 그리스도교 정경으로 결정된 문헌 중 몇몇은 상당한 시간이 흐른 뒤에야 보편적으로 수용되었다. 히브리인들에게 보낸 편지나 야고보의 편지, 유다의 편지, 요한의 셋째 편지 등이 대표적이다.

구별된 사람들

초기 그리스도교는 형식상 일종의 '비교'祕教였다. 그리스도교인들은 특정한 의식을 통해 입교하고, 특별한 일련의 '신비'(성사)에 참여함으로써 구원에 이르며, 공동체 외부인에게 교리와 관행을 누설하지 않았다. 게다가 사적 공간에서, 그것도 비밀리에 모여야 했다는 점 때문에 초기 그리스도교인들은 끊임없이 구설에 시달렸다. 기이하고 사악한 분파라는 소문이 돌았다. 흥청망청 먹고 마시며 아이들을 살해하고 심지어는 식인을 한다는 등의 악의적인 이야기가 퍼져나갔다. 그러나 그리스도교인의 수가 점차 늘어나고, 제국 안에서 어느 정도 규모를 갖춘 독자적인 공동체를 형성해 나가자 사람들은 그리스도교인들의 모습을 보다 정확하게 파악하기 시작했다.

마침내, 그리스도교인의 다신교 숭배 거부 행위가 애국심 없고 비이성적이라며 비난하고 교회에 몰려드는 '폭도'들을 혐오하며 그리스

---

* 해방 노예인 주인공 헤르마스의 회개 이야기를 중심으로, 환시와 계명, 비유로 구성된 묵시 문학 작품이다. 『헤르마스의 목자』(분도출판사)로 역간.

도교 신앙을 조롱하던 다신교인들조차, 그리스도교인은 건전하고 친절하며, 배우자에게 충실하고 가난한 이를 외면하지 않으며, 전염병이 창궐하는 가운데서도 기꺼이 병자들을 돌보고자 애쓰고, 가난하여 철학 교육을 받지 못한 사람들에게는 불가능하다고 여기던 (용기와 절제 등의) 덕목을 삶으로 보여주고 있다는 사실을 인정하지 않을 수 없었다. 바로 그러한 모습이 그리스도교인들이 전하던 복음의 설득력을 결정적으로 강화했다.

07

순교자의 시대

순교자, '마르튀로스'$_{μάρτυρος}$는 그리스어로 '증인'을 의미했다. 그러나 이는 그리스도교의 역사 속에 깃들며 얼마 지나지 않아 그리스도를 따라 수난과 죽음을 감수하며 신앙을 증언한 사람을 의미하는 단어로 자리 잡는다. 그리스도가 십자가에 달림으로써 '모든 사람을 이끌어' 자신에게로 오게 한 것처럼, 초대 교회의 순교자들은 하느님의 실재를 삶으로 선포했고, 그 대가를 믿음으로 감내함으로써 다른 사람들을 그리스도의 친교로 초대했다.

　스데파노와 사도 야고보를 비롯한 첫 순교자들은 동족 유대인들의 손에 죽임을 당했다. 유대인들은 그들이 아브라함의 믿음을 더럽혔다고 단죄했다. 스데파노는 34년, 야고보는 62년에 투석형으로 순

귀스타브 도레, 《스데파노의 순교》 (1869년)

교했다. 그러나 대다수의 순교는 이교도들의 박해에 따른 것이었다.
처음부터 로마 당국이 그리스도교인들을 다른 유대인들과 구분할 수
있었던 것은 아니었다. 로마는 유대교의 오랜 믿음 체계와 관습을 존
중했고, 상당한 관용을 베풀었다. 물론 로마는 유대인들의 하느님
을 특별히 존경하지는 않았다. 그리고 유대교가 신자들에게 요구하
던 배타적 헌신을 진지하게 받아들인 것도 아니었다. 다만 유대인들
이 자신들의 율법과 전통을 매우 귀중하게 여긴다는 사실을 알고 이
를 존중했을 뿐이었다. 그리하여 유대인들은 제국의 다른 신민과는

달리 로마의 신들에게 경의를 표하거나, 황제의 수호신 즉 게니우스genius를 섬기거나, 제국의 안녕을 위해 신들에게 제사를 지내야 하는 의무를 면제받았다.

첫 박해

그리스도교인들이 회당에서 축출되고, 유대인과 이방인을 망라한 공동체로 발전해 나가자 그들은 유대교가 누리던 면책특권을 점차 상실해 갔다. 이교 문화는 그리스도교를 하나의 독자적 종교로, 새로운 신조를 따르는 불법적인 집단으로 인식하기 시작했다. 이 새로운 신앙 공동체의 비밀스러운 모습, 나아가 성원들이 사용하던 독특한 종교적 언어는 로마인들이 그리스도교를 일종의 사교邪教로 여기게끔 하기에 충분했다.

그리스도교인들에 대한 조직적인 첫 박해는 64년 로마에서 일어났다. 마침 일어난 대화재로 도시 대부분이 잿더미로 변한 후였다. 네로 황제는 이미 대중의 의심을 사던, 이 작고 특이한 종파에 손쉽게 책임을 전가할 수 있다는 사실을 알았다. 사료는 (정확한 규모를 알 수는 없으나) 그리스도교인 다수가 체포되어 처형되었고, 대부분 극적이고 잔인한 방식으로 죽임을 당했다고 전한다. 네로 황제의 박해는 즉흥적인 학살에 가까웠을 뿐 제국 단위의 조직적 박해는 아니었다. 그러나 64년 박해는 그리스도교인들이 더는 법률적 보호를 받지 못한다는 사실을 분명하게 드러내는 선례로 남았고, 로마의 황제와 신들에게 적절한 종교적 경의를 표하지 않는 것이 범죄이며, 시민의 의

무를 저버리는 반역 행위로 치부될 수 있다는 사실을 알려주었다. 그리스도교 신앙을 고백하는 행위만으로 사형을 당하는 시대가 오기까지는 오랜 시간이 걸리지 않았다.

이 시기 박해는 산발적으로 이뤄졌다. 지방 정무관들은 그리스도교인들에 대한 불만의 목소리가 들리지 않는 한, 그리고 그리스도교인의 불경 탓으로 돌릴 만한 재난이나 불길한 징조가 일어나지 않는 한 대체로 묵인하는 것으로 일관했다. 저술가이자 행정가로 비티니아의 총독을 역임한 소少 플리니우스Pliny the Younger가 총독 재임 시절 트라야누스Trajan 황제에게 보낸 편지에는 평화로운 삶을 영위하다가도 이따금 참혹한 일을 겪던 2세기 초 그리스도교인의 위태로운 지위가 생생하게 드러나 있다. 플리니우스는 임지였던 흑해 연안의 주민들이 그리스도교인들에 대해 불만을 제기하자 발단이 된 그리스도교인들을 재판하여 형벌에 처했다고 보고한다. 그러면서 동시에 이 문제의 처리 방안에 대해 황제의 조언을 구한다. 어떤 혐의로 그리스도교인들을 심문하고 형벌을 부과해야 할지, 나이에 따라 처분을 달리해야 할지, 배교자들은 사면해야 할지, 그리고 다른 범법행위 없이 그리스도교인이라는 이유 하나로 사형에 처하는 것이 법적으로 타당한지 플리니우스는 고민한다.

그러나 그는 황제의 답변을 기다리지 않았다. 보고가 이어진다. 총독은 그리스도교인이라고 지목받은 이들 여럿을 심문했다. 그리스도교 신앙을 고백한 이들은 다시 심문하여 배교하도록 설득했다. 위협에도 불구하고 배교하지 않은 이들은 사형에 처했다. 그들의 고집이 사형 선고에 충분한 근거가 된다고 생각했기 때문이다. 로마 시민 권자들은 총독이 임의로 재판할 수 없었기에 로마로 이송했다.

불행히도 이런 일이 있고 난 뒤 오히려 고발은 늘어났다고 플리니우스는 기록한다. 이름을 밝히지 않은 고발이 대다수였다. 고발된 사람 중 무고라고 반발하는 이들과 한때 그리스도교 신앙을 받아들인 적이 있지만 지금은 신앙을 버렸다고 주장하는 이들은 로마의 신들에게 기도를 올리고, 황제의 상에 분향하고 헌주하며, 필요하면 그리스도를 저주하는 것으로 진정성을 증명해야 했다. 그리스도교인들을 심문하던 플리니우스는, 그리스도교인들의 '악행'이란 그저 매주 한 번 아침에 모여 그리스도에게 '신에게 하듯' 찬가를 바치고, 사기나 간음, 혹은 믿음을 저버리는 행위를 하지 않겠다고 맹세하며 함께 식사하는 것이라는 사실을 발견했다. 두 명의 '보조자' 여자 노예들을 고문한 끝에, 그들의 잘못이란 지나치게 미신에 빠진 것뿐이라는 점을 확인한 플리니우스는 개탄했다.

트라야누스 황제는 플리니우스에게 답변했다. 황제는 총독의 처리 방식을 치하했다. 그리스도교인들을 의도적으로 색출해서는 안 되며 익명의 고발은 무시해야 하지만, 정식으로 고발당해 유죄 판결을 받았다면 과오를 뉘우치고 신들에게 제사를 지내 그리스도교 신앙을 버렸음을 증명하도록 하고, 그렇지 않으면 기존의 방식대로 처벌하도록 지시했다. 그리스도교인들의 행동이 해가 되지 않는다는 것은 분명했으나 황제는 단호했다.

폴뤼카르포스의 죽음

69년에 태어나 오늘날의 터키 지역, 소아시아 스뮈르나 지역의 존경받는 주교로 활동한 폴뤼카르포스Polycarp는 안티오키아의 주교 이그나티오스와 동시대 인물로, 그의 벗이기도 했다. 그리스도의 육적 몸의 실재를 인정하지 않던 가현설 이단을 강력하게 비판하며 세간의 주목을 받은 그는 사도 바울의 신학과 저술에 통달했고 고매한 인격으로 존경받았다.

폴뤼카르포스가 여러 그리스도교인과 함께 스뮈르나에서 사로잡혔을 때, 그는 이미 노인이었다. 전승은 그가 여든여섯의 나이였다고 전한다. 지방 총독은 폴뤼카르포스에게 배교를 권하며 황제의 수호신에게 제물을 바치라고 명했다. 그러나 폴뤼카르포스는 이를 거부했고, 총독은 그를 화형에 처했다.

폴뤼카르포스의 순교를 회상하는 다소 윤색된 이야기가 『폴뤼카르포스 순교록』Martyrdom of Polycarp이라는 제목 아래 전해진다.* 최초의 순교 기록은 아니지만 그의 순교 이야기는 초대 교회가 사랑한 문학 장르, 즉 순교자들의 영웅적인 최후에 관한 강렬한 회상을 보여주는 탁월한 예시다.

『폴뤼카르포스 순교록』을 살펴보자. 폴뤼카르포스가 경기장으로 압송되었을 때, 이미 그곳에서는 수많은 그리스도교인이 순교하고 있었다. 총독은 노인을 맹수와 화형대의 불길로 위협하며 배교할 것을

---

* 『편지와 순교록』(분도출판사)으로 역간.

권한다. 그러나 폴뤼카르포스는 그리스도를 버리지 않는다. 황제의
수호신에게 맹세하지도 않는다. 곁에 있던 그리스도교인들도 그를
따른다. 결국 폴뤼카르포스는 화형대에 오른다. 그는 하느님께 기도
하며, 하느님의 자비와 축복에 감사한다. 무엇보다 그리스도를 위해
순교할 수 있는 영광을 허락받았음에 기뻐한다.

『폴뤼카르포스 순교록』은 이어 놀라운 이야기를 전한다. 타오르는
불길이 바람을 한껏 받은 돛처럼 폴뤼카르포스를 에워쌌을 때, 그는
도가니 안의 황금인 양 찬란히 서 있었고, 마치 유향과도 같은 향이
장작에서 피어오르기 시작했다. 불이 폴뤼카르포스에게 어떤 영향
도 주지 않는 것을 본 사형 집행인은 칼을 뽑아 그를 찌른다. 그러자
상처에서 흘러나온 피가 화형대의 불길을 잠재운다.

폴뤼카르포스의 이야기는 깊은 인상과 여운을 남긴다. 교회의 뿌리
를 뽑으려고 한 가장 잔인한 박해조차 오히려 승리의 감동으로 가득
찬 그리스도교 문학을 만들어 냈다는 사실은 실로 아이러니가 아닐
수 없다.

장 레옹 제롬, 《순교자들의 마지막 기도》(1863년~1883년)

박해의 확산

박해는 국지적 차원에 머무르지 않았다. 황제의 명에 따라 제국 차원에서 교회를 말살하려는 시도가 3세기에 일어났다. 이러한 박해는 때로 그리스도교 신앙에 깊은 상처를 입혔다. 그러나 결과적으로 전례 없는 강도로 단련된 신앙이 자리매김하는 계기가 되었다. 235년 막시미누스 트락스Maximinus Thrax 황제의 교회 말살 시도는 실패로 돌아갔다. 250년 데키우스Decius 황제는 모든 시민에게 공증인 앞에서 이교 제단에 형식적인 제사를 지내도록 하는 칙령을 선포했다. 이를 거부한 몇몇 명망 있는 그리스도교인들이 순교했다. 257년 발레리아누스Valerian 황제가 재개한 박해는 더 혹독했다. 희생자 가운데는 카르타고의 위대한 주교 키프리아누스Cyprian(200년~258년)와 로마의 주교 식스투스 2세Sixtus II(?~258년)도 있었다. 순교자의 수는 많지 않았지만, 순교자가 죽음 앞에서 보인 결연함은 교회의 정체성 깊숙한 곳에 새겨졌다.

더 중요한 사실은 위협에 굴복하여 적잖은 배교자가 나타났음에도, 대다수 그리스도교인의 신앙은 고난을 통해 더욱더 굳건해졌다는 것이다. 플리니우스가 비티니아의 그리스도교인들을 심문하고 있을 때, 거의 비슷한 시기에 안티오키아의 이그나티오스는 로마로 압송된다. 그곳에서 그는 극심한 고문을 받고 끝내는 순교를 감내해야 했다. 이그나티오스는 각지에 흩어진 공동체에 편지를 보내며 자신이 곧 겪게 될 고난과 죽음이 그리스도의 수난에 참여하는 행위일 뿐아니라 주님이신 하느님과 더욱 깊이 연합하는 길이라고 전했다. 편지에서 그는 동지들에게 자신을 구하려고 애쓰지 말 것을 호소한다. 오히려 평온함 가운데 결연히 죽음을 맞이할 수 있도록 기도해 달라고 요청한다. 그리스도를 위해 기꺼이 순교하고자 했던 그리스도교인의 모습은 비단 고집뿐 아니라 용기와 맑은 영혼의 모범으로 당대인들에게 깊은 인상을 남겼다.

북아프리카 카르타고 출신의 명망 있는 그리스도교 신학자이자 호교론자 테르툴리아누스Tertulian of Cathage(155년경~230년경)가 남긴 간결한 문장이 전해진다.

그대들이 우리를 베면 벨수록 우리는 더욱더 자라난다.
순교자의 피는 그리스도교인의 씨앗이기에.

08

영지주의자

그리스도교의 첫 300년, 내부의 분열과 외부의 박해가 교회를 위협했다. 그러나 그뿐만이 아니었다. 더 참되고, 더 계몽된 그리스도교라고 자처하며 구원의 길을 약속하는 몇몇 종파가 등장해 교회를 뒤흔들었다. 2세기와 3세기, 전통적으로 '영지주의'Gnostic라고 부르는 수많은 분파가 일어났다. 영지주의라는 이름은 그노시스gnosis*, 즉 비밀스러운 종교적 지식(영지靈知)을 통해 계몽된 이들을 구원의 길로 인도한다는 그들의 주장에서 나온 것이다. 영지주의자들은 그리스도교인 대다수에게 감추어져 있는, 사도로부터 내려오는 특별한 전승을 알고 있다고 자처했다.

---

* '지식', '깨달음'을 뜻하는 그리스어 '그노시스'γνῶσις

현대 학자들 가운데는 '영지주의'라는 범주 자체를 '대안적 그리스도교'라는 이름으로 대체하기를 원하는 이들도 있다. 이들은 영지주의를 초기 그리스도교 신앙의 한 갈래로 이해한다. 역사적 불운 탓에 '정통' 주류 그리스도교에 패배해 밀려났지만, 당대에는 그리스도교의 또 다른 생생한 모습이었다는 주장이다. 그러나 이는 설득력이 거의 없다. 사도로부터 이어오는 교회에서 자라난 유기적인 결과물로 보기에 영지주의에는 근본적인 차이가 있었다. 그리스도교 영지주의도 예외는 아니었다. 이는 사실상 그리스도교와 유대교, 그리스, 시리아, 메소포타미아, 이집트, 페르시아 등지의 종교가 뒤섞인 혼합물에 가까웠다. 오히려 그런 점에서 오늘날의 '뉴에이지' 영성에 가깝다고 볼 수 있다. 가령 나아세니파Naassene sect는 '그리스도'를 숭배했지만 이를 디오뉘소스와 아티스Attis 숭배와 혼합했다. 게다가 그리스도교를 자처하는 영지주의 종파들이 사용한 복음서, 사도들의 행적, 신비주의 문헌들을 비롯한 경전들은 그들의 전통과 마찬가지로 후대에 발명된 것으로, 사도로부터 이어오는 교회와 어떤 믿을 만한 역사적 연결성도 없었다. 심지어 비그리스도교인들도 그 차이를 손쉽게 간파했다. 위대한 신플라톤주의 철학자 플로티노스Plotinus(205년~270년)는 영지주의를 신랄하게 논박하면서도 이를 그리스도교의 일종으로 파악하지는 않았다.

신성함과 타락

첫 영지주의자, 영지주의의 선구자로 볼 수 있는 인물은 시몬 마고스Simon Magus 즉 마술사 시몬이다. 그는 사도행전에 잠시 등장해 사도 베드로와 요한에게 초자연적 힘을 사려고 했던 사람이다. 시몬이 설파한 체계에 따르면 한처음에 성부 하느님은 일종의 신적 지성의 현현, 엔노이아ἔννοια를 낳는다. 이 엔노이아가 천사단을 창조했고, 천사들은 우주를 창조했다. 그러나 천사들은 반란을 일으켜 엔노이아를 물질세계에 가둔다. 그 결과 엔노이아는 신적 고향을 망각하고 물질세계에서 계속 환생하며 떠돌게 된다. 트로이아의 헬레네는 엔노이아가 환생한 대표적인 모습이다. 결국 하느님이 친히 시몬의 모습으로 지상에 내려와 튀로스(띠로, 두로)의 사창가 매춘부로 전락한 엔노이아를 발견하고 그 본연의 모습을 일깨운다. 이제 그들은 하느님을 향해 돌아서며, 사람들을 그 여정의 동반자로 초대한다.

시몬의 이야기에는 훗날 더 발전된 형태의 영지주의 분파들이 주장할 여러 공통 요소가 담겨있다. 신적 영역에서의 원초적 타락, 하느님보다 열등한 존재에 의한 창조, 영적인 회상을 통해 세상을 지배하는 힘으로부터 해방된다는 구원론 등이 그것이다. 발렌티누스나 바실레이데스 등 2세기의 대표적 영지주의자들은 한결같이 참된 신은 이 세상과 접점이 없으며, 물질세계는 악이거나 신보다 열등한 존재가 만든 피조물이라고 주장했다. 이들은 별들을 지배하는 여러 지배자 곧 아르콘ἄρχων 가운데 하나일 수도 있고, 아르콘의 우두머리인 데미우르고스δημιουργός일 수도 있다. 영지주의자들은 이들을 구약의 하느님과 동일시했다. 충만한 신적 빛, 곧 아이온αἰών이라고 일컫는 우주적인 신적 존재가 있고, 이는 어떤 이도, 심지어 그 자식조차 접근

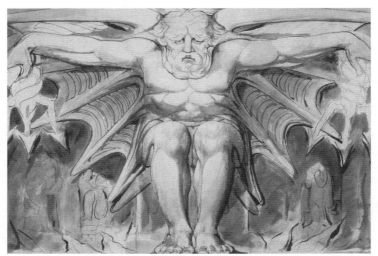

윌리엄 블레이크, 《파괴하는 신》 (1820년~1825년)

할 수 없는 거룩한 아버지에 의해 영원 가운데 창조된 것이라는 주장
도 있었다. 영지주의자들은 가장 하위의 아이온인 소피아σοφία, 곧 지
혜가 감추어진 성부 하느님을 알고자 욕망하는 마음을 낳았고, 이 때
문에 하느님의 충만함으로부터 떨어져 나오고 말았다고 주장했다.
그러자 지혜는 데미우르고스와 더 열등한 힘들을 만들어 냈다는 것
이다. 그리고 우연이든, 신적인 계략에 따른 것이든 신적 영혼의 불
꽃이 데미우르고스가 만들어 낸 우주의 기제가 되었다고 그들은 주
장했다.

선택된 자를 위한 구원

　영지주의 신앙 체계는 평등주의와는 거리가 멀었다. 그들이 말하

는 구원은 극소수만을 위한 것이었다. 애초에 완전한 인간은 소수에 지나지 않는다고 영지주의는 주장했다. 대표적 영지주의 문헌인 토마의 복음서는 여성이 하느님의 나라를 물려받을 자격이 없다고 말한다. 영지주의는 대개 인간 본성을 '소마'(육체)σῶμα, '프쉬케'(혼)ψυχή, '프네우마'(영)πνεῦμα의 세 가지 요소로 구분하여 이해했다. 세 가지 요소 가운데 육체와 혼은 데미우르고스가 창조한 것으로, 아르콘들에게 예속되어 있다. 그러나 영은 물질세계 너머의 영적, 신적 세계에서 나온 것으로 이 세상에 묶이지 않는다. 대다수 인간은 한 가지 혹은 두 가지 요소로 구성된다. '소마티코이'(육적 인간)σωματικοί은 영혼이 없는 짐승과 다를 바 없는 존재로, 죽고 나면 물질세계로 돌아간다. '프쉬코이'(혼적 인간)ψυχικοί에게는 의지와 지성이라는 보다 우월한 능력이 있지만, 데미우르고스의 피조물이라는 한계를 벗어나지 못한다. 몇몇 학파는 혼적 인간의 구원 가능성을 전적으로 배제하지는 않았지만, 원칙적으로 구원받을 수 있는 것은 '프네우마티코이'(영적 인간)πνευματικοί뿐이다. 영적인 존재만이 영원의 불꽃을 담지하기 때문이다.

영은 망각에서 깨어날 때까지 자아와 우주라는 미로에 갇혀 있다. 그러므로 타락한 영의 내적 각성 여부가 구원을 결정한다. 그때까지 영은 자아의 심연 안에 잠들어 있다. 육체뿐 아니라 아르콘이 만든 혼 또한 영의 각성을 가로막는 장애물이다. 일부 영지주의자들은 영이 최초의 타락 이후 각 우주적 천상계마다 일종의 옷과 같은 혼에 감싸여 있다고 주장했다. 끊임없는 윤회의 사슬에서 빠져나오기 위해서는 몸을 땅에 버려둔 채 우주의 각 층을 가로질러 상승해야 하며, 그러한 상승 과정마다 혼 또한 떨쳐낼 수 있어야 한다. 세부 내용은 종파마다 약간의 차이가 있다. 어떤 영지주의 종파는 일곱 행성계에 속하는 일곱 혼을 찢어내야 한다고 주장했다. 반면 그러한 식의 파괴적인 묘사를 피하는 종파도 있었다. 바실레이데스는 천상과 이에 따른 영혼의 수가 365개라고 주장했다.

이러한 상승은 순탄하지 않다. 끊임없는 위험이 도사린다. 아르콘들은 결코 인간을 순순히 놓아주려고 하지 않고, 영적 인간이 영원한 빛에 이르지 못하도록 방해할 것이다. 따라서 구원자의 임무는 근본적으로 영적 인간이 안전하게 본향에 이를 수 있도록 비밀스러운 지식을 전수하는 것이다. 이러한 지식에는 망자의 영혼이 각 행성계에 도사리고 있는 아르콘들을 따돌릴 수 있는 주문과 특정 형태의 대화법 등이 포함된다.

선한 신과 악한 신: 마르키온

이른바 반+영지주의자로 불리는 시노페의 마르키온Marcion of Sinope(110년경~160년경)은 2세기의 가장 영향력 있는 신학자였다. 사실 그의 사상은 적어도 도덕적인 측면에서는 기이하고 염세적인 영지주의자들의 주장보다는 신약성서가 말하는 그리스도 신앙에 더 가까웠다.

두 신이 있다는 그의 사상은 영지주의자들의 주장과 같았다. 구약성서의 신, 이 세상을 창조한 신은 진노의 신으로 오직 복종만을 요구한다. 반면 더 우월한 신, 새로운 계약의 신, 사랑과 자비의 하느님이 있다.

그러나 마르키온은 구원이 그리스도를 통하여 모든 이에게 이른다고 주장했다. 이런 이해는 확실히 영지주의와 달랐다. 그는 소수의 사람만이 본성에 있어 신적이라는 주장에 반대했다. 마르키온에 따르면 모든 인간은 데미우르고스의 피조물로 구원에 대한 '권리'가 없다. 선한 하느님이 당신의 아들을 이 세상에 보내신 것은 조건 없는 은총의 행위였다. 인간을 구원으로 이끄는 것은 오직 그리스도에 대한 믿음이지, 어떤 신비로운 지식이 아니라고 마르키온은 보았다. 그리스도는 자신을 희생제물로 바침으로써 인간을 데미우르고스의 권세로부터 '사들였다'.

마르키온은 그리스도교 정경을 확립하려 했던 최초의 인물이었을 것이다. 그는 구약성서를 배격했다. 데미우르고스에게 예속된 사람에게나 적용될 만한 것이라는 생각에서였다. 신약 시대 스승으로는 바울만 인정했다. 그래서 마르키온은 바울의 편지들과 루가 복음서만을 정경으로 인정했다. 게다가 그는 이 본문조차 왜곡되었다고 확신했고, 그리스도의 아버지 하느님과 유대인의 하느님이 동일한 존재임을 드러내는 부분을 모두 삭제했다. 어떤 학자들은 교회의 정경 확립 배경이 바로 마르키온이 제기한 정경 논란에 있었다고 본다.

음울한 소식

　그럴듯한 주장에도 불구하고 영지주의 종파들은 이렇다 할 문헌을 남기지 않았다. 대부분의 영지주의 문헌은 고도로 정교하게 고안된 신화 체계를 다루면서도 상상력은 결여되어 있으며, 음울함과 잔인함으로 얼룩져 있다. 예를 들어 『셋 2서』Second Treatise of Great Seth[*]에서 예수는 어떻게 키레네의 시몬이 대신 십자가에 못 박히게 함으로써 이 세상의 힘을 속일 수 있었는지 이야기한다. 시몬이 십자가에서 죽어가는 동안 그는 하늘에서 어리석은 아르콘들을 내려다보며 조롱했다는 것이다.

　영지주의는 특정 부류의 종교적 욕구를 만족시켜 줄 수는 있었지만 고통받는 온 인류를 향한 기쁜 소식은 아니었다.

---

[*] 3세기경의 영지주의 묵시 문헌으로, 1945년 이집트 나그 함마디에서 발견된 영지주의 파피루스 가운데 하나다.

09

알렉산드리아의 초대 교회

고대 지중해 세계 제일의 도시인 이집트 알렉산드리아는 기원전 332
년 알렉산드로스 대왕에 의해 건설되었다. 이곳은 기원전 323년 알렉
산드로스가 죽자 이집트를 통치하는 프톨레마이오스 왕조의 도시가
되었고, 기원전 30년 프톨레마이오스 왕조 최후의 왕 클레오파트라 7
세Cleopatra VII의 몰락과 함께 로마의 지배를 받게 된다. 알렉산드리아
는 헬레니즘 학문의 중심지였고 인도와 페르시아, 아프리카와 유럽
의 사조가 모여들던 공간이었으며 그리스 종교는 물론 유대교, 그리
스도교의 지적 문화가 꽃핀 곳이었다. 그러나 한편 알렉산드리아는
폭력으로 얼룩진 당대의 가장 위험한 도시이기도 했다.

교육받은 계층과 그렇지 못한 계층의 격차는 엄청났다. 하류 계층

의 이교 집단과 유대인 집단, 그리스도교인 집단 사이의 갈등은 종종 극단적인 방식으로 나타났다. 사회의 최하층에서 종교는 종족 간의 단결 요소에 지나지 않았다. 폭동과 살인이 끊이지 않았고, 어떤 종교 공동체도 안전하지 않았다. 알렉산드리아의 종교 집단 간의 관계가 어떠했는지는 38년 반유대 운동이 뚜렷하게 보여준다. 이교도 무리는 유대교 회당 안에 '신황神皇' 칼리굴라Caligula의 상을 세웠고, 급기야는 유대인들의 가옥을 파괴하고 시민권을 박탈했다. 그리고 유대인들을 몇몇 '게토'에 몰아넣고, 빠져나오는 경우 폭행하고 살해하기도 했다. 그러나 이는 알렉산드리아의 일상에 비추어 볼 때 사소한 분란에 지나지 않았다. 4세기 이교도들과 그리스도교인들은 거리 곳곳에서 끊임없이 충돌했고, 충돌은 때로 내전을 방불케 하는 폭력적인 모습을 띠었다.

학문의 도시

그러나 알렉산드리아는 도시의 창립부터 교육과 상위 문화의 명실상부한 중심지로 군림해 왔다. 최초의 프톨레마이오스 왕가의 지배자들은 왕궁 근처, 브루케이온Brucheium이라고 부르는 구역에 모든 학문을 기리는 거대한 '무세이온'Museum과 도서관을 건설했다. 도서관은 헬레니즘 시대의 모든 문명권에서 나온 광범위한 문헌을 수집하여 소장하고 있었다. 그리스도교인들이 도서관을 파괴했다는 이야기는 근대에 등장한 낭설이다. 이미 그리스도교 시대 이전에 도서관은 파괴되어 있었기 때문이다. 그러나 알렉산드리아의 학문적 권위와

알렉산드리아의 클레멘스를 그린 비잔티움 시대 프레스코화

영향력은 7세기에 이르기까지 계속되었다. 수백 년간 여러 학문 전통 출신의 위대한 학자들이 도시로 몰려들었다. 광기에 사로잡혀 피의 다툼을 하던 하층 사회와는 대조적으로 알렉산드리아의 상류 사회에서는 이교도와 유대인들, 그리스도교인들이 자유롭게 교류했으며 서로의 문하에서 철학과 문학, 과학과 수사학을 공부했다.

　2세기 중엽, 최초의 그리스도교 고등교육기관이 설립된 곳도 바로 알렉산드리아였다. 그리스도교로 개종한 스토아학파 철학자 판타이노스Pantaenus가 설립한 '알렉산드리아 교리문답 학교'가 바로 그것이다. 판타이노스를 이어 탁월한 학자이자 그리스 철학과 문헌 해석의 대가였던 알렉산드리아의 클레멘스Clement of Alexandria(150년경~213년경)

와 오리게네스Origenes Adamantius(185년경~254년경)가 차례로 교리문답 학교를 이끌었다. 특히 오리게네스는 학생들에게 지혜의 모든 길은 열려 있으므로 기하학과 천문뿐 아니라 고대 이교 문화의 모든 종교 및 철학 문헌을 탐독할 것을 강조했다.

오리게네스, 신학자들의 아버지

오리게네스의 신학사적 중요성은 결코 과소평가될 수 없다. 그가 시작한 알레고리적 성서 해석 전통은 고대와 중세 그리스도교인들이 히브리 성서를 그리스도교 성서로 읽게 하는 데 엄청난 영향을 주었다.* 오리게네스는 히브리 성서를 학문적으로 연구하기 시작한 최초의 인물이기도 했다. 그의 『육중역본』Hexapla은 히브리어 본문과 그리스어 역본들을 나란히 배열하여 원문의 정확한 의미를 파악할 수 있도록 했다. 지칠 줄 모르는 호교론자이자 성서 주석가, 신학자이자 철학자, 교리교사였던 오리게네스가 만들어 낸 개념과 용어는 훗날 그리스도교 신학이 발전하는 초석으로 자리매김했다.

오리게네스는 성인으로 추대되지 못했다. 가장 큰 이유는 그가 세상을 떠난 뒤 한참 후에 그의 견해가 이단으로 단죄되었기 때문이다.** 예를 들어 그는 인간 영혼이 육체 안에서 생명을 입기 전에도 존재했으며, 영원 가운데 하느님을 배반한 것이라고 주장했다. 또 하느

---

* 『원리론』(아카넷)으로 역간.
** 오리게네스 사상 일부는 4세기 이후 계속하여 논란에 휩싸였으며, 553년 제2차 콘스탄티노플 공의회에서 이단으로 단죄된다.

님이 이 세상을 창조한 이유는 인류가 다시 무결한 상태로 돌아올 수 있도록 일종의 도덕적 가르침의 현장을 제공하기 위한 것이었다고 보았다. 나아가 오리게네스는 모든 인류, 심지어 악마와 악마를 따르는 천사들까지도 궁극에는 구원을 받을 것이라는 보편 구원universal salvation을 주장했다. 또한 전하는 바에 따르면 오리게네스는 스스로 거세했다고 한다. 이런 모습은 3세기 알렉산드리아의 철학적, 종교적 분위기에서 그렇게 낯선 일은 아니었으나 당대 그리스도교인 대다수가 보기에는 하느님이 창조하신 육체를 고의로 훼손한 행위였다. 그러나 오리게네스는 교회를 위해 목숨을 버린 순교자였다. 250년 데키우스 황제에 의해 박해가 일어나자, 고령에도 불구하고 가혹한 고문을 감내한 오리게네스는 결국 얼마 지나지 않아 숨을 거두었다.

세라피스 신전의 파괴

알렉산드리아에서 일어난 가장 악명 높은 종교 간 폭력 사태는 391년에 일어난 세라피스Seraphis(세라피스 신은 프톨레마이오스 시대 초기 그리스와 이집트 신들을 혼합해 만들어낸 신이다) 신전의 파괴 사건일 것이다. 테오도시우스 황제Theodosius I(347년~395년)가 모든 이교 제사를 금지하고 그리스도교를 로마 제국의 국교로 삼은 지 얼마 되지 않은 시점이었다. 이미 많은 신전이 기능을 중지한 상황에서 알렉산드리아 총대주교 테오필로스Theophilus는 신전 건물 가운데 하나를 교회로 개조하고자 계획한다. 문제는 인부들이 신전 아래의 동굴을 발견하고 그 안에 묻혀 있던 수많은 인골을 파헤쳤을 때 일어났다. 이교도들은 이를 성지에 대한 훼손으로 받아들였고, 도시 곳곳에서 그리스도교인들을 공격하기 시작했다. 그리스도교인들도 이에 무력으로 맞서자 상황은 시가전으로 확산되었다. 수세에 몰린 이교도들은 요새화된 거대한 복합 건축물이었던 세라피스 신전으로 퇴각해 그리스도교인 여럿을 인질로 삼아 고문하고 끝내는 살해하고 말았다.

알렉산드리아의 상황을 전달받은 테오도시우스 황제는 농성하는 이교도들을 사면했다. 황제는 세라피스 신전에서 죽임을 당한 그리스도교인들을 순교자로 추대했고, 그들의 순교를 복수로 더럽히지 말 것을 명했다. 동시에 테오도시우스는 세라피스 신전을 파괴하도록 명령했다. 명령을 수행하기 위해 파견된 병력은 그리스도교 민간인들의 도움으로 하루 만에 임무를 완수했다. 신전에는 (불경한 자의 손이 닿는다면 세상이 멸망한다고 했던) 거대한 세라피스 신상이 있었다. 저돌적인 한 병사가 신상을 부수는 데 자원했고 도끼를 들어 신상의 얼굴을 과감히 내리쳤다. 그러나 세상은 멸망하지 않았다. 오히려 계속하여 신상을 내리치자 깨진 틈으로 수천 마리의 쥐가 쏟아져 나왔고, 이를 본 몇몇 이교도들은 그 자리에서 그리스도교로 개종했다고 한다. 391년의 폭동은 한 번으로 끝나지 않았다. 수많은 사람이 목숨을 잃었고, 수많은 사람이, 특히 옛 다신교인들이 도시를 떠났다. 상황이 진정되자 나머지 신전들도 파괴되었다. 테오도시우스는 신전에 있던 신상들을 녹여 그릇으로 만든 뒤 가난한 이들에게 나누어 주도록 명했다. 이제 그리스도교 도시가 된 알렉산드리아는 이후 200여 년 동안 학문의 중심지로 계속하여 명성을 누렸다. 그러나 그리스도교인들이 말하던 사랑이 도시를 지배했던 것 같지는 않다.

알렉산드리아 도서관 파괴에 얽힌 신화

391년, 광기에 휩싸인 그리스도교인들이 알렉산드리아 도서관을 파괴하고 도서관의 책들을 거리에서 불태웠다.

종종 회자되는 이야기다. 불타버린 도서관이 브루케이온에 있던 바로 그 도서관이었는지, 세라피스 신전에 있었던 '분관'이었는지조차 확실하지 않은 이 이야기는 대중의 상상력에 너무 깊은 인상을 남겨서일까, 꽤 권위 있는 역사서에 등장하기도 한다. 그러나 이 이야기는 어디까지나 신화에 불과하다. 이 신화는 18세기 말의 위대한 역사가 에드워드 기번Edward Gibbon이 그리스도교 연대기 작가 파울루스 오로시우스Paul Orosius(385년경~418년경)*의 표현을 악의적으로 해석한 것에서 시작되었다.

이 전설에 담긴 주장은 4세기의 그리스도교인들이 고대의 과학과 문학, 학문적 유산을 극도로 적대시했던 반면, 알렉산드리아의 이교도들은 이를 지켜내고자 했다는 것이다. 그러나 이 또한 18세기의 신화다. 알렉산드리아의 지식인 계층에는 다신교인들뿐 아니라 그리

---

* 히스파니아 출신의 그리스도교 저술가. 아우구스티누스의 문하에서 공부했다. 대표적인 저서로 일곱 권으로 된 『반이교도 역사』Historia contra paganos가 있다.

스도교인도 있었고, 그리스도교 학자들과 수사학자, 철학자와 과학자들은 642년 알렉산드리아가 아랍의 침공에 함락될 때까지 계속하여 활동했다.

크기조차 가늠할 수 없는 브루케이온 도서관의 파괴에 관해, 고대의 역사가 대부분은 도서관 전체가, 혹은 장서 대부분이 기원전 48~47년 율리우스 카이사르가 폼페이우스와의 내전 중 알렉산드리아를 침공했을 때 일어난 화재로 소실된 것으로 기록하고 있다. 오늘날의 몇몇 역사가들은, 만약 도서관 전체가 이 시점에 전소되지 않았다면, 나머지는 272년 제국을 통합하기 위해 아우렐리아누스Aurelian 황제가 벌인 군사 행동으로 최종적으로 파괴되었을 수 있다고 추정한다. 어쨌든 4세기 후반 프톨레마이오스의 유명한 도서관은 존재하지 않았다.

도서관의 '분관'은 세라피스 신전 경내에 있었을 수 있다. 신전에는 항상 도서관이 있었기 때문이다. 그러나 이교도 역사가인 암미아누스 마르켈리누스Ammianus Marcellinus(330년경~395년경)는 391년 세라피스 신전이 파괴되기 전에 이미 도서관이 종적을 감춘 지 오래였다고 기록한다. 그리스도교인들을 경멸했고, 귀중한 문헌의 소실에 누구보다 분개했을 이교 역사가 에우파니오스Eupanius of Sardis(345년경~420년경)가 남긴 기록도 마찬가지다.

중세 후기의 전설은 7세기 아랍의 침공에 알렉산드리아의 가장 위대한 도서관이 최종적으로 파괴되었다고 전한다. 그러나 이 전설을 뒷받침하는 사료는 12세기 이후의 것이다.

확실한 점은 그리스도교인들이 알렉산드리아 도서관을 파괴했다는 악의적 이야기는 사실과 다르다는 것이다. 이러한 신화는 고대 그리스도교나 이교에 관한 것이라기보다는 과거에 대한 근대의 오해가 어떤 것인지 드러낸다.

10

그리스도교 세계의 탄생: 콘스탄티누스 대제

4세기 초에 이르기까지 그리스도교는 로마 세계에서 공식적으로 금지되어 있었다. 그러나 그리스도교인의 수는 꾸준히 증가했고, 제도적인 박해에도 대응할 수 있는 구조를 갖추었다. 오래 지속되지는 않았으나 몇몇 주교들을 포함한 핵심 인물들이 희생된 박해, 곧 250년 데키우스 황제의 박해나 그 후속편이라고 할 수 있는 257년 발레리아누스 황제의 박해는 실패로 끝났다. 이후 그리스도교를 뿌리 뽑으려는 이렇다 할 시도는 없었다. 물론 간헐적인 폭력 사태는 끊이지 않았으나 적어도 황제 차원의 전국적 박해는 없었기에, 그리스도교인들이 박해의 시대는 끝났다고 생각했던 것은 당연했다.

그러나 바로 303년, 교회에 대한 최후의 박해, 가장 끔찍한 박해가 황제의 주도로 일어났다. 바로 제국 동부의 정제* 디오클레티아누스 Diocletian(245년~316년)가 칙령을 내려 모든 그리스도교인에게 로마의 옛 신들에 대한 제사를 강요한 것이 그 시작이었다. 이전 시대의 반그리스도교 정책을 재개한 이유는 황제가 디디마에 있는 아폴론 신의 사제를 찾아 신탁을 구하자, 로마의 그리스도교인들 때문에 신이 침묵한다는 답변을 얻었기 때문이었던 것으로 보인다. 디오클레티아누스는 이 이방 종교가 가져온 불경을 근절해 로마 신들의 호의를 되찾고자 결심했다. 특히 그리스도교인들을 극도로 증오하던 (어머니가 이교 사제였다고 전해지는) 포악한 부제 갈레리우스Galerius(250년~311년)가 맹렬한 기세로 박해에 앞장섰다.

이 '대박해'는 그리스도교인들에게 그야말로 공포의 시대였다. 신자들은 투옥되어 고문당하고 처형되었다. 순교자의 무덤은 훼손되고, 교회는 파괴되었으며, 수많은 책이 불태워졌다. 건강이 악화된 디오클레티아누스가 제위에서 물러나자 동방의 정제에 즉위한 갈레리우스는 그와 마찬가지로 잔혹한 성격의 조카 막시미누스 Maximinus(270년경~313년)를 부제로 임명한 뒤 함께 6년간 교회를 박해했다. 그러나 311년 갈레리우스는 (장암으로 추정되는) 중병에 걸려 괴로워하던 중 이를 그리스도교 신의 복수라고 생각했고, 마침내 그리스도교인에게 로마 신들을 숭배할 의무를 면제한다는 칙령을 내리고 눈을 감았다. 312년 겨울, 박해는 사실상 종식되었다.

---

* 3세기 말부터 로마 제국을 동서로 양분한 뒤 2명의 정제正帝,Augustus와 2명의 부제 副帝,Caesar가 이를 다시 분할 통치하는 사두정치tetrarchia가 시행되었다.

로마 제국의 그리스도교인들에게 대박해는 그들이 어떤 법률적 권리도 없는 소수자에 지나지 않는다는 사실을 다시 한번 뼈저리게 자각하게 했다. 갈레리우스가 죽은 지 2년 만에 황제가 그리스도교 신앙을 받아들일 것이라고는 누구도 상상하지 못했다.

하늘에 나타난 표지

콘스탄티누스 대제Constantine the Great(280년경~337년)의 아버지 콘스탄티우스 클로루스는 293년에 서방 부제로 임명되고, 305년에는 정제로 즉위했다. 306년 콘스탄티우스가 브리타니아 원정 도중 세상을 떠나자, 군대는 그의 아들 콘스탄티누스를 황제로 추대했다. 이후 6년에 걸쳐 이어진 내전은 312년 콘스탄티누스가 처남 막센티우스Maxentius를 로마 근교 밀비우스 다리 전투에서 격파함으로써 끝났다.

결정적 전투가 있기 전 콘스탄티누스는 신비한 종교적 체험을 했다. 그리고 그리스도교인의 표지를 가지고 전투에 임했다. 이 표지는 '그리스도', 즉 그리스어 '크리스토스'Χριστός의 첫 두 철자인 '키'Χ와 '로'Ρ의 조합이었던 것으로 추정된다. 콘스탄티누스는 휘하 모든 병사에게 이 문양을 방패에 그리게 했다. 전승에 따르면 콘스탄티누스는 꿈을 통해 이 문양을 직접 전달받았다고 한다. 또 다른 이야기에 따르면 (그리고 콘스탄티누스 자신의 말에 따르면) 콘스탄티누스와 그의 군사들은 전투가 있기 전 하늘에 뜬 커다란 십자가를 보았다고 한다.

명실상부한 서방 정제로 군림하게 된 콘스탄티누스는 동방 정제 리키니우스Licinius(263년경~325년)와 함께 밀라노 칙령을 공표하여 그리

페테르 파울 루벤스, 《콘스탄티누스의 회심》 (1622년)

스도교인들에게 완전한 신앙의 자유와 법률적 권리를 보장했다. 324
년 리키니우스를 축출하고 동방과 서방 전역을 통치하게 된 콘스탄
티누스는 본래 로마의 전통 종교에 제공해 오던 황제 차원의 보호와
후원을 그리스도교 교회로 돌리고, 이교의 '우상 숭배'에 불이익을 주
는 한편 여러 군데에 교회를 설립하여 새로운 신앙에 대한 호의를 표
현했다. 325년, 황제는 첫 보편 공의회를 개최하여 교회 안팎의 교리
적 차이를 해결하고자 했다. 330년에는 소아시아의 오래된 도시 비잔
티움Byzantium으로 천도했다. 훗날 콘스탄티누스의 도시, 콘스탄티노
플이라고 불리게 될 '새 로마'는 옛 로마와는 달리 오직 그리스도에게
만 봉헌된 도시였다.

콘스탄티누스는 이미 생전에 또 하나의 사도로 추앙받았다. 그리스도교인들은 제국을 통합하려는 그의 노력을 일종의 전 세계를 향한 복음 선포와 같은 것으로 이해했다. 적어도 콘스탄티누스는 자신이 믿는 바를 열의 있게 추진했다. 그러나 결코 그리스도교 신앙이 말하는 사랑과 자비의 모범은 아니었다. 그는 뜻을 관철하기 위해 군사력 동원하기를 망설이지 않았고, 326년에는 의붓아들 크리스푸스Crispus와 황후 파우스타Fausta의 죽음에 직접 개입했음이 거의 확실하다.* 그러나 적어도 정책적인 면에서 콘스탄티누스는 로마 제국을 그리스도교 가르침에 부합하도록 운영하고자 나름대로 큰 노력을 기울였다. 교회의 권한을 강화하고 가난한 이들과 병자들, 과부와 고아들을 돌볼 수 있도록 지원을 아끼지 않았다. 또한 십자가형을 비롯한 몇몇 야만적 형벌을 폐지했다. 나아가 교회에 노예 해방을 공증할 수 있는 법률적 권한을 부여하는 등 노예 해방 절차를 완화하기도 했다.

콘스탄티누스는 임종 직전까지 세례를 미루었다. 황제의 직무와 책임을 그리스도의 몸에 참여하는 신자의 삶과 병행할 수 없다는 이유였다. 337년 중병에 걸려 죽음을 앞두게 되었을 때 비로소 콘스탄티누스는 황제의 자색 용포를 벗고 예비 신자의 흰색 의복을 입었다. 세례를 받은 지 얼마 지나지 않아 그는 숨을 거두었다.

---

* 콘스탄티누스는 장남 크리스푸스와 황후 파우스타가 간통을 했다는 혐의를 들어 크리스푸스를 처형했다. 얼마 지나지 않아 황후 파우스타도 목욕 중 의문의 죽음을 맞는다. 콘스탄티누스의 명에 의해 살해되었다는 가설이 유력하다.

마지막 이교 황제

오랜 치세를 거치며 콘스탄티누스가 확립한 로마 제국의 새로운 방향은 돌이킬 수 없었다. 콘스탄티누스를 이어 황제로 즉위한 콘스탄티우스 2세Constantius II(317년~361년)는 아버지의 신조를 유지했다. 종교적 신념이라기보다는 정치적 현명함 때문이었을 것이다.

그러나 마지막으로, 점차 희미해져 가는 옛 고대 로마의 종교 질서를 회복하려는 최후의 몸부림이 시작된다. 351년, 콘스탄티우스 2세가 아버지와 형제를 잠재적 황위 경쟁자로 몰아 숙청하는 것을 경험한 콘스탄티누스의 조카 율리아누스Julian(332년~363년)는 비밀리에 옛 다신교로 개종했다(후대에 '배교자 율리아누스'로 불리게 된다). 355년 콘스탄티우스는 율리아누스를 부제로 삼아 프랑크족*과 알레만니(게르만 부족 연맹체 중 하나)를 격퇴하도록 갈리아로 보냈다. 예상과는 달리 율리아누스는 원정을 성공적으로 이끌고 군사적 재능과 용맹함을 입증했다. 360년 콘스탄티우스가 그에게서 지휘권을 빼앗으려고 하자 군사들은 그를 정제로 추대했다. 내전으로 이어질 상황이었지만 콘스탄티우스의 갑작스러운 죽음으로 대립은 종결되었다. 제위에 오른 율리아누스는 자신이 로마 제국의 옛 신앙으로 복귀했음을 선언하고, 이후 짧은 치세(361년 11월~363년 6월) 대부분을 '갈릴래아인들'에

---

* 고대 후기 게르만 부족들의 명칭은 종종 단일 부족이 아닌 어떤 지역에 정착한 여러 부족들을 통칭하기도 한다. 이 책에서는 문맥에 따라 부족 집단을 의미하거나, 독립 왕국을 건설하지 않고 부족 단위에 머물러 있는 경우에는 '~족'으로 옮겼다. 그러나 부족 단위를 벗어나 독립 왕국을 건설하거나, 부족을 넘어선 집합 개념으로 사용되고 있는 경우에는 '~인'으로 옮기고 있음을 밝힌다.

게서 로마 사회에 대한 통제권을 되찾는 데 전념했다.

율리아누스는 유능한 황제였다. 그는 지성과 열정, 놀라울 정도의 관용을 겸비했다. 문학적 재능과 (뛰어난 철학자는 아니었지만) 철학에 대한 열정도 대단했다. 그러나 한편으로는 마음 깊숙한 곳에 복수심을 불태우고 있었고, 미신에 집착하며 마법, 비의, 제사에 지대한 관심을 보이는 광신자적인 면모를 보이기도 했다. 율리아누스는 그리스도교인에게 어떤 폭력도 행사하려 하지 않았다. 그러나 그는 여러 가지 제도적인 방식으로 그리스도교인들에게 불이익을 주었는데, 가령 그리스도교인이 고전 문학을 가르치는 것을 법률로 금지했다. 율리아누스는 결코 교회를 억압하지 않았다. 오히려 모든 그리스도교 종파를 용인하는 방식으로 내분을 조장했다.

배교자 율리아누스는 그리스도교의 '반지성적' 태도를 비난했지만, 그리스도교의 관점에서는 그가 신봉한 '고등' 다신교야말로 비밀스러운 입교 예식, 피의 제사, 점성술, 점술, (신들을 불러내 어린아이나 성소에 빙의하게 하는 주술인) 강신降神, (헬레니즘과 아시아의 혼합적 신비주의인) 칼데아 신탁Chaldean Oracles과 같은 비교祕敎 문헌에 나타날 법한 '신적 계시'에 대한 맹목적인 믿음 등으로 대변되는, 가장 역겨운 미신의 온상이었다.

3세기와 4세기의 이교적 관행은 동방의 관행과 철학, 연금술, 이집트와 칼데아의 마법, 주술과 악마 체계 등 이국적이고 기이한 것에 탐닉하곤 했다. 이런 관심은 민중 신앙에 머물지 않았다. 현세의 절망적인 삶으로부터의 구원에 대한 열망이 사회 모든 계층에 팽배했고, 영혼의 탈출을 돕는 영적 기술과 비밀스러운 지혜가 인기를 끌었다. 지식인 계층도 다르지 않았다. 물질세계에서의 절망적 윤회, 삶과 죽음의 끝없는 반복에서의 탈출을 약속하는 수많은 밀교 종파만큼이나 다양한 철학 학파가 있었다. 예를 들어 로마 후기의 신플라톤주의자들, 특히 이암블리코스Iamblichus(250년경~330년경)나 프로클로스Proclus(410년경~485년)는 마법적 의식을 거행하며 신들과 선한 다이몬δαίμων을 부르고, 신의 보호를 얻고, 악한 다이몬을 물리쳐 영혼이 신을 향해 무사히 상승하기를 빌었다.

마술사와 사기꾼, 협잡꾼에게는 더할 나위 없는 호기였다. 여러 신전은 방문객들이 신들을 보거나 목소리를 들을 수 있도록 '돕기' 위해 특별히 설계되었다. 기계 장치와 광학적 속임수, 가연성 약품은 기적을 만들어내고 신들의 강림을 연출했다. 신상에 실제로 신이 깃든 것처럼, 그래서 살아 있는 것처럼 보이고자 태엽 장치까지 동원되었다. 숨겨진 나팔은 보이지 않는 신의 목소리를 대신했고, 숨겨진 쟁반에 물을 담아 빛을 반사해 신전의 천장에 닿게 하여 거룩한 현존을 느끼게 했다. 신탁을 전하고 '기적처럼' 녹아버리게끔 밀랍으로 해골을 만들어 놓기도 했다. 석조 틈새마다 부착한 물고기 비늘에 반사된 빛으로 신전 천장을 별밤과 같이 반짝이도록 설계하기도 했다. 믿음의 확신을 얻고 싶은 신자들의 열망에 부합하도록, 이러한 효과는 점점 더 정교해져 갔다.

율리아누스의 원대한 꿈은 실패로 돌아갔다. 제위에 오른 지 20개월 만에 죽음을 맞이했기 때문이기도 하지만, 근본적인 이유는 그가 시도한 로마 종교 부흥 운동이 대중들의 호응을 끌어내지 못했기 때문이었다. 심지어 많은 이교 신앙인들조차 율리아누스를 그저 미신에 빠진 광신도로 치부했다. 교회에 준하는 교리적, 제도적 일관성을 옛 종교에 부여하고 그리스도교에 비할 만큼의 도덕적 측면을 고취함으로써 사람들에게 호소하는 것이 율리아누스의 계획이었지만, 이는 불가능했다. 한 이교 사제에게 편지를 쓰며 율리아누스는 탄식했다. "불경한 갈릴래아인들이 그들 중의 가난한 이들뿐 아니라, 우리 중의 가난한 이들도 보살핀다는 사실은 얼마나 수치스러운 일이오."

율리아누스는 페르시아 원정에서 실패하고 티그리스강을 따라 퇴각하던 길에 창상을 입고 죽음을 맞이했다. 전설에 따르면, 그는 숨을 거두며 이렇게 외쳤다고 한다.

갈릴래아 사람이여, 그대가 이겼소!

율리아누스가 실제로 그렇게 말했다는 증거는 없다. 그러나 틀린 말은 아니었다.

11

사막의 도시: 수도원 운동의 시작

그리스도교 최초의 은수자들은 3세기 후반 이집트에서 나타났다. 처음에 사람들이 살지 않는 험한 땅으로 향했던 사람들은 세상의 유혹뿐 아니라 적대와 박해로부터 자신을 지키기 위해 길을 나섰다. 그러나 밀라노 칙령 이후 수도자의 수는 교회가 사회적 명망을 얻는 것에 비례해 증가했다. 수도 생활을 향한 4세기와 5세기 그리스도교인들의 열정은 '사막이 도시가 되었다'는 말로 가장 잘 표현할 수 있다.

그리스도교인뿐 아니라 이교도들도 수도자들을 존경했다. '사막 교부들'은 계층과 지위를 가리지 않았다. 그들은 가난과 기도, 단식의 삶이 그리스도의 가르침과 삶을 따르는 것이며 세례자 요한을 본받는 길이라고 믿었다.

때 묻지 않은 마음의 길

마음을 정화하는 일, 사랑의 정신을 온전히 실천하는 일이야말로 수도자들의 궁극적 관심이었다. 마음을 정화하기 위해서는 세상의 일들을 내려놓고 재산을 떠나보내야 했다. 욕망과 질투, 야망과 분노를 피하고 정신과 욕구를 단련하며 악마의 유혹에 저항하고 참된 겸손의 마음을 가꾸어야 했다. 사랑의 정신을 실천하기 위해서는 이기심을 버리고 이웃을 섬기며, 남을 판단하지 않고 조건 없이 용서하는 삶을 살아야 했다. 오늘날까지 전해지는 여러 사막 교부들의 이야기와 어록은 사막을 주저함 없는 용서를 가르치는 학교로 묘사한다. 그런데 수도 생활이 점차 인기를 끌자, 수도 생활에 어울리지 않는 사람들조차 별다른 고민 없이 동참하게 되었고, 이는 점차 커다란 문제로 떠올랐다. 4세기 후반에서 5세기에 이르는 시기에 어떤 수도자들은 위대한 사막 교부들이 강조한 사랑의 지침에 따라 살기보다는, 이

이집트 아스완에 있는 성 시므온 수도원

집트 도시 하층민의 거친 삶을 수도 생활이라는 미명 아래 사막에서 반복할 뿐이었다. 그들은 이교도와 그리스도교인의 대립, 교회 내의 교리 다툼 가운데 자신이 참되다고 믿는 것을 위해 서슴지 않고 파괴와 폭력을 일삼았다. 그러나 그 모습은 결코 사막 교부들이 보여준 참된 경건의 이상을 가로막지 못했다.

대 안토니오스

최초의 사막 교부들은 홀로 수도자의 삶을 살며 영적 가르침을 실천했다. 이집트의 성 안토니오스Anthony the Great(251년~356년)는 이러한 삶의 모범이었다. 부유한 집안에서 태어났으나 젊은 시절부터 자신을 부인하는 단순 소박한 삶에 눈뜬 성인은 285년 재산을 모두 팔아 가난한 이들에게 나누어 주고 알렉산드리아 서부의 사막으로 떠났다가 마침내 나일강 인근 고지에 버려져 있던 로마 요새 터에 자리 잡았다. 그는 20년 동안 그곳에 머물며 마을의 그리스도교인 주민들이 건네주는 양식으로 살았다. 주민들은 벽에 난 작은 구멍으로 성인에게 영적 조언을 구하고 감사의 뜻으로 양식을 전하곤 했다.

305년 안토니오스가 세상으로 나왔을 때, 그는 너무나도 건강한 모습이었다. 소문을 들은 다른 수도자들이 수년에 걸쳐 성인 곁으로 모여들자 성인은 이들이 보다 질서를 갖추어 공동 수도 생활에 참여하도록 했다. 안토니오스는 신자들에게 설교하고, 방문자에게 영적 조언을 베풀었다. 나아가 신학 논쟁에도 참여하는 한편 이교도들에 맞서 그리스도교 신앙을 옹호했다. 심지어 두 번이나 알렉산드리아를 방문하기도 했다. 밀라노 칙령 이후 그는 더 멀리 떨어진 사막으로 나갔다. 때로 방문객을 맞이하기도 하고, 때로는 자신이 조직한 공동체를 방문하기도 하면서, 안토니오스는 기도와 관상의 삶을 이어갔다. 그는 105세의 나이로 눈을 감았다. 알렉산드리아의 위대한 주교 성 아타나시오스Athanasius(293년경~373년)가 쓴 성인의 전기는 가장 많이, 또 널리 읽힌 초대 교회 문헌 중 하나로 손꼽힌다.*

파호미오스와 마카리오스

안토니오스에 이어 수도 운동을 이끈 중요한 인물로는 군인 출신으로 수도자가 된 성 파호미오스(파코미우스)Pachomius(290년경~346년)가 있다. 그는 314년경 사막으로 떠나 규율에 따른 공주公住 수도 생활을 도입한다. 그가 설립한 수도원은 처음으로 한 건물 안에 모든 수사의 처소를 두고 정해진 시간에 기도와 식사, 노동, 취침을 할 수 있게 기획되었다. 파호미오스가 평생에 걸쳐 세운 아홉 개의 남자 수도원과 두 개의 여자 수도원에서 활동한 수도자의 수는 7천 명을 넘어섰다. 파호미오스의 수도 규칙은 이후 동방의 성 대 바실레이오스Basil the Great(329년~379년)와 서방의 성 베네딕투스Benedictus of Nursia(480년경~547년경) 수도 규칙**의 모범이 되었다.

안토니오스 못지않게 존경받았고, 그리스도교 관상 생활의 발전에서 더 중요한 인물은 성 대 마카리오스Macarius the Great(300년~391년)다.

---

* 『사막의 안토니우스』(분도출판사), 『성 안토니우스의 생애』(키아츠프레스)로 역간.
** 『수도 규칙』(분도출판사)으로 역간.

30세의 나이에 수도자의 삶을 택한 그는 곧 위대한 영적 지도자이자 스승, 치유자, 예언자로 존경받기에 이르렀다. 그는 무엇보다 '신비주의 신학자'였다. 그의 저술은 거룩해진 영혼을 비추시는 하느님의 빛, 또 사랑에 의해 변화한 마음에 임하시는 하느님에 관해 다룬다.

마카리오스의 이름으로 기록된 문서는 여러 가지가 있으나 일반적으로 학자들은 『하느님의 벗들에게 보낸 편지』Epistle to the Friends of God만을 그의 저작으로 인정한다. 그러나 그가 직접 쓰거나 제자들이 그의 이름으로 쓴 50개의 「마카리오스 설교」들은 그리스도교 관상 전통에서 특별한 위치에 있다. 이외에도 그의 이름에 돌려진 여러 문헌은 더 광범위한 '마카리오스 전통'에 속하는 것으로 이해하는 것이 타당할 것이다. 특히 동방 그리스도교 세계는 이 모든 문헌을 각별히 간직하고 있다.

악마의 유혹

4세기 초 여러 사막 교부들의 단편적 일화들, 다시 말해 그들의 영적 가르침이나 그들의 삶에 관한 회상 등이 수집되어 교부들의 「어록」ἀποφθέγματα으로 집대성되었다. 이 어록들은 상부 이집트 사막 그리스도교인의 삶은 물론 안토니오스나 마카리오스, 에바그리오스, 시소에스Sisoës, '난쟁이' 요안네스 콜로보스 등 여러 은수자의 삶을 흥미진진하게 보여준다. 나아가 이들 사막 교부들이 얼마나 커다란 존경을 받고 있었는지 생생하게 전달하고 있다.

한 이야기를 보자. 악마들이 사탄의 궁전에서 사탄에게 경배하며 그들이 최근 행한 악행을 보고한다. 첫 번째 악마는 폭동과 전쟁을 일으켜 많은 피를 흘리게 했다고 보고한다. 그러나 사탄은 그것이 한 달이나 걸렸다는 사실에 악마를 태형에 처한다. 두 번째 악마는 바다에 폭풍을 일으켜 배들을 침몰시키고 여러 선원을 물고기 밥으로 만들었다고 보고한다. 하지만 그 일을 하는 데 20일이 걸렸다는 사실에 사탄은 두 번째 악마 또한 혹독한 형벌에 처한다. 세 번째 악마는 결혼식에 나타나 불화를 조장하고 결국 신랑을 죽음으로 몰았다고 보고하지만, 이 또한 열흘이 걸렸다는 사실에 사탄은 세 번째 악마의 나태함을 크게 꾸짖으며 채찍질한다. 네 번째 악마가 사탄에게 보고한다. 자신은 40년 동안 사막에서 수도자 한 명을 끈질기게 유혹한 끝에 마침내 그가 밤에 음란한 생각을 품게 했다고 보고한다. 이를 들은 사탄은 왕좌에서 일어나 네 번째 악마에게 다가가 입을 맞춘다. 그리고 왕관을 씌워주며 자신의 곁에 앉도록 한 뒤 말한다.

참으로 용맹한 일을 했구나.

다비트 테니르스 2세, 《유혹을 당하는 성 안토니오스》 (1640년대 중반)

대 에바그리오스

에바그리오스 폰티코스, 곧 폰토스의 에바그리오스Evagrius Ponticus (346년~399년)는 사막 교부들 가운데 가장 탁월한 학자였다. 그는 동료 수도자들과 달리 체계적인 철학, 신학 교육을 받았을 뿐 아니라 실제로 콘스탄티노플에서 누리던 신학자의 삶을 버리고 수도자의 삶을 택한 인물이었다. 그의 저술은 탁월한 철학적 정교함 뿐 아니라 관상 생활의 방법, 심리 상태, 경험적 요소에 대한 구체적이고 정확한 설명으로도 주목할 만하다. 예를 들어 여덟 가지 파괴적인 '로기스모이'(악한 생각)λογισμοί, 즉 욕망과 상상력, 의지와 의도가 양산하는 지속적 결과물에 관한 에바그리오스의 통찰은 이전 시대 그리스도교는 물론 그리스도교 바깥의 관상 문헌 어디에서도 찾아볼 수 없는 심리적 섬세함과 도덕적인 성찰을 담고 있다.*

에바그리오스는 후대의 그리스도교 사상에 대단히 크고 중요한 기여를 했으나, 오리게네스와 마찬가지로 성인의 반열에 오르지 못했다. 오리게네스와 같은 이유 때문이었다. 신학적으로 에바그리오스는 오리게네스 전통에 서 있었고, 553년 제2차 콘스탄티노플 공의회에서 오리게네스를 이단으로 단죄함에 따라 그의 저술 또한 단죄되었다. 그러나 그의 문헌은 그리스도교 신학의 조류 아래에서 살아남아 18세기 동방 정교회의 신비주의 문헌을 집대성한『필로칼리아』 Philokalia**에서 다시 모습을 드러낸다.

---

* 『안티레티코스: 악한 생각과의 싸움』(분도출판사)으로 역간.
** 『필로칼리아』(은성)로 역간.

12

아르메니아와 인도의 그리스도교

교회가 탄생한 이후 몇 세기의 짧은 시간 동안에 복음이 얼마나 멀리까지 전파되었는지, 그래서 그리스도교 세계가 얼마나 다양한 문화의 옷을 입고 확장되었는지 오늘날 대다수 그리스도교인은 모른다. 특히 서방 전통에 있는 그리스도교인들은 그리스도교의 초창기 복음이 동방 지역에 더 잘 전파되었고, 헬레니즘 문화의 무역로를 따라 널리 전파되었다는 점을 잊어버리기 쉽다.

그리스도교 국가, 곧 대다수 거주민이 그리스도교 신앙을 고백할 뿐 아니라 국교가 그리스도교이거나 그리스도교였던 국가들 가운데 가장 오래된 곳은 아르메니아다. 300년경 아르메니아 왕가가 세례를 받은 후 아르메니아는 그리스도교를 국교로 채택했다. 로마 제국이 밀라노 칙령을 공표하여 그리스도교인들에게 신앙의 자유를 인정하기 약 13년 전의 일이다.

최초의 그리스도교 왕국

여러모로 고대 아르메니아 역사는 유대 민족의 역사와 닮았다. 그리스도교 시대가 열리기 전 아르메니아는 수백 년간 거대 제국에 종속되어 있었다. 페르시아의 다리우스 1세Darius I(기원전 550년~486년), 알렉산드로스 대왕, 셀레우코스 왕조가 차례로 아르메니아를 지배했고, 잠깐의 독립 시기를 거쳐 기원전 66년 다시금 로마의 속국이 되었다. 로마와 페르시아 사이의 완충 지대에 있었기 때문에 이후 수세기 동안 아르메니아는 때로는 로마의 지배를, 때로는 페르시아의 지배를 받았다. 때로는 두 제국 모두에게 지배를 받기도 했다. 그 결과 두 제국의 종교 또한 아르메니아에 영향을 미쳤다.

전승에 따르면 그리스도교는 일찍이 사도 시대부터 아르메니아에 전파되기 시작했다고 한다. 43년 아르메니아에 도착한 사도 타대오Thaddeus에 이어 60년에는 사도 바르톨로메오Bartholomew가 합류했다. 두 사도 모두 다른 여러 그리스도교인과 함께 순교로 생을 마감했다. 2세기 초와 3세기 초에는 더 많은 수의 아르메니아 그리스도교인들이 페르시아의 손에 죽음을 맞이했다.

아르메니아 그리스도교를 독특한 제도와 구조를 갖춘 국교로 수립한 실질적인 공헌을 한 인물은 계몽자 성 그리고르Gregory the Illuminator(240년~332년)다. 전승에 따르면 그는 본래 파르티아의 왕자로

바티칸에 있는 계몽자 성 그리고르 상

태어났으나 페르시아의 침공을 피해 고국을 떠나 카이사리아에서 그리스도교인으로 성장했다고 한다. 287년 티리다테스 3세Tiridates III가 아르메니아 왕정을 복고하자 그리고르는 복음을 전하기 위해 고국으로 돌아갔다. 그러나 고대의 신들을 열성적으로 신봉하던 티리다테스는 그를 체포해 지하 감옥에 가두었다. 그곳에서 그리고르는 동료 그리스도교인들의 끔찍한 죽음을 바라보며 13년을 보냈다. 한편 티리다테스는 극심한 질병에 시달리고 난 뒤 그리고르를 석방했고, 그에게 치유를 받고는 일가족과 함께 그리스도교로 개종했다고 한다. 카이사리아로 돌아간 그리고르는 '카톨리코스'Catholicos, 곧 총주교로 승좌하여 아르메니아로 돌아온다. 티리다테스는 성대한 궁정 의전으로 그를 맞이했다. 아마도 이 시점 대규모의 개종과 세례가 일어났던 것으로 추정된다.

아르메니아의 그리스도교화

아르메니아 그리스도교가 국교가 되기까지의 과정을 전하는 이야기들은 과장되었을 수 있다. 토착 종교는 꽤 오랜 세월 아르메니아에 존속했다. 그러나 그리고르의 주도로 아르메니아에는 일정한 조직과 위계를 갖춘 국가교회인 아르메니아 정교회가 설립되었다. 각지에 교회가 건축되었고, 옛 신전들은 교회로 개조되었다. 수도원들도 들어서기 시작했다. 아울러 에치미아진에는 총주교좌가 설치되었다. 이러한 증거들은 아르메니아에서 그리스도교가 성공적으로 뿌리내렸다는 것을 시사한다.

365년, 그리고르의 후손이기도 한 총주교 네르세스Nerses의 주도로 열린 교회 회의는 더 강력한 그리스도교화 정책을 펼치기로 결의한다. 교회법이 개혁되었고, 병원과 고아원이 설립되었다. 또 맹인과 나병 환자, 과부와 고아들을 위한 거처가 들어섰다. 총주교 사하크 1세Sahak I(387년경~439년) 때는 학식 있는 사제였던 메스로프Mesrop의 주도로 아르메니아 문자가 발명되었다. 그리고 시리아어와 그리스어로 된 그리스도교 문헌이 대대적으로 아르메니아어로 번역되기 시작한다. 여기에는 404년부터 433년까지 이어진 성서 번역도 포함되었다. 또한 많은 교회 학교가 설립되었다.

451년 칼케돈 공의회 이후, 다른 '오리엔트 교회들'과 함께 아르메니아 교회는 콘스탄티노플과 로마의 제국 교회와 상통 관계를 단절했고, 506년에는 이를 공식적으로 선언했다. 이 분열로 인해 아르메니아 그리스도교는 고립된다. 7세기, 아르메니아가 이슬람 세력에 정복되자 교회는 더욱 위축될 수밖에 없었다.

인도의 성 토마 계열 그리스도교인들

인도의 그리스도교 또한 아르메니아 그리스도교 못지않은 긴 역사와 전통을 자랑한다. 이미 오래전부터 인도 남서부 말라바르 해안 지역의 케랄라에서는 말라얄람Malayalam어 그리스도교 공동체가 존재하고 있었다. 그들은 대부분 홍해 무역로를 따라 이동하다 정착한 동시리아 무역상들의 후손이었다. '나스라니'Nasrani라 불리는 말랑카라 정교회 그리스도교인들은 자신들을 가리켜 '토마' 계열 그리스도교인이라고 일컫는다. 그들은 52년 사도 토마가 케랄라에 복음을 전했다고 믿는다. 전승에 따르면 사도 토마는 인도에서 선교 활동을 하다 72년경 마드라스의 마일라포어에서 순교했다고 한다.

이 이야기는 그저 전설로 넘길 만한 것은 아니다. 인도로 향하는 무역로는 매우 오래된 것으로, 1세기에 이미 존재하고 있었다. 그리고 케랄라에는 그리스도교 탄생 이전부터 작은 유대인 공동체가 형성되어 있었다. 2세기 후반, 혹은 3세기 초에 기록된 것으로 추정되는 영지주의 문헌으로 토마의 인도 여정을 다루고 있는 『토마 행전』 Acts of Thomas은 매우 낭만적으로 다가오지만, 그럼에도 이는 꽤 확실한 전승에 기반을 두고 있다. 4세기 그리스도교 역사가 에우세비오스에 따르면 2세기 알렉산드리아에 그리스도교 학교를 세운 판타이노스가 인도에 복음을 전하러 갔을 때, 이미 그곳에는 그리스도교 공동체가 있었다고 한다.

더욱 확실한 것은 페르시아 황제 샤푸르 2세Shapur II(309년~379년)의 박해를 피해 여러 지역으로 망명한 시리아 동부 그리스도교인들 가운데 상당수가 케랄라로 왔으며 5세기 후반에는 인도 교회가 이른바 '오리엔트 교회', 즉 칼케돈 공의회에 불복하고 콘스탄티노플과 로마의 제국 교회와 상통 관계를 단절한 교회 가운데 하나인 시리아 교회와 연합했다는 것이다. 8세기와 9세기에는 시리아 동부에서 많은 이들이 인도로 이주했다.

인도에서 그리스도교인들은 대체로 지배자들로부터 환영받았던 것으로 보인다. 매우 번창하던 무역상들이었기 때문이었을 것이다. 그리스도교 공동체는 법률적 지위를 보장받았고, 인도의 카스트 사회에서 브라만 다음가는 높은 지위를 누리는 한편 상당히 광범위한 수준의 자치권을 보장받기도 했다. 초창기부터 그리스도교인들의 행렬은 통치 계층이 누리던 화려한 의전을 과시했다. 그러나 그만큼 인도의 관습, 특히 힌두교 관습이 토마 계열 그리스도교인들의 신심에 스며들었다. 수많은 그리스도교인이 고대 힌두교 관습을 따라 64세가 되면 출가하여 관상과 기도로 여생을 보내곤 했다.

아브가르 왕의 전설

고대와 중세 그리스도교 세계에 널리 퍼진 어느 전설에 따르면 그리스도교는 사도 시대뿐 아니라 그보다 이전, 예수가 활동하던 시기에 이미 시리아 동쪽 지역에 전파되었다고 한다. 이 이야기는 고대의 두 사료, 곧 에우세비오스의 『교회사』Ecclesiastical History와 1세기경의 문헌 『앗다이의 가르침』Teaching of Addai에 언급되어 있다. 두 사료는 하나같이 (형식은 다소 다르나) 에데사 왕 아브가르 5세Abgar V와 예수가 주고받은 편지를 수록하고 있다.

전설에 따르면 에데사 왕국에서 온 사절들과 그들을 수행하던 비서 한난Hannan은 시리아로 돌아가던 길에 예루살렘을 지나며 예수의 신비로운 능력에 관해 전해 들었다고 한다. 그들은 경이로운 기적을 행하는 이 사람의 이야기를 아브가르 왕에게 전했다. 오랜 세월 나병으로 고통을 겪은 왕은 즉시 한난을 다시 팔레스타인으로 보내 예수를 만나 자신의 친서를 전하게 한다. 친서에는 아브가르 왕이 전해 들은 놀라운 이야기들(예수가 앞을 보지 못하는 이들에게 시력을 되찾아 준 일, 다리가 불편한 이를 걷게 한 일, 악령을 쫓아낸 일, 죽은 자를 다시 살려낸 일)이 적혀 있다. 왕은 말한다.

> 그러므로 나는 당신이 하늘에서 내려온 하느님이거나
> 하느님의 아들일 것이라는 결론을 내렸습니다.

그리고 그는 예수에게 에데사 왕국에 와서 자신의 병을 고쳐달라고 간청한다. 그리고 "작지만 매우 아름다운 도시"의 보호와 환대를 약속한다.

예수는 한난을 통해 왕에게 답장을 전한다. 예수는 먼저 아브가르가 "보지도 않고 믿은 것"을 칭찬한다. 그러나 아버지께서 자신에게 주신 사명을 완수하기 전에는 고향 땅을 떠날 수 없다고 말한다. 그럼에도 예수는 언젠가 자신이 승천하면 제자들 가운데 한 사람을 보내 왕을 고쳐주겠다고 약속한다. 『앗다이의 가르침』에 따르면 한난은 왕궁에 예수의 초상화를 그려 왕궁으로 가져갔다고 한다.

예수 그리스도의 승천 이후 이야기는 계속된다. 사도들은 예수를 따랐던 72명의 제자 가운데 한 사람이었던 앗다이(타대오)Addai를 시리아로 보낸다. 예수가 약속한 바에 따라 앗다이는 아브가르 왕을 치유한다. 아브가르 왕은 세례를 받고 백성들에게도 세례를 받도록 명령한다. 앗다이는 에데사의 주교가 되었다. 그리고 나중에 에데사 출신의 개종자 악가이Aggai가 앗다이에 이어 주교직에 오른다. 하지만 다음 왕인 마누Manu는 에데사에 다시금 이교 신앙을 들여오고, 악가이는 순교한다.

13

고대의 경이: 에티오피아의 그리스도교

에티오피아 정교회를 처음으로 접하는 현대 서구인들은 기쁨과 혼란을 동시에 느끼기 마련이다. 터와흐도Tewahedo(에티오피아에서 교회를 부르는 표현)에서 펼쳐지는 풍경은 바라보는 이를 압도한다. 위엄으로 가득한 예배, 풍성한 제의祭衣, 호화로운 행렬 양산parasol, 웅장하고도 정교한 전례, 화려하게 장식된 황금 십자가, 생생한 이콘, 타악기, 의례 춤ritual dance, 매혹적인 5음계 성가까지.

에티오피아 교회는 그 자체로 신비로운 분위기에 에워싸여 있다. 이를테면 옛 계약의 궤를 가지고 있다는 주장, 에티오피아 황제들이 솔로몬 왕과 시바 여왕의 아들 메넬리크 1세Menelik I의 후손이라는 민족 신화 등이 이러한 신비를 더하고 있다. 웅장한 행사에 별다른 감

에티오피아의 공현절 축제 팀카트Timkat

흥을 느끼지 않더라도, 또 고대의 수수께끼에 대해 이렇다 할 흥미가 없더라도 터와흐도에 매료될 수 있다. 터와흐도는 아주 오래전 사라진 찬란한 문명이 남긴 마지막 흔적이다. 한때 그 문명은 고대 그리스도교 세계의 최남단을 장식하며 매우 독특한 형태로 발전했다.

난파선의 선원들

고대 에티오피아에 그리스도교 문명이 전해질 수 있었던 계기는 결과적으로 행운을 가져온 어느 불운한 사건이었다. 4세기 초, 튀로스 출신으로 알렉산드리아에서 자라난 상인 프루멘티우스Frumentius와 아이데시우스Aedesius 형제는 인도로 향하는 무역선에 올랐으나 그들이

탄 배는 목적지에 이르지도 못하고 홍해에 난파되고 말았다. 가까스로 목숨을 건진 형제는 그대로 아프리카 동부로 떠내려갔다. 에티오피아 해안에서 그들을 발견해 사로잡은 이들은 형제를 노예선에 태워 보내는 대신 북부 산악지대 티그라이고원에 있는 도시 악숨으로 데려갔고, 그곳에서 그들을 왕궁의 노예로 팔아넘겼다. 아이데시우스는 황제의 술을 따르는 일을 맡게 되었고, 프루멘티우스는 왕세자 에자나스Ezanas의 가정교사로 일하게 되었다. 에티오피아가 그리스도교 국가가 된 것은 이 때문이다. 왕위에 오른 에자나스는 곧 두 형제가 왕궁에 소개한 신앙으로 개종했고, 나머지 가족과 신하들도 왕에 이어 개종했기 때문이다. 이후 에자나스는 아이데시우스를 튀로스로 돌려보내는 한편, 프루멘티우스를 알렉산드리아로 보내 총대주교에게 에티오피아를 위한 주교를 임명해 달라고 요청했다. 총대주교는 이에 프루멘티우스를 주교로 삼아 돌려보내며 악숨 왕국에 복음을 전파하는 일을 총괄하도록 했다.

이것은 에티오피아에 어떻게 복음이 전해졌는지 설명하는 여러 전설 가운데 하나다. 전승에 따라 세부 사항은 조금씩 다르다. 그러나 전체적인 윤곽에서는 충분히 신빙성 있는 이야기다. 물론 두 형제가 에티오피아와 그리스도교, 혹은 유일신 신앙과 에티오피아 사이의 가교를 놓은 첫 번째 인물은 아니다. 수 세기 동안 악숨 왕국은 아프리카 내륙의 중요한 무역로뿐 아니라 번화한 홍해의 항구인 아둘리스를 지배해 왔다. 상인들은 로마 제국, 아시아, 근동 지역의 물품을 아프리카산 뿔과 값비싼 금속, 유향, 노예들과 교환했다. 지중해 지역에서 온 상인들이 정착한 곳에서는 언제나 그리스도교인도 섞여 있었다. 게다가 악숨 왕국에는 이미 유대교 공동체가 성립되어 있었다. 팔라샤Falasha(에티오피아 북부의 토착 유대인)의 정확한 기원은 알 수 없으나, 예수 시대보다 훨씬 오래전에 형성된 것은 분명하다. 그러나 이 모두를 고려하더라도, 에자나스가 물려받은 왕국은 어디까지나 근동과 아프리카의 수많은 신을 숭배하던 이교 국가였다. 홍해의 난파 사건이 가져온 변화는 결코 작은 것이 아니었다.

에티오피아의 영광

프루멘티우스가 에티오피아의 주교가 되어 알렉산드리아에서 돌아온 후 200년의 세월이 지났다. 그동안 그리스도교는 악숨에서 남쪽으로 끊임없이 전파되며 에티오피아 전역으로 확장되었다. 수사들과 사제들은 포교 활동을 이어갔고, 곳곳에 교회가 들어섰다. 옛 이교 신전들은 교회로 탈바꿈했다. 그리고 그리스어와 시리아어, 콥트어로 된 방대한 그리스도교 문헌들이 악숨 지역의 토착어인 게즈어 Ge'ez(셈어 계열로 오늘날에는 에티오피아 교회의 성서와 터와흐도 전례 문헌에만 남아 있다)로 번역되었다. 무엇보다 중요한 사건은 480년경 조직화된 수도원 생활이 도입된 것이다. '9성인'으로 부르는 이방 수사들은 에티오피아 그리스도교 전통에서 특히 중요하다. 그들은 (대개 오르기 어려운 산 정상에) 수많은 수도원을 설립하는 한편 매우 엄격한 수도 생활을 동아프리카 그리스도교를 대표하는 주된 면모 가운데 하나로 만들었다. 이들을 비롯한 5세기 후반의 수사들은 에티오피아에 잔존하던 옛 이교의 흔적 대부분을 지우는 데 성공했다. 그 자리에는 통일되고 매우 강렬한 그리스도교 문화가 자라났다.

이 시기는 악숨 문명의 황금기였다. 그리스도교의 영향 아래 문학과 음악을 비롯한 모든 영역의 예술이 발전했고, 악숨 왕국의 상업과 군사력 또한 꾸준히 성장해 갔다. 왕국의 경계는 이제 아라비아 반도 일부까지 확장되었다. 또 에티오피아는 콘스탄티노플 및 알렉산드리아와 강력한 상업적, 문화적 연대를 구축했다. 에티오피아의 무역업을 위협할 만한 홍해나 인도양의 세력은 없었다. 에티오피아 그리스도교가 독특한 전통을 서서히 형성하기 시작한 시점도 이 시기였을 것이다. 특히 에티오피아 그리스도교는 유대교의 관행을 따라 토요일을 안식일로 준수하고 '정결하지 못한' 음식을 삼가며 할례를 행했다. 에티오피아 정교회의 까다로운 음식 규정은 여전히 남아 있다. 신자들은 한 해에 250일 동안 동물성 음식을 먹을 수 없다. 성서가 게즈어로 번역되기 시작한 시점도 이 시기였다. 아직 그리스도교 정경이 확립되지 않은 시점이었기에, 에티오피아 성서는 다른 전통에서 정경으로 받아들이지 않은 일부 문헌도 포함하여 총 81권의 책으로 구성되어 있다.

계약의 궤는 어디에?

에티오피아 종교의 가장 독특한 점은 계약의 궤에 관한 믿음이다. 에티오피아의 유대인들과 그리스도교인들은 한목소리로, 오래전 솔로몬 성전에 있던 계약의 궤가 지금은 악숨에 있는 시온의 성모 마리아 성당의 지성소에 모셔져 있다고 주장한다. 이 지성소를 관리하는 책임은 지고한 정결함을 인정받아 지명된 한 명의 수사에게 있으며, 그는 죽기 전 후계자를 지명해야 한다.

악숨에 있는 계약의 궤(타보트Tabot)는 단순히 에티오피아 그리스도교인들의 민간전승에 불과한 것이 아니다. 그것은 에티오피아 정교회 신앙의 핵심이라 할 수 있다. 타보트는 이 세상에 임한 하느님의 영광을 드러낼 뿐 아니라 또한 그 영광이 그리스도 안에서 육신을 입었음을 표현하는 터와흐도의 가장 신성한 상징물이다. 모든 교회와 수도원은 감실 안에 계약의 궤의 모형을 보관하고 있어야 하며, 그 모형은 한 해에 한 번, 팀카트Timkat, 곧 공현절 축제 때 함에 넣어 봉인한 후 겹겹의 베일을 쒸운 채 공개된다. 그러나 악숨에 있는 계약의 궤만은 절대 움직이지 않는다.

13세기 에티오피아의 위대한 서사시 「케브라 네가스트(왕들의 영광)」 Kebra Negast는 메넬리크 1세Menelik I가 예루살렘에서 에티오피아로 계약의 궤를 은밀하게 옮긴 사건을 노래하고 있다. 하지만 이는 훨씬 오래된 전승을 재구성한 것이다. 악숨으로 옮기기 전, 계약의 궤는 에티오피아 타나 호수에 있는 섬인 타나 체르코스에 있던 것으로 보인다. 오늘날까지도 이곳의 수사들은 솔로몬 성전에 있던 것으로 알려진 유물들을 보관하고 있다.

어떤 학자들은 기원전 7세기, 므나쎄 왕의 치하에서 성전 예배가 타락했을 때 계약의 궤가 남쪽으로 옮겨졌으리라고 추정한다. 어쨌든 성서 기록은 이 시기부터 계약의 궤가 사라졌다고 전한다. 이로부터 오래 지나지 않아 예언자 스바니야는 "에티오피아 강 너머"에 하느님이 "흩어 보낸" 고대 히브리인들을 언급한다(스바 3:10). 사실이 어떠하든, 아주 오래된 계약의 궤 전승이 에티오피아 그리스도교에서 차지하는 의미는 이루 말할 수 없을 정도로 크다.

쇠퇴

칼케돈 공의회 이후 알렉산드리아 교회가 로마와 콘스탄티노플의 교회와 상통 관계를 단절하자 악숨 왕국의 교회는 본래 총대주교의 관할 교구로 남았다(오늘날에도 에티오피아 정교회는 이집트 콥트 정교회의 한 갈래로 간주되고 있다). 이것이 로마 제국과의 관계를 다소 소원하게 만든 원인이 되기는 하였으나 파괴적인 결과로 이어지지는 않았다. 악숨 왕국의 본격적인 쇠퇴는 6세기 중반 아라비아에서 내몰리기 시작하며 일어났다. 7세기에 이르러 이슬람 세력이 이집트와 누비아를 정복하고 홍해를 장악하자 나머지 그리스도교 세계에서 고립된 에티오피아는 급속히 무너지기 시작했다. 왕국은 심각한 경제적 타격을 입었고, 왕국과 군사력도 붕괴했다. 그렇게 에티오피아 문명은 점차 역사의 뒤안길로 사라져 갔다. 그러나 에티오피아 교회는 결코 활력을 잃지 않았다. 에티오피아 그리스도교의 깊은 영성과 아름다운 전례, 특별한 역사(실제 역사와 전설 모두)는 에티오피아 문화에 계속하여 생명력을 부여했고, 이후 수 세기 동안 에티오피아 문화가 일구어낸 여러 탁월한 업적의 밑바탕이 되었다.

14

삼위일체 하느님: 최초의 공의회들

그리스도교인들은 성서 시대부터 그리스도를 '하느님의 아들', '성자 하느님' 등으로 일컫곤 했다. 그리고 '성부와 성자와 성령의 이름으로' 기도하고 세례를 베풀었다. 그러나 이것이 어떤 의미인지, 곧 예수가 어떤 의미에서 하느님인지, 또 성부와 성자, 그리고 성령의 관계가 정확히 어떤 것인지 논의할 여유는 313년 밀라노 칙령 이후에야 비로소 마련되었다.

콘스탄티누스 황제의 개종으로 교리 문제를 공개적으로, 또한 엄밀히 토론할 수 있게 되자 그리스도교인들은 신앙의 가장 근본적인 요소에서도 서로 다르게 이해하고 있었다는 사실을 발견했다. 사도로부터 이어오는 교회들이 간직해 온 성서와 전례적 관행들은 모두가 받아들이는 일정한 신학 용어를 수립했지만, 그러한 용어들은 불명확한 개념들로 이루어져 있을 뿐이었다.

한 분 하느님의 아들

옛 그리스인들은 신을 뜻하는 명사 '테오스'θεός 앞에 정관사를 붙이는 방식으로 최고신을 구분했다. 그렇게 구분된 '호 테오스'ὁ θεός는 그저 '신'과는 그 격이 다른 것이었다. 그리스도교 그리스어에서 '호 테오스'는 일반적으로 성부 하느님을 지칭했다. 그리스도를 (그리고 가끔은 성령을) 부를 땐 보다 조심스러운 '테오스'를 사용했다. 하지만 절대적인 규칙은 없었다. 요한 복음서는 성육신하기 전의 성자를 '하느님과 함께 계셨고' '하느님(테오스)과 똑같은 분이셨다'라고 기록한다. 한편 사도 토마는 부활하신 그리스도를 보고는 '나의 주님, 나의 하느님(호 테오스)'이라고 부른다. 더군다나, 다시 요한 복음서를 살펴보면, 그리스도는 '아버지와 나는 하나이다'라고 선언한다.

어떤 의미일까. 어떻게 그리스도는 하느님인가. 성부 하느님과 동등한 존재인가, 성부 하느님에서 유출된 하위의 존재인가, 아니면 일종의 '이차적' 하느님인가. 만약 그렇다면 성부 하느님의 '고유한' 신성에 대해 성자의 신적 위치는 어떻게 이해해야 하는가. 첫 300년 동안 교회는 이러한 문제에 끊임없이 골몰했다. (특별히 로마의) 몇몇 신학자들은 일련의 양태론樣態論, modalism을 주장했다. 양태론에 따르면 한 분 하느님은 여러 가지 목적에 따라 서로 다른 방식으로 존재한다. 어떨 때는 성부로, 어떨 때는 성자로 나타나는 것이다. 양자론養

子論,adoptionism을 주장하는 이들도 있었다. 곧 그리스도는 본래 인간이었지만 성부 하느님의 신적 아들로 입양되었다는 주장이었다. 종속론자從屬論者,subordinationist들은 오직 성부 하느님만이 완전한 신이며, 성자는 그러한 성부 하느님의 하위 표현이고, 성령은 성자의 하위 표현이라고 주장했다.

종속론적 이해는 특히 알렉산드리아 신학자들에게 두드러졌다. 이는 그리스도교인들뿐 아니라 유대인들과 다신교인들 또한 전형적으로 이해하던 방식이었다. 예수와 동시대 인물인 위대한 유대인 학자 필론은 하느님과 이 세상 사이에 '하느님의 아들'인 신적 로고스가 존재하며, 그를 통하여 세상이 창조되고 다스려진다고 주장했다. 열등한 현실 세계와 접촉하기에 하느님은 너무 초월적이고 장대한 위엄을 가진 분이라고 필론은 생각했다. 이교 신플라톤주의자들은 궁극의 신적 원리, 즉 일자—者가 존재한다고 믿었다. 일자는 철저히 세상을 초월하는 것으로, 오직 일자로부터 파생되는 신적 원리의 질서 안에서만 세상과 '관련된다'. 이런 배경에서 그리스도교인 대다수가 신적 로고스를 하늘나라에 계신 일종의 대사제로, 초월적인 성부 하느님과 피조물을 연결하는 역할을 한다고 보았다는 사실은 이해하기 어렵지 않다. 콘스탄티누스 시대 이전 가장 위대한 알렉산드리아 신학자였던 오리게네스도 종속론자였다.

갈등과 일치

황제가 그리스도교인이 된 이상, 서로 다른 신학적 견해가 공존할 수는 없었다. 이제 교회는 믿는 바를 엄밀히 정의해야 했다. 박해의 시대에는 상상할 수 없었던 사치를 누리게 된 것이다. 하느님의 섭리였을까, 법률적 권리를 보장받고 황제의 호의를 얻자마자 교회는 엄청난 교리 분쟁에 휘말렸다.

알렉산드리아의 사제 아레이오스(아리우스)Arius(250년경~336년)는 일종의 극단적 종속론에 해당하는 그리스도론을 주장했다. 오리게네스와 달리 그는 성부와 성자가 온전한 의미에서 동등하다고 인정하지 않았다. 성자는 성부와 같은 영원한 존재도 아닐뿐더러, 성자의 '신성'은 단지 명예상의 의미로 이해해야 한다고 그는 주장했다.

아레이오스에 따르면 로고스, 즉 성자는 실제로 피조물이다. 다만 가장 높은 피조물이자, 다른 모든 것이 존재하기에 앞서 존재했고 다른 피조물에 대해 '하느님'이라고 불릴 수 있을 정도로 높여진 존재다. 그러나 크게 논란이 된 아레이오스의 표현을 인용하자면, '그가 존재하지 않았을 때가 있었다'. 아레이오스는 오직 성부 하느님만이 창조되지 않은 존재라고 주장했다.

아레이오스는 이단으로 단죄되었고, 결국 321년 알렉산드리아를 떠나지 않을 수 없었다. 그러나 아레이오스는 오랜 추방 생활 동안 왕성한 저술 활동을 하며 산문과 운문을 통해 자신의 주장을 적극적으로 변론했다. 그가 집필한 『탈리아(향연)』Θαλία와 그가 쓴 시들은 곧 그리스도교인들의 인기를 끌었고, 아레이오스는 이를 통해 자신의 주장을 널리 펼칠 수 있었다. 324년 리키니우스를 격파하고 동방 그리스도교 세계를 장악한 콘스탄티누스는 자신이 받아들인 신앙이 내적 불화로 잠잠할 날이 없다는 사실을 발견했다. 그는 이런 것을 용인할 마음이 없었다. 제국과 마찬가지로 교회는 일치를 이루어야 했다. 논쟁을 해결하기 위해 황제의 명령에 따라 첫 '보편 공의회'가 325년에 소집되었다. (대개 동방 교회의) 주교 318명은 콘스탄티노플 인근 니케아에 모였고, 이 자리에 아레이오스도 참석했다.

아레이오스의 주장은 다시 한번 단죄되었고, 공통 신앙고백, 즉 첫 번째 형태의 '니케아 신경'이 채택되었다. 니케아 신경은 성자가 '참 하느님으로부터 나신 참 하느님'으로서 '창조되지 않고' 나셨음을 분명히 하는 한편 성자를 성부와 '일체(호모우시오스)'ὁμοούσιος이신 분으로 설명한다. 성서 어디에도 나오지 않는 이 표현은 참석자들이 보기에도 대담한 면이 있었으나, 결국 일곱 명을 제외한 나머지 모든 주교의 동의를 얻어 확정되었고 아레이오스는 일리리쿰(발칸 반도 대부분에 해당하는 로마 속주)으로 추방되었다.

그러나 그것으로 논쟁이 끝난 것은 아니었다. 니케아 공의회 이후 논쟁은 오히려 더욱 다양한 형태로 심화되었다. 니케아 신경을 거부하며 성부와 성자의 본질이 유사하다(호모이우시오스)ὁμοιούσιος고 주장한 유사본질파homoean, 반대로 성부와 성자의 본질은 완전히 다르다고 주장한 상이본질파anomoean가 등장했다. 무엇보다 몇몇 가솔의 영향으로 황제가 아레이오스에게 보다 온정적인 눈길을 보내기 시작했다. 336년, 황제의 명에 따라 콘스탄티노플의 주교는 아레이오스를 관면하여 영성체를 허용했다. 아레이오스는 승리를 만끽하며 콘스탄티노플로 입성했지만, 성찬례가 예정돼 있던 전날 밤 갑작스럽게 죽고 말았다. 그러나 콘스탄티누스가 세상을 떠난 337년, 황제와 궁정이 지지하던 입장은 아레이오스의 견해였다.

하느님이 인간이 된 것은 인간이 하느님이 되게 하려 함이다

초대 교회의 교리 논쟁을 사변적인 말장난으로 치부하는 사람들이 있다. 그들은 호모우시오스와 호모이우시오스, 글자 하나의 차이를 가지고 논쟁하는 데 교회가 한 시대를 허비했다고 조롱한다. 그러나 4세기 그리스도교인들은 이 문제에 신앙의 존폐가 달려 있다고 여겼다. 논쟁에는 성서, 전례, 신자의 공통 이해 등 여러 요소가 연결되어 있었지만, 가장 큰 문제는 구원의 본질이었다.

구원이 그저 천국에 갈 수 있게 되는 정도의 부차적 문제라고 본다면 결코 4세기 교회를 지배하던 심성을 이해할 수 없다. 당대 신학자들은 구원이 하느님과의 친밀하고 즉각적인 연합이라고 여겼다. 요컨대 이를 통해 인간은 문자 그대로 '하느님과 같이' 된다. 즉 (2베드 1:4의 표현을 따르자면) 하느님의 본성을 나누어 받게 되는 것이다. 물론 인간이 하느님ὁ θεός이 되는 것은 아니다. 그러나 '신과 같은'θεῖος 존재, 나아가 하나의 '신'θεός이 되는 것이다. 초대 그리스도교인들은 그리스도가 인간의 형태를 취해 인류를 죽음의 속박에서 해방하고 신적 현존 안에 온전히 거할 수 있도록 하셨다고 믿었다. 이러한 확신은 동방 교회의 신앙에서 언제나 중심에 있었고, 로마 가톨릭 교회의 신학적 입장에서도 (종종 잊히긴 했어도) 꾸준히 유지되어 온 오랜 믿음이다.

아타나시오스와 카파도키아 학자들에게 중요한 문제는 어떻게 유한한 피조물이 초월적인 하느님과 연합할 수 있는가의 물음이었다. 만약 (그들을 비롯한 여러 사람이 받아들인 정식을 인용하자면) '하느님이 인간이 되신 것이 인간이 하느님이 되기 위한 것이라면' 성자나 성령이 하위의 하느님이나 최악의 경우 피조물에 지나지 않는다고 했을 때, 이는 설득력이 있는가? 오직 하느님만 피조물이 하느님과 연합하게 할 수 있다. 그보다 열등한 중재자는 하느님 자신에게서 무한히 멀리 떨어져 있을 뿐이다. 에우노미오스파*에 대한 카파도키아 학자들의 논변은 대개 복잡하고 미묘하지만, 궁극적인 문제는 단순했다. 성자가 우리를 성부에게 연합하게 한다면, 그리고 하느님만 우리와 하느님을 연합하게 할 수 있다면, 성자는 하느님이다. 그리고 교회의 성사와 신앙인의 생활 가운데 우리를 성자에게로 연합하게 하는 것이 성령이라면, 그리고 하느님만이 우리와 하느님을 연합하게 할 수 있다면, 성령 또한 하느님이어야 한다.

정통 교리의 확립

명민한 신학자 성 아타나시오스는 수십 년 동안 아레이오스를 지지하는 이들, 이른바 '아리우스파'에 맞서 정통 교리를 지키기 위해

---

* 후기 아리우스파를 이끌던 주교 에우노미오스Eunomios가 주장하던 입장으로, 초기 아리우스파 이상으로 성부와 성자의 상이한 본질을 강조하였다.

아토스산의 성 아타나시오스 교회에 있는 두 번째 보편 공의회를 그린 프레스코화

분투했다. 니케아 공의회가 개최되었을 때 출석한 젊은 부제에 지나지 않았던 아타나시오스는 이듬해 알렉산드리아 총대주교로 승좌했다. 아타나시오스가 겪어야 했던 고초는 정통파가 겪어야 했던 고초를 그대로 반영한다. 그는 다섯 번 넘게 주교직에서 퇴출당하거나 교구에서 쫓겨나 망명길에 올랐다가 다시 돌아오기를 반복했다. 집권한 황제가 어떤 주장을 옹호하는지에 따라 그의 운명은 계속하여 뒤바뀌곤 했다.

'아레이오스 논쟁'(아리우스 논쟁)이 종결된 것은 니케아 그리스도교를 지지한 테오도시우스 1세가 동방의 지배권을 확립한 379년에 이르러서였다. 타협할 줄 모르는 '상이본질파' 에우노미오스는 하느님은 당연히 '나지 않은 존재'라고 주장했다. 따라서 성자와 성령은 결코 하느님이 아니며, 본질적으로 성부와 다르다는 것이었다. 그러나 세 명의 주목할 만한 위대한 신학자가 이 주장에 맞섰다. '카파도키아 교부'라고 불리는 카이사리아의 대 바실레이오스Basil the Great(329년~379년)와 그의 벗 나지안주스의 그레고리오스Gregory of Nazianzus(330년경~389년), 그리고 세 명 중 가장 뛰어났던, 바실레이오스의 동생 니사의 그레고리오스Gregory of Nyssa(335년경~394년경)가 전개한 심오하면서도 매우 명료한 신학은 381년 두 번째로 개최된 보편 공의회, 제1차 콘스탄티노플 공의회가 최종적으로 채택한 니케아 신경으로 열매를 맺었다. 공의회의 결의는 다시 한번 영원한 하느님과 동일한 본질이신 그리스도 안에서 하느님이 인간 역사 안으로 들어오셨음을 확인했다.

15

교부들의 시대

그리스도교 역사의 첫 몇 세기를 흔히 '교부 시대'patristic period라고 한다. 교부들은 그리스도교 역사상 처음으로 성서를 주해하는 원칙을 세웠고, 교리를 설명하기 위한 정제된 언어를 확립했다. 또 그리스철학의 방법론과 풍요로움을 차용하여 교회가 그리스도 안에 계시된 것을 보다 깊이 있고 분명하게 이해하는 길을 열어주었다.

교부 시대는 여러 가지 측면에서 그리스도교 사상의 황금기였다. 후대의 어떤 시대도 교부 시대가 이룩한 성과를 넘어서지도, 이에 버금가지도 못했다. 더 정밀하게 정의된 교리에 갇힌 후대의 신학자들은 결코 교부들과 같은 대담한 고찰을 시도할 수 없었다. 폭넓은 지적 자유로움 안에서 꽃핀 교부들의 사상은 독창성으로 가득하고, 후대의 신학에서 찾아보기 어려운 생생함과 현장감이 묻어난다.

신앙의 수호자들

교부 시대의 첫 인물들은 '사도 교부'Apostolic Fathers라고 불린다. 교회의 지도자로 사도들을 가장 가까이 계승하였기 때문이다. 1세기 후반 로마의 주교 클레멘스나 2세기의 순교자 안티오키아의 이그나티오스, 스뮈르나의 폴뤼카르포스 등이 대표적인 사도 교부다.

2세기 중반에서 후반에 이르는 시기에는 후대에 '호교론자'라고 부르게 된 여러 인물이 나온다. 그들은 그리스 철학의 언어와 방법론을 차용해 이교 세계에 그리스도교 신앙을 변론하기 위해 헌신했다. 125년경 하드리아누스 황제Hadrian(76년~138년)에게 그리스도교를 변론한 콰드라투스Quadratus, 유사한 방식으로 145년경 안토니누스 피우스 황제Antoninus Pius(86년~161년)에게 그리스도교를 변론한 아리스티데스 Aristides, 마르쿠스 아우렐리우스 황제Marcus Aurelius(121년~180년)에게 그리스도교를 변론한 사르디스의 멜리톤Melito of Sardis 등이 대표적인 호교론자다. 가장 위대한 호교론자로 뽑을 만한 인물은 순교자 유스티누스Justin Martyr(100년경~165년경)다. 그는 스토아학파의 신적 로고스론을 차용하여 성육신한 예수, 곧 영원한 하느님의 아들에 관해 설명했다.

그러나 이 시대 최고의 신학자를 든다면 단연 성 리옹의 에이레나이오스(이레네우스)Irenaeus of Lyons(130년경~200년경)를 언급할 수 있을 것이다. 그가 180년경 집필한 『이단 반박』Against the Heresies은 영지주의에 대한 거침없는 비판을 담고 있을 뿐 아니라, 그리스도 안에서의 만유회복萬有回復, recapitulatio이라는 섬세한 신학을 전개한다. 북아프리카의 법률가 출신 신학자 테르툴리아누스Tertulian(155년경~230년경) 또한 에이레나이오스와 견줄 만한 위대한 사상가였다. 그 역시 이교의 지혜를 비판했지만 동시에 스토아학파의 형이상학을 사용하며 삼위일체를 설명했다.

교부들의 황금기

알렉산드리아의 위대한 두 신학자 클레멘스와 오리게네스로부터 교부 시대의 전성기라고 할 수 있는 시기가 시작되었다. 특히 오리게네스는 그리스 철학의 개념과 방법론을 통해 신앙을 설명하는 것을 넘어 독자적인 그리스도교 철학의 초석을 놓는 데 이르렀다. 알렉산드리아 신학자들은 최초로 성서를 체계적으로 주석한 인물들이었다. 또 그들은 영성 생활을 함양하는 일에 특별한 관심을 기울였고, 그 결과 후기 그리스도교 신비주의의 기초를 닦기도 했다. 오리게네스의 가르침 상당 부분이 이단으로 단죄되었음에도 그가 그리스도교 사상에 미친 영향은 가늠하기 어려울 정도로 심대하다.

4세기 교부들은 정통 그리스도교 신앙을 처음으로 정의했다. 4세기는 그리스도교 사상의 발전에 있어 가장 중요한 시간이었다고 해도 과언이 아닐 것이다. 아리우스파를 물리친 아타나시오스는 비범한 재능을 가진 교리학자였다. 그가 남긴 짧지만 놀라울 정도로 포괄적이고 광범위하며 깊이 있는 논고 「하느님의 말씀의 육화에 관하여」On the Incarnation of the Logos of God는 그리스도 안에서의 구원과 신화神

化, deification에 관한 초대 교회의 성찰이 담긴 걸작이다.

세 카파도키아 교부, 바실레이오스, 나지안주스의 그레고리오스, 니사의 그레고리오스는 아레이오스 논쟁 후기 니케아 정통 신앙을 변호한 가장 탁월한 교부들이다. 게다가 그들은 고전 학문에 대한 지식에 있어서도 당대 지식인들을 가볍게 능가했다. 나지안주스의 그레고리오스가 탁월한 문장가이자 정교한 이론가였다면, 니사의 그레고리오스는 세 명의 카파도키아 교부 가운데 가장 독창적이고 철학적으로 대담한 사상가였다. 삼위일체에 대한 그의 고찰은 그 범위와 정교함에 있어 그리스도교 사상에 전례 없는 것이었다. 이교와 그리스도교를 통틀어 그는 무한정자에 대한 일관성 있는 형이상학을 전개한 최초의 그리스 철학자이기도 했다. 유한한 영혼과 무한한 하느님의 관계의 역동성에 관한 그의 이해는 그리스의 전통적인 철학적 범주에 비추어보았을 때 혁명적인 것이었다. 나아가 그가 남긴 영성 문헌들은 관상 신학의 고전으로 자리매김했다.

북아프리카 출신의 위대한 교부, 히포의 성 아우구스티누스Augustine of Hippo(354년~430년)는 지칠 줄 모르는 독창성과 철학적 정교함, 문학적 천재성과 잘 연마된 지적 능력으로 동시대인들뿐 아니라 전후 신학자들을 능가하는 독보적인 자리에 있다. 그가 남긴 엄청난 양의 위대한 작품은 그리스도교 지적 전통의 기념비적 저작으로 오늘날까지 추앙받고 있다.

동방의 어느 신학자도, 그리스나 시리아의 어느 교부도 아우구스티누스가 서방 교회에 남긴 영향에 견줄 만한 것을 동방 교회에 남기

필립 드 샹파뉴, 《성 아우구스티누스》 (1645~1650년경)

지는 못했을 정도로, 아우구스티누스는 서방 그리스도교 세계에 거대한 흔적을 남겼다. 사실상 서방 신학의 개념 체계 전체, 즉 주요 용어와 구분, 주제들은 아우구스티누스의 유산이라고 해도 과언이 아니다. 죄에 대한 아우구스티누스의 신학적 성찰, 하느님의 은총과 인간의 자유의 관계에 대한 고찰은 이후 서방 신학이 지향하게 될 방향을 결정했다. 요컨대 서방 그리스도교는 사실상 아우구스티누스 그리스도교Augustinian Christianity라고 할 수 있다.

후기의 거장들

수백 년간 교리 논쟁의 중심에 있던 것은 그리스도론이었다. 즉 그리스도의 신성과 인성이 어떤 관계가 있느냐는 것이 교회의 주된 관심이었다. 이 문제에 있어 가장 탁월한 학자는 알렉산드리아의 성 퀴릴로스(키릴루스)Cyril of Alexandria(375년경~444년)였다. 그보다 더 위대한, 교부 시대의 유일한 '그리스도론자'를 들자면 단연 고백자 성 막시모스Maximus the Confessor(580년경~662년)일 것이다. 막시모스는 그리스도교 신학의 역사에서 독보적인 철학적 지성을 갖춘 인물이었다. 창조에 관한 그의 형이상학과 삼위일체 신학, 영성 가르침과 인간학은 그의 그리스도론만큼이나 난해하고 복잡하면서도 천재성이 돋보인다.

막시모스의 형이상학적 관점은 어느 정도 위(僞)디오뉘시오스Pseudo-Dionysius에게서 영감을 얻은 것이다. 위디오뉘시오스는 신약성서에 등장하는 아레오파고스의 디오니시오의 이름으로 500년경 활동한 시리아의 저술가로, 신플라톤주의 철학의 자료를 활용해 신적 초월에 관한 그리스도교 이해를 담은 저술을 남겼다. 그의 정체는 베일에 싸여 있지만, 위디오뉘시오스는 동서방을 막론하고 그리스도교 철학사에 가장 큰 영향력을 남긴 인물이다.

대다수 학자는 교부 시대가 서방에서는 성 세비야의 이시도루스 Isidore of Seville(560년경~636년)에서, 동방에서는 성 다마스쿠스의 요안니스(요한)John of Damascus(675년경~749년)에서 끝난다고 본다. 이시도루스는 어원, 인간 학문과 기예, 과학, 도덕 신학, 성서 인물의 전기 및 교회 규율에 관하여 집대성했다. 대단히 독창적이고 열정적인 철학자였던 요안니스는 특히 『정통 신앙』On the Orthodox Faith으로 유명하다. 이는 이전 시대 모든 교부의 사상을 체계화한 것으로, 최초의 위대한 그리스도교 '스콜라 신학' 저술이라 할 만하다. 이시도루스와 요안니스의 저작은 그리스도교 지적 문화의 변화를 알리고 있었다. 위대하고 창의적인 그리스도교 사상이 처음으로 꽃피던 한 시대가 저물고 있었다.

번역의 문제

아우구스티누스가 서방 교회에 남긴 흔적은 결정적이었다. 그의 사상 몇몇은 서방 신학에 영구히 스며들었다. 가장 두드러진 것은 '예정'에 관한 사상, 즉 하느님이 몇몇은 구원으로 예정하나 나머지는 영벌에 이르도록 유기한다는 입장일 것이다. 이것은 아우구스티누스가 해석한 사도 바울의 가르침에 뿌리를 두고 있다.

동방 그리스도교 세계에서는 이러한 주장이 제기된 적이 없다. 이는 번역이 가져온 우연한 차이에서 비롯되었다고 볼 수 있다. 그리스어 '프로오리제인'προορίζειν(미리 구별하다)을 라틴어 번역본은 훨씬 강한 의미의 '프라이데스티나레'praedestinare(예정하다)로 옮긴 것에서 문제는 시작된다. 또 아우구스티누스가 바울의 몇몇 단락을 상당히 독창적으로 해석했다는 점이 결정적인 차이를 만들었다. 예를 들어 아우구스티누스는 이스라엘과 교회의 단절, 그리고 궁극적 화해에 관하여 다루는 로마인들에게 보낸 편지 9~11장을 영혼의 예정과 영벌에 관한 담화로 읽어냈다. 여기서 바울은 이스라엘 전체가 구원을 받을 것이라는 의견을 피력할 뿐, 구원에 관해 이야기하고 있지는 않다.

번역의 문제는 마찬가지로 동방 교회와 서방 교회가 원죄를 이해하는 방식에 영향을 미쳤다. 모든 그리스도교인은 우리가 죄 안에서 태어났다는 사실을 받아들인다. 그래서 하느님으로부터 멀어져 죄에 예속되어 있고, 육체와 정신, 의지의 타락을 경험하게 된다. 그러나 갓난아기가 이미 하느님 앞에서 죄인이라는 견해는 오직 서방 교회에서만 등장한다. 이는 한편으로 아우구스티누스가 읽은 라틴어 역본의 로마인들에게 보낸 편지 5:12의 목적절에 오역이 있었던 까닭이다.* 그 결과 아담 '안에서' '모든 사람이 죄를 지었다'로 읽힐 여지가 발생했다. 그러나 그리스어 원문에는 그러한 내용이 없다. 죽음의 결과로 모든 사람이 죄를 지었다거나, 모두가 죄를 짓기에 모두가 죽을 수밖에 없다는 내용으로 읽을 수는 있지만, 아직 악을 행하지 않은 사람에게 죄를 전가하는 것은 아니다.

---

* "한 사람이 죄를 지어 이 세상에 죄가 들어왔고 죄는 또한 죽음을 불러들인 것같이(ἐφ᾽ ᾧ) 모든 사람이 죄를 지어 죽음이 온 인류에게 미치게 되었습니다"에서 그리스어 원문 ἐφ᾽ ᾧ(이로 인해)가 라틴어 in quo(그 사람 안에서)로 번역되며 나타난 현상이다.

16

로마의 멸망

콘스탄티누스가 로마 제국의 수도를 비잔티움으로 옮기고자 결정하기 전부터, 제국의 서방은 이미 오랜 시간 쇠락하고 있었다. 반면 제국의 동방은 사회, 정치, 경제, 문화, 인구 등 모든 요소에 있어 절대적으로 유리했다. 이미 황제는 로마 시를 떠난 지 오래였다. 디오클레티아누스 황제는 니코메디아*에 황궁을 마련했고, 디오클레티아누스 선대의 황제들도 밀라노나 도나우 유역 남쪽에 거주하곤 했다. 서방 제국 최후의 황궁은 라벤나에 있었다.

3세기 이후 로마 제국은 게르만인, 발칸인 등 '야만인'들의 전 방

---

* 비잔티움 남쪽에 위치한 소아시아의 도시

위적 침략에 시달렸다. 그러나 '야만인'들이 언제나 국경 너머에서 침략의 기회만을 엿본 것은 아니었다. 특히 게르만인들은 인구가 감소하며 버려진 제국 서방의 농토에 점차 이주하여 정착하고, 현지인들과 부분적으로 동화되며 천천히 로마 제국 서방의 옛 라틴 거주민을 대체하기 시작했다. 나아가 로마 군대에 대거 진출하기 시작한 '야만인' 일부는 지휘관으로 진급하고 로마 귀족의 특권을 누리기도 했다.

만족의 침략

물론 제국 서방에 새롭게 대두한 게르만 세력도 살육과 파괴를 일삼곤 했다. 고트족, 반달족, 알레만니, 부르군트족, 게피다이족, 프랑크족 등의 게르만 부족들은 모두 명예를 중시하는 전사 집단이었고, 전투의 위험을 피하지 않았다. 게다가 4세기 중반 제국 서방 각 도시의 경제가 쇠퇴하고 농업이 몰락하자 군사력의 약화는 불가피했고, 속수무책으로 약탈당할 수밖에 없었다.

5세기 초 서고트족과 동고트족의 침략에서 서로마 제국과 로마 시를 방어하는 임무를 부여받은 인물은 반달족 혼혈이었던 섭정 플라비우스 스틸리코Flavius Stilicho(365년~408년)였다. 395년, 동로마 제국군의 장교로 복무한 야망 넘치는 인물 알라리쿠스Alaric가 서고트족의 지배권을 장악했다. 이어 반달족까지 거느리게 된 그는 곧장 이전에 로마가 서고트족에게 약조한 지원금을 이행하지 않은 것에 대한 배상을 요구했다. 알라리쿠스는 콘스탄티노플로 진격한 뒤 그리스로 방향을 돌려 여러 도시를 약탈했다. 397년, 동로마 황제 아르카디우스Arcadius

는 알라리쿠스에게 '군사대장'magister militum의 직책을 주며 회유했다. 그러나 만족하지 못한 알라리쿠스는 401년 군사를 이끌고 이탈리아를 침공했다.

스틸리코는 402년과 이듬해 고트족을 물리쳤고, 알라리쿠스는 퇴각하여 전열을 정비했다. 그러나 만족의 침입은 끊이지 않았다. 406년 스틸리코는 동고트족을 상대해야 했고, 407년에는 갈리아를 방어하기 위해 알라리쿠스에게 지원을 요청하는 처지가 되었다. 408년, 스틸리코는 아들을 황제로 추대하려고 한다는 반역 혐의로 처형되었다. 로마의 '순혈주의자'들은 로마군에 복무하던 고트족의 가족을 학살했다. 이에 고트족은 로마군을 떠나 알라리쿠스에게 가담했다. 토지와 배상금을 달라는 알라리쿠스의 요구를 플라비우스 호노리우스 Flavius Honorius 황제가 거부하자 알라리쿠스는 로마를 향해 진격해 408년 로마를 포위했다. 이에 원로원은 보상금을 치렀고, 알라리쿠스는 포위를 풀고 물러났다. 그러나 황제의 태도는 변하지 않았고, 알라리쿠스는 이듬해 다시 로마를 포위했다. 그리고 마찬가지로 보상금을 받고 철수했다. 410년, 황제가 알라리쿠스와 맺은 약조를 다시금 이행하지 않자 그는 또다시 로마를 포위했다. 이번에는 로마 시에 있던 알라리쿠스의 동조자들이 성문을 열었고, 로마는 함락되었다. 800년 만의 일이었다.

신국

410년 알라리쿠스가 로마를 점령하여 약탈한 사건은 기원전 390년, 브렌누스Brennus가 이끄는 켈트 군대가 로마 성문을 통과해 카피톨리움 언덕으로 피난한 로마 시민들을 포위한 이래 800년 만에 일어난, 외세에 의한 로마 함락이었다. 수백 년간 로마는 세계의 중심이자 결코 멸망하지 않을 '영원의 도시'였다. 그러므로 적군에 의해 점령당했다는 사실은 일시적인 약탈이 안겨준 상대적으로 경미한 피해에 비할 수 없을 정도로 엄청난 상징성이 있었다. 이교에 동조하는 몇몇 사람은 로마가 옛 신들을 저버렸기 때문에 쇠퇴한 것이라고 믿었다. 아우구스티누스가 야심 찬 대작 『신국론』On the City of God을 집필한 이유는 바로 그러한 주장 때문이었다.* 아우구스티누스는 방대한 분량으로 인류 역사 전체를 두 도성, 곧 지상의 도성civitas terrena과 하느님의 도성civitas Dei으로 나누어 성찰한다. 그는 이 두 도성이 궁극적으로 양립할 수 없다고 주장한다. 각각은 서로 다른 정체政體를 구성하며, 각 도성이 지향하는 가치와 덕은 철저히 대립한다. 모든 인간은 두 도성 중 하나의 시민이다. 그러나 역사 안에서 두 시민은 불가분하게 서로 관련된다.

아우구스티누스에 따르면 이교도들이 주장하는 덕은 사실 '훌륭한 악'이다. 이교 문화는 전사의 덕을 숭상했고 폭력을 영예로운 것으로 치장했으며 칭송과 명예를 갈망하는 인간 욕망을 미화했다.

---

* 『신국론』(분도출판사)으로 역간.

반면 하느님의 도성은 하느님이 창조하신 세계의 고유하고 자연스러운 속성이 평화라고 믿는다. 하느님의 도성이 실천하는 덕은 사랑이다. 그리고 '위대한 인간'이 아닌 오직 하느님만을 칭송한다. 그러므로 로마의 몰락은 결코 세상의 멸망이 아니다. 지상의 도성은 결국 일시적이며, 오직 하늘 예루살렘, 평화의 도성만이 영원하다.

빌헬름 린덴슈미트, 《로마로 진입한 알라리쿠스》(1888년)

게르만인들에 대한 선교

서고트족은 사흘간 로마를 약탈했다. 그러나 그들이 로마 시에 끼친 피해는 크지 않았다. 시민들에게 몹쓸 짓을 하지도 않았다. 무엇보다 서고트족은 교회에 피해를 주지 않고자 애썼다. 이들 또한 그리스도교인이었기 때문이다.

고트족을 대상으로 선교 활동을 처음 본격적으로 시작한 인물은 4세기의 고트족 출신 학자 울필라스Ulfilas(311년경~382년경)다. 그는 그리스도교 카파도키아 지역 출신으로 추정된다. 울필라스는 게르만 부족들에게 복음을 전한 최초의 선교사였을 뿐 아니라, (그리스 문자와 라틴 문자에 기초한) 고트 문자를 고안하고 (전체는 아니더라도) 성서를 처음으로 게르만 언어로 번역한 인물이기도 하다.

341년 고트족 사절단을 이끌고 콘스탄티노플에 도착한 울필라스는 니코메디아 출신의 콘스탄티노플 총대주교 에우세비오스에 의해 고트족의 주교로 서품되었다. 열정 가득한 선교사였던 울필라스는 30년간의 선교 활동을 통해 커다란 고트족 그리스도교 공동체를 이루었다. 그러나 375년, 이교도 고트족의 박해가 이어지자 울필라스는 마침내 신자들을 데리고 로마 영토로 들어와 황제의 보호를 요청해야 했다. 그러나 울필라스가 시작한 개종의 물결은 계속되었고, '만족의 세례'는 수백 년간 이어졌다.

그런데 울필라스가 전한 그리스도교는 아리우스파 그리스도교였다. 이는 그가 에우세비오스 등 몇몇 아리우스파 인물에게서 전수받은 것이었다. 그 결과 아리우스파 그리스도교는 동고트족과 서고트족은 물론 부르군트족과 반달족 등 게르만 그리스도교의 핵심으로 대두했다. 이는 게르만 그리스도교인들을 가톨릭 로마인과 구분하는 하나의 문화적 정체성으로 기능했다.

만족의 시대

5세기를 거치며 히스파니아와 갈리아, 이탈리아 등 옛 서로마 제국의 영토에는 만족들의 왕국이 새롭게 들어섰다. 428년 반달족이 로마령 북아프리카를 침공한 사건은 지중해 서방에서 옛 로마 제국의 질서가 결정적으로 붕괴하였음을 시사했다. 430년 성 아우구스티누스가 세상을 떠났을 때, 그의 도시 히포는 몰락을 눈앞에 두고 있었다. 435년 카르타고가 함락되었다.

서로마 제국은 이제 명목상으로만 유지되는 처지로 전락했다. 황제는 만족 왕들의 손아귀에 달린 꼭두각시에 불과했다. 451년 아틸라Attila가 훈족을 이끌고 갈리아를 침공했고, 이듬해에는 이탈리아에 침입하며 서로마 제국과 동로마 제국을 모두 위협하자 서고트족과 알레만니, 프랑크족은 서로마 제국과 손을 잡고 아틸라에 대항했다. 476년에는 게르만 용병대장 오도아케르Odoacer가 서로마 제국의 마지막 황제를 퇴위시키고 이탈리아의 왕을 자처했다. 마지막 황제의 이름은 로물루스 아우구스툴루스Romulus Augustulus, 즉 작은 아우구스투스였다. 역사의 아이러니가 아닐 수 없다.

게르만 왕들은 아리우스파 그리스도교를 따르면서도 로마인들의 가톨릭 위계질서에 거의 간섭하지 않았다. 그리고 결국 아리우스파 게르만인들도 니케아 정통 신앙을 수용하게 되었다. 프랑크 살리족(프랑크 부족의 일파)의 왕이 된 클로도베쿠스Clovis(466년~511년)가 481년 가톨릭으로 개종한 사건은 가장 중요한 전환점이 되었을 것이다. 클로도베쿠스에게서 시작된 메로베우스Merovingian 왕조는 강력한 위세를 떨치게 된다. 그리고 200여 년 후 이를 계승한 카롤루스Carolingian 왕조는 로마 이후 중세를 거쳐 근대 초기까지 이르게 될 강대한 유럽 제국을 형성했다.

17
──

서유럽의 수도원 운동과 고전 학문의 보존

'그리스도교가 승리함으로써 로마 제국은 멸망하고 '암흑시대'가 도 래했다.' 18세기 역사가 에드워드 기번에게서 나온 신화다. 완전한 거짓이다. 서로마 제국의 쇠퇴와 몰락은 그리스도교와 어떠한 관련 도 없었다. 오히려 서유럽의 수도원 운동이 아니었다면 고전고대의 라틴어 유산은 로마 제국과 함께 역사의 뒤안길로 사라지고 말았을 것이다.

그리스도교 수도원 운동은 본래 동방의 사막에서 시작했다. 그러 나 이는 곧 서방으로 확산된다. 이집트에서 꽃핀 수도 생활을 라틴 그리스도교 세계에 전파한 가장 대표적인 인물은 요한네스 카시아누 스John Cassian(360년~435년)다. 그는 마르세유 생빅토르 수도원을 창립한 인물이다. 카시아누스의 출신 배경에 관해서는 알려진 바 없다. 어떤 사람들은 그가 본래 로마적 배경의 갈리아인으로, 동방으로 여행하며 사막 교부들에게 배우고 고향으로 돌아왔다고 본다. 어쩌면 그는 처음부터 동방 출신의 인물일 수도 있다. 어떤 고대 사료는 카시아누스가 스퀴티아인이라고 전한다. 어쨌든 그는 베들레헴에서 처음 수도 생활을 시작해 이집트로 옮겨갔고, 상부 이집트에 머물며 그곳의 수도자들에게서 영적 가르침을 받았다.

399년 카시아누스는 콘스탄티노플로 간다. 그리고 콘스탄티노플 총대주교로 위대한 연설가였던 '황금 입'의 요한, 성 요안네스 크뤼소스토모스John Chrysostom에게서 부제 서품을 받고 주교좌성당의 재정 관리를 담당하게 된다. 그가 동방을 떠나온 것 자체가 크뤼소스토모스를 존경했기 때문이었을 것이다. 가난한 이들을 착취하는 부자와 권력자들의 탐욕을 공공연히 비난하던 크뤼소스토모스에게 원한을 품은 사람은 적지 않았다. 결국 403년 크뤼소스토모스는 무고로 인해 주교직을 박탈당하고 아르메니아로 추방된다. 카시아누스는 사절단을 이끌고 로마로 가 교황 인노켄티우스 1세Innocent I(?~417년)에게 크뤼소스토모스를 위해 영향력을 행사해 줄 것을 탄원했다. 교황은 서방 황제 호노리우스의 도움을 얻어 문제에 개입하고자 했지만, 동방 교회에 실질적 영향력을 행사하는 것은 불가능했다.

405년, 카시아누스는 로마에서 사제 서품을 받았다. 그때부터 카시아누스는 갈리아에 조직화된 수도 공동체를 세우고자 계획했던 것 같다. 415년 그는 마르세유에 유명한 남자 수도원을 세웠고, 이어 수녀원을 설립했다. 그리고 자신이 설립한 수도원을 이끌며 여생을 보냈다. 『담화집』Collationes이라는 이름으로 알려진 그의 작품에는 이집트 사막 교부들에게서 받은 영향이 뚜렷이 드러나 있다. 여기에는 교부들의 가르침이 담화 형식으로 정리되어 있다. 또한 그리스도교 수도자의 영혼의 상태에 주목하는 것이 특징이다. 한편 카시아누스의 『제도집』Institutes of the Monastic Life은 수도자의 삶이 따라야 할 원칙을 다룬다. 여기에는 관상의 삶을 사는 이가 맞서 싸워야 할 여덟 가지 주된 유혹이 나열되어 있다.

성 베네딕투스와 수도규칙

진정한 의미에서 서방의 독자적인 수도원 전통을 창시한 인물은 성 베네딕도, 곧 누르시아의 베네딕투스다. 그는 이탈리아에서 고귀한 신분으로 태어났지만 젊은 나이에 수도자의 길을 선택했다. 곧 정결한 삶으로 사람들의 존경을 받게 된 베네딕투스는 몇 년 만에 인근 어느 수도원의 장상으로 추대되었다. 그러나 그가 수사들에게 요구한 엄격한 삶은 곧 반발을 낳았다. 그를 독살하려는 시도도 있었다고 전해진다. 베네딕투스는 다시 은수자의 삶으로 돌아왔지만, 그를 따르는 제자들이 곁에 모여들자 염두에 두고 있던 형태의 수도 공동체 십여 개를 창설했다. 그리고 아직 완전히 그리스도교화되지 않은 남부의 나폴리와 로마 사이로 옮겨 몬테카시노 대수도원을 설립했다. 베네딕투스는 자신을 따르는 수사들에게 공동체의 규칙을 준수하고 기도에 헌신하며 장상에게 복종하고 가난한 이들과 병자들을 섬길 것을 요구했다.

베네딕투스의 전기라고 할 수 있는 것은 성 그레고리우스 대교황 Gregory the Great(540년경~604년)의 『대화』Dialogue 2권에 수록된 내용이 전부다. 이는 결코 역사 서술은 아니다. 그레고리우스는 베네딕투스의 생전에 일어났던 일화 외에도 그가 행한 여러 기적과 신비 체험을 나열하고 있는데, 거의 전설에 가까운 것들도 있다. 베네딕투스에게 불만을 품은 수사들이 베네딕투스를 독살하고자 음모를 꾸몄을 때의 이야기를 살펴보자. 수사들은 독을 넣은 포도주를 잔에 담아 베네딕투스에게 건넸다. 잔을 건네받은 베네딕투스는 평소와 같이 이를 축성했다. 그런데 곧바로 잔은 산산이 조각났고, 음모는 실패로 돌아가고 말았다.

또 그레고리우스는 베네딕투스가 바위에서 물이 솟아나게 했다거나 그릇에 담긴 기름이 끊이지 않고 나오게 했다는 등의 이야기를 전한다. 나아가 제자 성 마우루스Maurus에게 물 위를 걸을 수 있는 능력을 주어 물에 빠진 사람을 구원하게 했다고 기록한다. 이에 더하여 베네딕투스는 사람들의 은밀한 생각과 소원을 꿰뚫어 볼 수 있는 능력을 갖춘 인물이었다고 묘사하기도 한다.

그레고리우스의 책 34장에 수록된 이야기는 실제로 일어난 일을 반영하고 있는지도 모르겠다. 여기서 그레고리우스는 죽음을 앞둔 베네딕투스가 어떻게 만물 안에 계시며 만물을 품으시는 하느님을 보는 영광을 누렸는지 기록한다.

어느 늦은 밤, 베네딕투스는 갑작스럽게 천상의 빛 안에 놓였다.

로렌초 모나코, 《성 베네딕투스의 인생 속 사건들》(1409년)

빛은 눈으로 뚜렷이 볼 수 있었지만, 동시에 태양 빛을 능가할 정도로 밝았다. 그 빛은 위로부터 그를 비추며 순전한 청명함으로 모든 어둠을 몰아내고 있었다.

이 독특한 광채는 하느님의 장엄함을 보여주는 초자연적 태양이었다. 더욱 신비한 것은 그러한 광채 안에서 베네딕투스가 경험한 내용이다. 모든 창조 세계가 하나로 모여 그 천상의 빛 한줄기에 온전히 담겨있었다. 베네딕투스가 본 하느님의 무한한 초월성과 권능, 아름다움은 결코 유한한 인간이 이해할 만한 것이 아니었다.

베네딕투스가 보여준 삶의 모범을 논외로 한다면 서방 그리스도교 세계에 베네딕투스가 남긴 가장 큰 공헌은 그가 수도 공동체를 위해 집필한 『수도 규칙』일 것이다. 대 바실레이오스 규칙서 등 동방의 공주 수도 공동체 규칙에 비해 베네딕투스의 수도 규칙은 한결 온건하고 현실적이다. 수사들은 충분한 취침 시간을 보장받았으며, 따뜻한 옷과 적절한 음식을 제공받을 수 있었다. 허약하거나 성년에 이르지 않은 수도자들은 힘에 부치는 활동을 면제받았다. 조화로운 공동생활을 이어나가고 하느님을 사랑하며 기도와 봉사의 삶으로 초대하는 일정한 형태의 성문화된 규범을 마련하는 것이 『수도 규칙』의 주된 목적이었다. 그러나 『수도 규칙』은 수련기에 있는 수도자가 따라야 할 삶과 완전한 청빈, 정결, 순명을 서원한 후 따라야 할 삶의 귀감을 구체적으로 제시한다는 점에서 대단히 엄격한 지침이기도 했다. 실제로 『수도 규칙』이 모든 수도원 규칙의 모범이 된 것은 그 명확성 때문이기도 하다.

『수도 규칙』은 수도 공동체의 예배와 기도를 위한 시간 전례를 확립하고 수도원을 운영하는 방식과 방문객을 맞이하는 관례도 구체적으로 규정하고 있다. 나아가 수도원장과 수사들의 의무를 기술하며 과오를 범한 수사들을 교정하는 방식도 구체적으로 기술한다. 또 하루를 대략 비슷한 시간으로 나누어 육체노동 또는 필사실scriptorium에서의 노동 및 개인 공부, 그리고 공동체 활동에 할애한다.

베네딕투스의 정신이 서방 그리스도교 수도원 운동에 새긴 가르침은 중용의 삶이다. 그러한 삶은 지나친 금욕보다는 소박함에, 영웅적인 자기 부인의 삶보다는 실제적인 겸양의 삶에, 육체의 고행보다는 훈련에 중점을 두었다. 훗날 서방의 일부 수도회는 더 엄격한 동방 그리스도교 수도 운동을 따르게 되지만, 서방 그리스도교 수도 생활의 주류로 자리 잡은 것은 언제나 베네딕투스의 모범이었다.

서로마 최후의 유산

베네딕투스를 비롯한 수도자들이 세운 수도원의 도서관과 필사실이 아니었다면 서유럽에서 로마의 멸망과 함께 일어난 문화적 쇠락은 돌이킬 수 없었을 것이다. 수도원은 동방 그리스도교 세계에서는 당연시되던 문명의 이기에서 점차 떨어져 나가고, 그리스어에 대한 지식도 희미해진 서방 교회가 고전고대 문화와 연결될 수 있게 해준 고리였다. 6세기 그리스도교 철학자 보에티우스Boethius(475년경~524년)는 남아 있는 편린들을 모아 점차 깊이 드리우고 있는 어둠에 맞서기로 했다. 그는 플라톤과 아리스토텔레스의 모든 작품을 라틴어로 번역하고 주석하며 음악과 수학, 기하학과 천문학 교본을 집필하고자 했다. 그러나 원대한 계획을 품었던 보에티우스가 무고에 의해 이탈리아를 지배하던 동고트 왕 테오도리쿠스Theodoric(454년~526년)의 명으로 처형됨으로써 그의 꿈은 물거품이 되고 말았다.* 문화적으로 황폐해진 서방에서, 고전 학문과 문학을 보존하는 일은 수사들의 몫으로 남았다.

당시 수사들 중 특히 주목해야 할 인물은 카시오도루스Cassiodorus(490년~585년경)다. 귀족 신분 출신으로 태어난 그는 젊은 시절 이탈리아 동고트 왕국 테오도리쿠스와 아탈라리쿠스Athalaric(516년~534년)의 궁정에서 관료로 활동하다 수도자의 길을 택했다. 540년 이탈리아 남

---

* 보에티우스가 무고를 당해 투옥되었을 무렵 처형을 기다리며 집필한 저서 『철학의 위안』은 고대 최후의 가장 탁월하고 심오한 철학 문헌 가운데 하나로 꼽힌다. 『철학의 위안』(필로소픽)

부 칼라브리아 지역의 스퀼라체 인근에 '비바리움'Vivarium이라는 이름의 수도원을 설립한 카시오도루스는 여러 고전 필사본을 모아 정리하기 시작했다. 비바리움의 수사들은 로마 고전과 그리스 그리스도교 문헌들을 필사해 나갔다. 그리고 점차 서유럽의 수도원들은 지중해에서 브리튼섬에 이르기까지 각지에서 베르길리우스와 오비디우스, 키케로, 플리니우스, 호라티우스, 스타티우스, 페르시우스, 루카누스, 수에토니우스, 세네카, 마르티알리스, 아풀레이우스, 유베날리스, 테렌티우스 등 로마 저술가들의 문헌과 플라톤, 아리스토텔레스 및 그리스 교부들의 라틴어 번역본을 소장하며 필사하고 보존하는 도서관으로 성장했다.

카시오도루스는 백과사전을 편찬한 최초의 그리스도교인으로, 각 학예의 개요를 정리하는 한편 학업을 위한 지침을 집필했다. 그가 쓴 『규정집』Institutes of Divine and Secular Letters은 그리스도교 성서와 신학 외에도 일곱 자유학예, 곧 문법, 논리학, 수사학의 3학trivium과 기하, 대수, 음악, 천문의 4과quadrivium 체계를 다룬다. 3학과 4과는 이후 중세 초등교육과 고등교육과정의 근간으로 자리매김한다. 나아가 카시오도루스는 아담과 하와로부터 시작하는 인류사 『연대기』Chronicon를 편찬했고, 음악 이론 및 기타 '자유학예'에 대한 해설서를 집필하는 한편 고전 문법학자들의 작품 선집을 발간하기도 했다.

서로마 제국의 멸망과 함께 상실한 헤아릴 수 없이 많은 유산을 생각한다면 이러한 노력의 결과가 보잘것없게 보일 수도 있다. 그러나 희미해져 가는 과거와의 연결고리를 놓지 않고자 분투했던 그리스도교인들의 학문 활동이 없었다면, 이른바 '암흑시대'는 실제로 영원한 심연에 빠져들고 말았을 것이다.

18

그리스도교 세계의 등장

서유럽에서 로마의 옛 질서는 종적을 감추었다. 로마의 폐허에는 그리스도교 유럽이라는 새로운 세계가 태동한다. 옛 로마인의 영토에는 만족 왕국들이 들어섰다. 라틴인의 후손들은 이제 게르만 지배자를 섬기는 처지가 되었다. 아리우스파 왕들의 지배는 차라리 행운이었다. 이단자를 섬기는 것이 이교 지배자를 맞이하는 것보다는 나았다. 읽는 사람 없는 책과 돌무더기로 변해 가는 기념비만이 남아, 한때 브리튼섬에서 북아프리카와 이베리아 반도를 걸쳐 발칸 반도에 이르던 로마의 희미한 기억을 전해줄 뿐이었다. 유럽은 곳곳에서 일어난 왕국들로 인해 갈라졌지만 교회라는 이름으로 위대한 일치에 이르렀다.

갈리아는 4세기 내내, 그리고 5세기에 접어들 무렵에도 서로마 제국에서 가장 문명화된 속주로 풍요로운 문자 문화를 향유하며 번영했다. 곳곳에 학교가 있어 학생들이 모여들었고, 잘 교육받은 귀족 계층이 지역 유지로 활동하곤 했다. 갈리아의 귀족들 가운데는 그리스도교인도 있었고 이교도도 있었지만, 그들은 대체로 갈등 없이 평화롭게 공존했다. 이들 지적 엘리트들이 나눈 우정은 신앙을 뛰어넘는 것이었다. 그러나 로마의 몰락과 함께 갈리아의 영광도 저물어 갔다. 5세기 말에 접어들면 교회와 수도원만이 갈리아 최후의 문화적 보루로 남게 된다.

갈리아 그리스도교의 선구자

프랑스의 수호성인 투르의 성 마르티누스Martin of Tours(316년~397년)는 아마도 가장 위대한 갈리아 출신의 1세대 그리스도교인일 것이다. 지칠 줄 모르는 선교 열정으로 넘치던 마르티누스는 서방 수도원 운동의 첫 사도이기도 했다. 마르티누스의 전기를 쓴 두 인물, 시인 술피키우스 세베루스Sulpicius Severus와 푸아티에의 주교 베난티우스 포르투나투스Venantius Fortunatus(540년경~600년경)에 따르면 마르티누스는 이미 열 살의 나이에 부모의 이교 신앙을 거부하고 세례를 받고자 결심했다고 한다. 세월이 흘러 군대에 징집되자 그는 싸우기를 거부하고 옥에 갇히기도 했다. 그는 니케아 신학의 위대한 수호자, 성 힐라리우스Hilary of Poitier의 문하에서 배우고 발칸 반도 선교에 나선다. 그리고 360년 이탈리아를 거쳐 고향 갈리아로 돌아와 리귀제에서 갈리아 최

시모네 마르티니, 《군에 복무하기를 거부하는 성 마르티누스》 (1317년)

초의 수도 공동체를 시작했고 371년에는 투르의 주교가 되었다. 선교에 대한 지칠 줄 모르는 열정을 품었던 그는 관할구 근처 마르무티에에 대수도원을 세운 뒤 여전히 옛 다신교 신앙을 따르던 갈리아 촌락에 대한 선교를 이어갔다. 한편 마르티누스가 주교로 있었을 때 브리타니아와 이베리아 반도, 갈리아와 게르마니아 일부를 통치하던 찬탈자 막시모스Maximus(335년경~388년)는 트리어에서 히스파니아의 아빌라(오늘날 스페인 아비야)의 주교 프리스킬리아누스Priscillian of Avila를 재판에 부쳐 이단과 마법 혐의로 처형했다. 그런데 그런 사건은 그리스도교 전통에 없었던 일이었다. 다신교 신앙을 따르던 옛 로마 제국에서는 신들에 대한 경건이 제국에 대한 충성심과 불가분한 것으로 여겨졌기에 정무관들은 무신론자, 혹은 금지된 종교를 따르는 자들을 심문하고 처형할 수 있었다. 그러나 황제가 그리스도교인인 상황에서 프리스킬리아누스를 처형한 것은 이전의 어떤 그리스도교 관행에 비추어도 있을 수 없는 사건이었다. 마르티누스는 공개적으로 막시모스를 비난하며 이를 분명히 지적했다.

프랑키아

5세기, 만족이 도래했다. 5세기 초 오늘날의 아키텐 지역 루아르 강 남쪽에 정착한 서고트 세력은 이어 프로방스와 스페인 지역 대부분을 손에 넣었다. 알레만니는 좀 더 북쪽의 알자스와 그 인근에 정착했다. 론강 유역의 비옥한 농토를 차지한 것은 부르군트족이었다. 라인강 서부와 갈리아 남부는 프랑크족에게 돌아갔다.

갈리아의 로마 문화는 일격에 사라지지 않았다. 갈리아의 옛 귀족들은 건재했다. 그리고 변화하는 상황에 재빨리 적응했다. 도시와 시골에서 그들이 행사하던 정치적 영향력은 무시할 수 없었고, 속주의 옛 행정 구조는 잔존했다. 게르만 정복자들에 의해 재산을 빼앗기거나 강제 이주를 당하기도 했지만, 갈리아의 로마 문화가 역으로 게르만 정복자들에게 영향을 주기도 했다. 서고트 왕 에우리쿠스Euric(420년~484년)와 알라리쿠스 2세Alaric II(?~507년)의 통치 시대에는 로마와 유사한 시민적 질서와 상위 문화가 그대로 유지되었다. 게르만 지배자들은 갈리아의 가톨릭 교회에 이렇다 할 혼란을 일으키지 않았다. 이는 아리우스파 그리스도교인이든 이교도든 마찬가지였다. 그 결과 지배자가 로마인에서 만족으로 바뀌는 과정은 비교적 평화롭게 이루어졌다. 적어도 귀족 단위에서는 그랬다.

프랑크 살리족은 곳곳에 있는 여러 게르만 왕국을 통합해 나가기 시작했다. 클로도베쿠스 1세Clovis I(466년경~511년)는 프랑크족을 통합하는 한편 부르군트족과 알레만니, 서고트족이 차지한 영토를 정복하며 갈리아 대부분을 손에 넣었다. 클로도베쿠스는 가톨릭 그리스도교인이었던 부르군트족의 공주 성 클로틸다Clothilda(474년경~545년경)를 왕비로 맞아들였다. 왕비의 설득 끝에 클로도베쿠스는 옛 신들을 버리고 가톨릭 그리스도교로 개종한다.

서방 끝 피레네산맥 너머의 옛 로마령 이베리아는 5세기를 통틀어 서고트족, 반달족, 수에비족을 비롯한 만족의 침입을 받았다. 스페인을 최종적으로 장악한 것은 서고트족이었다. 589년 서고트 왕 레카레두스Recared가 가톨릭으로 개종함으로써, 옛 로마 제국 서방에는 니케아 그리스도교가 완전히 자리를 잡게 된다.

브리타니아

로마령 브리타니아는 갈리아만큼 평화로운 곳은 아니었지만 그럼에도 상당한 번영을 누리던 지역이었다. 그러나 4세기 로마의 보호가 약화되고, 결국 5세기 초 로마군이 브리튼섬에서 완전히 철수하면서 무방비 상태에 놓였다. 이후 브리튼섬에는 북부의 '야만인들'(픽트족, 웨일스인, 아일랜드인, 데인족, 색슨족, 앵글족, 주트족)의 침략이 이어졌다. 그들은 각지를 유린했고, 아예 정착하기도 했다. 전하는 바에 따르면 브리튼섬을 지배하던 왕 보르티게른Vortigern(?~450년)은 스코트족과 픽트족에 맞서기 위해 색슨족을 끌어들였고, 그 보답으로 경작지를 나누어 주었다고 한다. 6세기 말 이교도 게르만 부족들이 브리튼섬을 장악하자 옛 로마 문명은 사라지고 말았다.

그러나 그리스도교(가톨릭 그리스도교)는 살아남았다. 그리고 오히려 점차 정복자들을 정복했다. 성 패트릭Patrick, 즉 파트리키우스는 이교 지배하의 옛 로마 그리스도교인을 대표하는 가장 유명한 인물일 것이다. 로마령 브리타니아에서 한 부제의 아들로 태어나 16살에 아일랜드 침략자들에게 사로잡힌 그는 6년의 노예 생활 끝에 탈출해 브리튼섬으로 돌아온다. 그는 갈리아로 떠나 그곳에서 사제 서품을 받지만, 꿈에서 계시를 받고 이전에 노예살이를 했던 곳에 복음을 전하기 위해 돌아간다. 432년 아일랜드의 주교 팔라디우스Palladius의 후임으로 임명된 파트리키우스는 마침내 아일랜드로 떠날 만반의 채비를 끝낸다.

아일랜드에 도착한 파트리키우스는 각지를 돌아다니며 제자를 모으고 세례를 주었다. 아일랜드로 떠난 선교사들은 이전에도 있었지만, 파트리키우스만큼 열정에 넘치던 인물은 없었다. 아일랜드 왕들은 그를 환영하지 않았다. 선교 활동을 용인하는 경우도 있었지만, 적대적인 경우도 많았다. 파트리키우스에 따르면 그는 제자들과 함께 적어도 열두 번은 붙잡혔고, 한 번은 옥에 갇혔다. 그들은 언제나 생명의 위협에 직면해야 했다. 파트리키우스의 선교가 드루이드교인들을 자극한 것은 당연했다. 그러나 마침내 파트리키우스는 몇몇 왕들과 부족장들을 개종시키는 데 성공한다. 물론 그는 아일랜드의 고대 종교를 뿌리 뽑지 못했다. 그러나 아일랜드 전체를 개종시키는 데 가장 크게 기여한 인물을 꼽자면, 단연 파트리키우스를 으뜸으로 놓을 수 있을 것이다.

드루이드교에 맞서 이기다

성 파트리키우스의 생애 자체보다 더 유명한 것은 그가 죽은 뒤 수백 년 동안 그에게 돌려진 전설들이다. 물론 이런 전설이 전혀 사실에 기반을 두고 있지 않다고 볼 수는 없다. 한 가지 이야기를 살펴보자. 아일랜드 어느 부족의 족장 디쿠는 칼을 빼 파트리키우스를 베려고 했다. 그러나 칼을 든 팔은 그만 머리 위에서 얼어붙고 말았다. 디쿠는 성인에게 복종할 것을 맹세한 다음에야 팔을 움직일 수 있었다. 또 다른 이야기도 있다. 아일랜드에는 황금 옷을 입힌 기둥 모양의 악마신 크롬 크루어히Crom Cruach의 신상이 있었다. 사람들은 그 신상에 아이들을 제물로 공양하곤 했다. 그런데 파트리키우스가 지팡이를 들어 이를 내리치자 신상은 한 번에 부서져 가루가 되어 버리고 말았다고 한다.

가장 흥미진진한 이야기는 파트리키우스와 드루이드교인들의 대결 사건이 아닐까. 아일랜드의 왕들이 큰 축제일을 맞아 대왕의 왕좌가 있는 타라에 모인다는 소식을 듣고, 파트리키우스는 타라로 가 복음을 전하기로 결심한다. 공교롭게도 왕들의 모임이 열린 날은 부활절이었다. 그런데 타라의 성화가 점화될 때까지 모든 불을 끄라는 왕

명이 내려져 있었다. 물론 파트리키우스와 제자들은 이 명령에 따르지 않았다. 부활밤이었다. 그들은 타라 맞은편 슬레인 언덕 꼭대기에 올라 커다란 모닥불을 밝혀 그리스도의 부활을 찬양했다. 타라에 있던 드루이드교인들은 알고 있는 마법을 모두 동원해 불을 끄려고 했으나 속수무책이었다. 부활절 아침이 되자 파트리키우스는 골짜기를 가로질러 부활 행렬을 이끌고 행진했다.

전설에 따르면 드루이드교인들은 마법의 주문으로 어떠한 빛도 삼켜버리는 어둠의 구름을 만들어 타라의 언덕 아래로 보내 계곡을 에워싸려고 했다고 한다. 그러나 파트리키우스는 어둠을 흩어버렸고, 드루이드교인의 주문은 더는 힘을 내지 못했다. 성인은 한 번의 기도로 어둠을 몰아냈다.

이야기는 여기서 끝나지 않는다. 드루이드교인들의 우두머리 로흐루는 하늘로 떠올라 타라 언덕 위를 날아다니기 시작했다. 그런데 파트리키우스가 무릎을 꿇고 기도하자, 그는 불운하게도 하늘에서 곧장 언덕 아래로 떨어져 그대로 죽고 말았다. 이 일에 큰 충격을 받은 최고왕 아르드리는 파트리키우스가 아일랜드 전 지역에 그리스도교 신앙을 전할 수 있도록 허락했다.

로흐루의 비참한 최후는 안타깝지만 흥미진진한 이야기가 아닐 수 없다. 그러나 이보다 더 놀라운 것은 이렇다 할 자원이 없었음에도 불구하고 결코 지치지 않는 헌신의 열정으로 한 민족 전체에 복음을 전한 한 사람의 이야기다.

19

정통 그리스도교의 형성

4세기의 주된 교리 논쟁은 그리스도의 신성에 관한 것이었다. 한편 5세기 이후의 교리 논쟁은 그리스도의 인성을 두고 벌어졌다. 성자의 신성과 인성이 어떻게 조화를 이룰 수 있으며, 그 조화는 어떤 방식으로 이루어지는지가 관건이었다. 종교개혁 시기 이전까지 이보다 더 첨예한 논쟁은 없었고, 이는 그리스도교 전통이 극히 정교한 신학 정식을 구성하는 계기가 된다. 그러나 동시에 이러한 그리스도론 논쟁은 교회의 궁극적인 분열을 초래하기도 했다.

물론 당대의 모든 그리스도교인은 예수가 성육신한 하느님의 아들이라고 믿었다. 특히 니케아 그리스도교인들은 성자를 성부와 동등하며 영원하신 분으로 받아들였다. 그러나 여기서 다시 문제가 발생한다. 하느님이 인간이 되었다는 의미는 무엇일까? 하느님이 인간의 육체를 입은 것인가? 아니면 인간의 영혼과 정신, 의지를 모두 입은 것인가? 그리스도가 하느님인 동시에 인간이라면, 그는 신과 인간이 결합된 제3의 존재가 되는 것인가? 혹은 신성이 인성을 '삼켜버리는' 것인가? 아니면 하나의 몸 안에 두 가지의 구별되는 본성, 곧 신성과 인성이 조화롭게 연합하고 있는 것인가?

실제적인 문제

교리 문제는 결코 사변적인 것이 아니었다. 교회는 하느님이 그리스도 안에서 우리의 인성을 취하시어 죄와 죽음을 치유하시고 당신안에 거룩한 연합을 이룩하게 하신다고 가르쳤다. 4세기 신학자 나지안주스의 그레고리오스는 그리스도론의 문제가 인간의 구원과 직결되고 있음을 분명히 했다. 하느님이 취하지 않은 것은 치유될 수 없다. 다시 말해 그리스도가 우리 인성의 일부를 취하지 않는다면, 그 부분은 결코 구원에 이르지 못한다.

'하느님의 어머니'

'그리스도론의 위기'가 촉발된 것은 428년 콘스탄티노플에서였다. 직접적인 그리스도론 논쟁이 발단은 아니었다. 문제는 황제 테오도시우스 2세Theodosius II(401년~450년)의 천거로 안티오키아 출신의 네스토리오스Nestorius(?~451년경)가 콘스탄티노플의 주교가 되었을 때 일어났다. 탁월하고 유능한 설교자였던 네스토리오스는 428년 성탄절 설교를 시작으로 성모를 '테오토코스'theotokos, 즉 하느님을 낳은 자로 부르던 관행을 비난하는 데 모든 열정을 기울이기 시작했다. '하느님의 어머니'라는 호칭은 안티오키아 출신의 신학자에게 너무나 낯설었다. 무엇보다 네스토리오스는 이런 식의 관행에 신학적인 문제가 있다고 판단했다. 물론 마리아는 인간 예수의 어머니로서 모든 존경을 받기에 합당하지만, 인간이 어떻게 영원하신 하느님의 어머니라고 불릴 수 있겠는가?

이른바 네스토리우스주의Nestorianism가 실제로 네스토리오스의 주장에서 비롯된 것인지에 관해서는 의견이 분분하다. 문제는 안티오키아 신학자들의 그리스도론이 그리스도의 인성과 신성을 극단적으로 구분한 결과 그리스도를 두 가지의 구분되는 역할로 분리하는 지경에 이르렀다는 것이다. 즉 나자렛 예수의 한 프로소폰(인격)πρόσωπον이 '마리아의 아들'과 '하느님의 아들'로 나뉘어버린 것이다. 네스토리오스가 실제로 이렇게 주장했는지는 알 수 없다. 그러나 많은 그리스도교인은 마리아를 '하느님의 어머니'로 부르지 말아야 한다는 네스토리오스의 주장은 하느님이 참으로 인간이 되신 것이 아니라는 주장과 마찬가지라고 생각했다. 한 인간이 로고스와 단지 도덕적으로 결합한 것은 완전한 성육신이라고 할 수 없었다. 앞서 언급했듯 그리스도가 취하지 않은 것은 결코 그리스도에 의해 치유될 수 없었다.

네스토리오스를 맹렬히 비난하고 나선 것은 명민하고 불같은 성격의 인물, 알렉산드리아의 주교 퀴릴로스(키릴루스)Cyril of Alexandria(375년경~444년)였다. 그는 알렉산드리아 학파의 후예답게 성육신 교리는 그리스도 안에서 하느님이 내주하는 가운데 영원한 로고스라는 신적 위격이 인간이 될 때만 참되다고 주장했다. 극단적으로 말하면 '인간인 영원한 로고스'가 그리스도 안에 단일한 위격으로 존재해야 한다는 것이었다. 마리아가 하느님의 어머니인 이유는 그의 아들, 인간이 곧 성자 하느님이기 때문이다. 퀴릴로스는 교황 켈레스티누스 1세 Celestine I(?~432년)의 지지를 등에 업고 네스토리오스와 대립했다. 결국 431년 에페소스에서 열린 공의회는 네스토리오스를 이단으로 단죄하고 영구적으로 추방했다. 이러한 결정에는 몇몇 정치적 요소들이 복잡하게 얽혀 있었다.

단성론

논쟁은 시작에 불과했다. 이제 문제는 알렉산드리아였다. 안티오키아 학파의 신학이 신성과 인성의 구분을 강조한 끝에 그리스도의 인격 안에서 두 본성의 일치를 간과했다면, 알렉산드리아 신학자들의 주장은 정반대의 문제를 보였다. 무엇보다 퀴릴로스 자신이 예수가 '성육신한 단일 본성'을 지니고 있다고 주장하곤 했다. 그런데 많은 그리스도교인은 이러한 주장을 그리스도 안에서 신성이 인성을 완전히 대체해버린 것으로 이해했다. 그리스도가 우리와 같은 인간적 본성을 가진 존재가 아니라면, 마찬가지로 하느님은 진정한 의미에서 인간이 되신 것이 아니다.

알렉산드리아 신학자들에게 '퓌시스'φύσις, 곧 본질이라는 용어는 상당히 물질적이며 구체적인 것이었다. 그러나 다른 지역에서 이 단

이스탄불 카리예 성당에 있는 나지안주스의 그레고리오스와 알렉산드리아의 퀴릴로스 이콘 (14세기)

어의 뉘앙스는 그저 추상적인 것에 지나지 않았다. 퀴릴로스도 이 용어가 그리스도교 세계 전역에서 일관성 있게 사용되고 있지 않다는 사실을 알고 있었고, 433년 알렉산드리아 신학과 안티오키아 신학의 절충안이라고 할 만한 견해를 내놓았다. 즉 그리스도는 (영원한 하느님의 아들로서) 하나의 위격으로서, (신성과 인성이라는) 완전한 두 본성을 가지고 있다는 것이었다. 그러나 퀴릴로스를 따르던 이들 모두가 이러한 타협안을 수용한 것은 아니었다.

퀴릴로스가 세상을 떠나자, 알렉산드리아 신학의 열렬한 추종자인 에우튀케스Euthyches(375년경~454년)를 중심으로 (그리스도가 하나의 본성을 가지고 있다는 교리인) 단성론monophysitism이 대두했다. 이는 요약하자면 '성육신 이전에는 두 본성이, 성육신 이후에는 한 본성만이' 있다는 주장이었다. 바꾸어 말하면 그리스도의 신성이 성육신을 통해 인성을 완전히 취했다는 것이었다. 철학적으로 정교한 주장은 아니었으나, 단성론이 일으킨 파장은 엄청났다. 448년 콘스탄티노플에서 열린 교회 회의는 에우튀케스의 주장을 단죄했고, 이듬해 '대교황' 레오 1세Leo I 'the Great'(?~461년경)는 이른바 「레오의 교의서한」Leo's Tome이라는 문서를 통해 콘스탄티노플을 지지했다. 여기서 레오는 '분리되지도, 뒤섞이지도 않는' 그리스도의 두 본성에 대한 교리를 견지한다. 궁지에 몰린 에우튀케스는 알렉산드리아 총대주교 디오스쿠로스Dioscurus(?~454년)의 지원을 요청했다. 총대주교의 영향력으로 에페소스에서 새롭게 개최된 공의회는 에우튀케스의 파문을 철회하고 두 본성을 구분하는 견해를 단죄했다. 이 공의회는 훗날 '강도 교회 회의'라는 오명을 얻게 된다. 451년 마르키아누스Marcian(396년~457년) 황제에 의해 열린 칼케돈 공의회, 곧 네 번째 보편 공의회는 두 본성에 관한 입장을 재확인하였으며 단성론을 단죄했다. 그리고 「레오의 교의서한」을 정통 교리에 대한 권위 있는 진술로 채택했다.

칼케돈 공의회 이후

칼케돈 공의회 이후 가톨릭 교회의 일치라는 이상은 붕괴하고 말았다. 단성론 계열 교회들, 곧 이집트의 콥트 교회, 에티오피아 교회, 시리아와 아르메니아의 교회 등은 콘스탄티노플 및 로마 교회와 결별했다. 시리아 동부와 페르시아로 전파된 네스토리오스 계열 교회도 마찬가지였다. 오늘날 이들 교회는 '오리엔트 정교회'라는 집단 용어로 지칭되곤 한다.

그리스도론 논쟁의 커다란 비극은 교회 분열의 원인이 믿음 자체보다도 언어에 있었다는 것이다. '단성론자'들은 결코 그리스도의 완전하고 불가침한 인성이라는 개념을 거부하지 않았다. 마찬가지로 네스토리오스를 따르던 이들, 이른바 '네스토리우스파'들은 결코 그리스도 안에서 하느님과 인간이 일치하지 않는다고 주장하려던 것이 아니었다. 정치적 원인도 무시할 수 없었다. '오리엔트 교회'들이 로마와 콘스탄티노플 교회와의 상통 관계를 단절한 것은 어느 정도는 황제의 권력에 대한 거부의 표현이었다.

이후 200여 년 동안 비잔티움 황제들은 여러 신학적 타협안을 내놓으며 단성론자들을 회유하려 했다. 콘스탄티노플 총대주교 세르기오스 1세Sergius I(?~638년)는 서로 다른 두 가지 타협안을 제시했다. 세르기오스가 먼저 제안한 입장은 단활론單活論, monoenergism으로, 그리스도는 두 본성을 가졌으나 한 가지의 신적 '활동'을 했다는 주장이었다. 황제 이라클리오스Heraclius(575년경~641년)의 지지에도 그리스와 라틴 교회는 그리스도의 완전한 인성을 부인한다는 이유로 세르기오스의 절충안을 거부했다. 결국 세르기오스는 새로운 타협안을 마련해야 했다. 그가 제안한 것은 '단의론'單意論, monothelitism으로, 두 본성을 가진 그리스도가 하나의 의지, 곧 신적 의지를 가졌다는 주장이었다. 황제 콘스탄스 2세Constans II(630년~668년)는 이 가설을 지지했다.

위대한 고백자 막시모스는 단의론을 맹렬하고 정교하게 비판했다. 그는 황제에게 반대한 대가로 혀와 오른손이 잘리고 추방되는 수난을 겪어야 했다. 막시모스를 지지했던 교황 성 마르티누스 1세Martin I(?~655년) 또한 크림 반도로 유배당했고 그곳에서 죽음을 맞이했다.

20

통일 그리스도교 제국의 마지막 꿈

6세기 초, 로마 제국의 서방은 존재하지 않았다. 소멸 직전에 이른 공공시설, 몇몇 귀족들의 저택, 토착 농민들, 사면초가에 몰려 있는 교회 등이 옛 로마 문명의 희미한 그림자로 남아 있을 뿐이었다. 그러나 6세기를 거치며 옛 그리스도교 로마 세계는 잠시나마 다시 통일을 이루었다. 그리고 어느 정도는 새로운 활기를 얻었다. 비잔티움 황제 유스티니아누스 1세Justinian I(483년~565년)와 강력한 황후 테오도라 Theodora(497년경~548년)가 남긴 업적이었다.

유스티니아누스와 같은 배경의 인물이 황제가 될 수 있었다는 사실은 당시 비잔티움 사회의 유동성을 보여주는 직접적인 증거다. 유스티니아누스의 집안은 본래 일리리아의 농부였다. 그러나 그의 삼촌 유스티누스 1세Justin I(?~527년)는 군대에서 경력을 쌓아 큰 명성을 얻었고, 518년 정제로 등극했다. 그는 조카가 콘스탄티노플에서 최고의 교육을 받을 수 있도록 지원을 아끼지 않았다. 물론 라틴어가 모국어였던 조카 유스티니아누스는 세상을 떠나는 날까지 그리스어를 말할 때 강한 라틴어 억양을 감추지 못했다. 525년 그는 부제로 임명되었고, 527년에는 공동 정제로 등극했다. 유스티누스가 세상을 떠나자 유스티니아누스는 단독 황제로 통치하게 된다.

야망

테오도라의 출신 배경은 유스티니아누스보다도 비천했다. 테오도라는 콘스탄티노플 전차 경기장에서 일하던 곰 조련사의 딸로 태어나 배우로 활동하던 인물이었다. 당대의 여성 배우들 대부분과 마찬가지로 투철한 도덕 관념과는 거리가 멀었다. 유스티니아누스가 테오도라를 만났을 때, 테오도라는 무대를 떠나 한때 단성론에 빠졌던 오류를 뉘우치며 물레질을 하던 중이었다. 유스티니아누스는 테오도라의 미모와 지성에 매료되었다. 그러나 테오도라의 이전 직업 때문에 그들은 교회에서 적법하게 결혼할 수 없었다. 하지만 유스티니아누스는 525년, 법률을 바꾸어 테오도라를 아내로 맞아들였다. 이어 527년 정제에 등극한 유스티니아누스는 테오도라를 여제Augusta로 봉했다. 이는 단순한 명예직이 아니었다. 집행권은 유스티니아누스에게 있었지만 사실상 공동 통치를 선언한 것이나 다름없었다.

유스티니아누스는 테오도라의 조언을 절대적으로 신뢰했다. 제국

테오도라의 궁정을 묘사한 라벤나 산비탈레 성당의 모자이크화

의 위엄을 되찾고자 꿈꾸던 테오도라는 유스티니아누스만큼이나 야
망에 넘쳤고, 결단력은 황제를 능가했다. 테오도라는 전 황후들이 상
상하지 못한 수준의 외교 권한을 부여받았고, 그녀의 이름은 황제의
칙령과 법정 문서에 병기되었다. 테오도라의 명으로 단성론에 대한
제국 차원의 박해가 종결되었다. 나아가 테오도라는 신분의 귀천 없
이 모든 여성의 여건을 개선하는 법률이 제정될 수 있도록 영향력을
행사하기도 했다. 유스티니아누스의 창조적이고 눈부신 치세는 테오
도라의 죽음과 함께 끝났다고 해도 과언이 아닐 것이다.

'레콩키스타'

유스티니아누스 시대 비잔티움 제국의 최대 적은 사산왕조 페르
시아였다. 유스티니아누스의 치세 초기와 후기 로마 제국의 군대는
계속하여 동방에서 페르시아와 대치했다. 나아가 그는 북쪽에서 제

국을 위협하는 슬라브인, 불가르족, 아바르족 및 훈족에 맞서 발칸 반도를 방어해야 했다. 그러나 유스티니아누스의 가장 큰 군사적 열망은 다름 아닌 옛 서방 영토를 수복하고 가톨릭 그리스도교인들을 만족 치하에서, 무엇보다 아리우스파 '이단자'들의 지배에서 해방하는 것이었다. 북아프리카에서 니케아 그리스도교 공동체들은 반달인 지배자들의 박해에 직면해 있었다. 비교적 온건한 태도를 취하던 이탈리아의 동고트족도 점차 가톨릭 토착민들에게 강경한 방향으로 돌아서고 있었다.

서방을 '해방'하겠다는 유스티니아누스의 원정을 실현에 옮기는 임무는 유능한 장군으로, 이미 페르시아 전쟁에서 탁월한 전략가로 명성을 날린 벨리사리우스Belisarius(505년경~565년)가 맡았다. 533년 8월, 벨리사리우스가 이끄는 제국군은 북아프리카를 침공했다. 이듬해 3월, 아프리카와 코르시카, 사르데냐에서 반달인의 지배가 종식되었다. 535년, 시칠리아를 급습해 점령한 벨리사리우스의 군대는 이탈리아 수복에 나섰고, 차례로 나폴리와 로마를 탈환했다. 537년과 538년, 동고트인들은 게릴라전으로 맞섰으나 벨리사리우스의 군대는 이를 물리치고 북부로 진격해 540년 옛 서로마의 황궁이 있던 라벤나를 수복했다. 라벤나에는 제국의 행정구가 설치되었고, 이탈리아는 황제의 수중에 놓였다.

벨리사리우스의 군사적 재능은 아군뿐 아니라 적 동고트인들에게도 선망의 대상이었다. 동고트인들은 벨리사리우스를 황제로 추대했다. 벨리사리우스는 이를 거절했으나, 그러한 사건 자체가 유스티니아누스의 심기를 불편하게 했다. 제위를 위협받고 있다고 여긴 것이다. 그 결과 이탈리아에 머무르던 비잔티움 병력은 중요한 순간에 충분한 지원을 받지 못했다. 라벤나에 들어선 정부가 과도한 세금을 요구하자 542년 동고트인들은 봉기했다. 이를 진압하기 위해 벨리사리우스가 세운 작전에는 결함이 없었으나, 적은 병력으로 반란을 진압하는 것은 불가능했다. 결국 벨리사리우스는 안코나와 오트란토, 라벤나를 제외한 이탈리아 전역의 통치권을 상실하고 말았다. 549년 그는 보직 해임되어 소환되었다.

그러나 유스티니아누스는 이탈리아를 만족의 지배에 버려둘 생각이 없었다. 552년 나르세스Narses(480년경~574년)가 이끄는 대규모 원정군이 이탈리아로 향했다. 나르세스는 근위대에서 권력을 잡은 환관으로 벨리사리우스의 오랜 숙적이었다(사실 나르세스는 538년~539년 이탈리아에 파견되었으나, 벨리사리우스와 원활히 협조하지 못해 소환되었다). 나르세스 또한 탁월한 전략가였으며, 벨리사리우스에게 주어지지 않았던 병력을 동원해 재빨리 동고트인들 격파했다. 비슷한 시기에 비잔티움 병력은 이베리아 반도 남부를 수복했다.

비잔티움 제국은 서방에 결코 옛 로마 제국의 영광을 되살리지는 못했다. 그러나 라벤나와 북아프리카의 비잔티움 총독관구exarchates는 이후 200년 이상 유지된다. 물론 동방의 적들과 끊임없이 전쟁을 벌이며 점차 경제적으로 쇠퇴한 비잔티움 서방은 7세기 이슬람의 침공에 북아프리카를 상실하며 맥없이 무너지고 말았지만, 비잔티움 문화의 '이탈리아 관문'Italian gateway은 수백 년 동안 서방과 비잔티움에 커다란 이점을 안겨 주었다.

개혁과 반란

유스티니아누스와 테오도라는 비잔티움의 법률과 행정을 개혁하려는 열망에 넘쳤고 이를 즉각 실천에 옮겼다. 실제로 그들이 남긴 가장 위대한 기여는 영토를 수복한 것보다도 군사와 상업, 시민 사회와 교회를 재조직한 것이라고 보아도 무리가 아니다. 그들은 진정성을 가지고 백성의 처지를 개선하고자 했다. 병원, 고아들을 위한 보호소, 구빈 시설과 숙박 시설, 교회와 수도원, 수녀원, 수도교와 교량, 도로 등 수많은 공공 시설물이 그들의 치세에 건설되었다.

529년부터 로마 법률을 세밀히 개정하여 성문화한 '유스티니아누스 법전'(『시민법 대전』Corpus iuris civilis)이 편찬되었고 여러 법률적 조치들이 시행되었다. 또 법률 교육을 위한 교재들이 발간되었다. 이러한 법률 개혁은 유스티니아누스의 치세가 끝나는 565년까지 이어졌다. 개혁 대부분은 (반드시 이념적으로 정의하지는 않더라도) 법률을 '그리스도교화'하는 데 초점이 맞춰져 있었다. 노예 해방은 보다 용이해졌고, 여성에게 더 큰 권리를 보장했으며, (대개 여성에게 매우 불리했던) 이혼을 매우 어렵게 했고, 어린이를 보호하는 법률을 제정했다. 또 사형에 해당하는 죄목을 크게 제한했다. 한편 비그리스도교인과 그리스도교 '이단자'와 관련된 유스티니아누스의 법률들은 가혹했다. 그는 모든 백성이 세례를 받을 것을 요구했고, 이단자나 이교도들의 강의권을 박탈했다. 아테네의 옛 아카데미아에서 강의하던 이교 교수들은 쫓겨났고, '탈선한' 신앙을 고백하는 이들은 박해를 받았다.

유스티니아누스는 제국의 시민 행정에서 부패를 근절하고자 했고, 상당히 성공적인 결과를 얻었다. 그러나 이는 이익이 걸린 당파들의 대대적인 불만을 불러일으켰다. 532년 콘스탄티노플에서는 이 당파들이 벌인 악명 높은 폭동으로 황궁 일부를 비롯한 여러 관청이 파괴되는 일이 일어났다. 불굴의 황후 테오도라가 유스티니아누스에게 자리를 지키게 하고 벨리사리우스와 (나르세스의 지원을 받은) 문두스에게 가용한 모든 병력을 동원해 반란을 진압하게 하지 않았더라면, 유스티니아누스는 그대로 도피하고 말았을지도 모른다. 진압군은 폭동에 가담한 무리를 전차 경기장으로 몰아넣어 학살했다.

유스티니아누스는 가톨릭 교회와 단성론자들 간의 화해와 일치를 위해 큰 노력을 기울였다. 정치적 의도만큼이나 황후의 입장을 배려한 것이었다. 그러나 그의 모든 시도는 결국 실패로 돌아갔다. 553년 제2차 콘스탄티노플 공의회는 칼케돈의 교리를 재확인하고 이와 다른 것을 열교裂敎로 단죄했다.

유스티니아누스의 서방 수복이 이를 위해 치러야 했던 대가만큼 가치 있는 것이었는지는 생각해볼 문제일 수 있다. 그러나 이와는 무관하게 (특히 테오도라가 죽기 전) 그의 치세는 괄목할 만한 문화적·정치적 창조성을 보여주었다. 그리고 이는 훗날 찬란한 그리스도교 비잔티움 문명의 초석이 된다.

하기아 소피아

유스티니아누스의 치세를 수놓은 거대한 공공 건축물과 기념물 가운데 가장 장대한 것은 콘스탄티노플의 하기아 소피아, 곧 거룩한 지혜의 교회다. 트랄레스의 안테미오스Anthemius of Tralles와 밀레토스의 이시도로스Isidore of Miletus의 설계로 5년 만에 완공된 이 성당은 당대는 물론 오늘날에 이르기까지 인류를 대표하는 위대한 건축 유산으로 손꼽히며, 수백 년 동안 동방 그리스도교 세계 자체를 상징하기도 했다. 그러나 하기아 소피아가 건설된 것은 532년 일어난 폭동에 (훨씬 작은) 옛 하기아 소피아가 파괴되었기 때문이었다.

수백 년 동안 당한 약탈로 거의 남아나지 않게 되었지만, 본래 하기아 소피아의 내부는 금과 은, 반암, 청금석 및 여러 색깔의 대리석으로 극도로 화려하게 장식되어 있었다. 벽면은 (대부분 유스티니아누스 사후) 커다란 모자이크 이콘 및 화려한 광물을 사용한 상감으로 장식되었다. 하기아 소피아의 가장 두드러지는 특징은 건물 중앙을 채우는 빛이었다. 종종 천상의 신비를 드러내는 것으로 묘사되는 이 빛은 신랑身廊.nave에 떠 있는 것처럼 느껴지는 거대한 단일 돔을 통해 구현되었다. 마치 무게가 없는 듯 가볍게 보이는 효과는 직사각형의 구조물과 돔의 연결부에 40개의 창문을 설치함으로써 창출될 수 있었다. 마치 돔이 교회 위, 빛의 고리 위에 떠 있는 것처럼 보이게 한 것이다. 실제로 돔의 엄청난 무게는 네 개의 거대하고 정교한 궁륭과 다시금 이를 지탱하는 네 개의 커다란 기둥이 구성하는, 거대한 네 개의 아치에 의해 지탱되었다. 중앙 돔의 동편과 서편에는 좀 더 작은 크기의 반쪽 돔이 연결되어 있는데, 마치 떨어지는 폭포수와 같은 인상을 남긴다.

537년 하기아 소피아가 완공되었을 때 유스티니아누스가 외쳤던 한 마디가 전해진다.

　솔로몬, 내가 당신을 이겼소!

직경 31m에 달하는 하기아 소피아 성당의 돔

21

'동방의 교회' 네스토리우스파 이야기

우리는 고대와 중세 교회를 서방의 로마와 동방의 비잔티움, 혹은 가톨릭 교회와 정교회라는 커다란 두 축으로 일반화하곤 한다. 그리고 여기에 몇몇 흩어진 '오리엔트' 교회가 있었다고 설명하곤 한다. 그러나 사실 중세 초, 가장 커다란, 적어도 가장 넓게 퍼진 그리스도교 공동체는 가톨릭 교회도, 비잔티움 교회도 아닌 동시리아 교회, 아시리아 교회, 더 간단하게는 '동방의 교회'Church of the East라고 불린, 시리아를 중심으로 한 네스토리스우스파 교회였다.

5세기 이후 네스토리우스파 그리스도교인들은 점차 비잔티움 세계와 시리아 서부에서 밀려났고, 결국에는 완전히 단절되고 말았다. 이제 그들은 제국의 동쪽 국경선 너머, 페르시아 제국의 영토에 새로운 보금자리를 마련해야 했다.

시리아 동부의 그리스도교는 초창기부터 학문과 수도 생활을 강조하는 독특한 전통을 가꾸어 나가기 시작했다. 그들은 멀리 떨어진 서쪽 안티오키아의 보다 헬레니즘적인 지적 분위기와는 사뭇 다른 감수성을 지니고 있었다. 당시 시리아 동부의 니시비스는, 363년 페르시아에게 점령당한 뒤 도시의 학자들 대다수가 에데사로 이주하기 전까지 학문의 중심지였다. 이때 이주한 학자 중에는 신학자이자 시인, 찬송시 작가로 커다란 존경을 받던 시리아의 성인 에프렘Ephraim(306년경~373년)이 있었다. 에프렘은 에데사에 병원을 세워 병자를 돌보기도 했다. 그러나 약 100년 후 비잔티움 황제 제노Zeno(?~491년)는 칼케돈 교리를 수용하지 않는다는 이유로 에데사에서 네스토리우스파 그리스도교인들을 추방했다. 결국 그들은 다시 니시비스로 돌아가 페르시아 제국의 보호를 청해야 했다.

동방 네스토리우스파는 곧 독자적인 그리스도교 세계로 부상했다. 498년 니시비스의 주교는 '동방 총대주교'Patriarch of the East라는 호칭을 채택했다. 동방 시리아 신학의 기초가 된 것은 안티오키아 신학자이자 성서 주석가였던 몹수에스티아의 테오도로스Theodore of Mopsuestia의 저술들이었다. 테오도로스는 553년 제2차 콘스탄티노플 공의회가 공식적으로 단죄한 인물이었다. 6세기 후반, 아시리아 교회는 그리스도를 이해하기 위한 자체적인 용어 체계를 수립한다. 페르시아 제국은 네스토리우스파 그리스도교인들에게 관용적인 태도를 보였다. 페르시아 영토 내 정착하려는 다른 시리아 그리스도교인들, 특히 단성론자들을 박해한 것과는 대조적이었다.

오리엔트 교회에는 서유럽과 비잔티움 교회와 필적할 만한 독자적인 체계가 자리 잡았다. 니시비스에 설립된 학교는 규율이 잡힌 하나의 수도 공동체로 운영되며 철학과 신학의 발전에 기여했다. 니시비스와 준디샤푸르는 의술 연마의 중심지였다. 실제로 수 세기 동안 네스토리우스파 그리스도교 수사들과 선교사들은 그들이 향하는 곳마다 명의로 이름을 날렸다. 드넓은 지리적 거리, 낯설고 위협적인 외국 문화는 결코 오리엔트 교회의 선교 열정을 가로막지 못했다. 페르시아령 메소포타미아에 성공적으로 정착한 동시리아 교회는 아나톨리아 동부와 쿠르디스탄, 투르키스탄 너머까지 확장했다. 유프라테스강 동편 아시아 전역을 누빈 그리스도교인들은 네스토리우스파 선교사들밖에 없었다. 635년, 동방 총대주교 야스후야브 2세Yashuyab Ⅱ(?~643년)는 중국으로의 선교를 개시한다. 이는 몽골 제국의 시대에 이르기까지 번성하게 될 것이었다.

수도원, 학교, 병원

오리엔트 그리스도교의 선교는 일반적으로 동아시아로 이어지는 무역 경로, 비단길을 따라 이어졌다. 아라비아 반도와 인도, 중앙아시아와 중국의 무역상들은 시리아의 도시 셀레우키아-크테시폰을 거쳐 서방으로 향하곤 했다. 마찬가지로 아시리아 교회의 수사들은 생활에 필요한 여러 기술과 필사 기술, 의학 지식으로 무장해 그 경로를 거꾸로 밟았다. 그렇게 그들은 기술과 복음을 환영하는 곳을 찾아

셀레우키아-크테시폰에 있는 사산 왕조 페르시아 왕궁 아치인 탁 카스라Taq Kasra

전 세계로 뻗어 나갔다. 탁월한 의사이자 학자였던 동시리아 교회의 선교사들은 정착지마다 학교와 도서관, 병원을 설치했기 때문에 지역의 거주민들에게는 커다란 혜택이 돌아갔다.

셈족 계열 그리스도교는 4세기에 아라비아 반도에 성공적으로 정착했다. 5세기 후반 시리아 선교사들은 다수의 학교와 수도원을 아라비아 반도에 설립했다. 5세기와 6세기, 단성론 야코부스파와 네스토리우스파 그리스도교인들 모두가 아라비아 반도 각지에 퍼졌으나 우위를 차지한 것은 후자였다. 이슬람이 발흥하며 그리스도교인과 유대인을 아라비아에서 몰아낸 후에도 그리스도교 신앙은 사막과 몇몇 고립된 지역에서 적어도 100년 이상 유지되었다.

5세기 후반 아시리아 교회의 선교사들은 투르키스탄과 몽골로 향하기 시작했다. 781년에는 어느 투르크인 왕이 니시비스에 선교사를 요청했다는 기록이 있다. 타슈켄트와 부카라에는 주교구가 설치되었다. 그리고 이러한 선교는 곧 케레이트족과 위구르족 등 중앙아시아의 여러 부족을 향해서도 이어져 나가기 시작했다.

경교

1625년, 중국 산시성 시안에 머물던 예수회 선교사들은 방대한 분량의 금석문이 새겨진 비석을 발견했다.* 781년에 기록된 것으로 보이는 금석문에는 상서로운 가르침, 곧 '경교'景教라고 불리던 중국 그리스도교의 역사가 담겨있었다. 예수회 선교사들이 중국에 도착했을 때 옛 동방 교회의 선교 기지들은 이미 자취를 감춘 지 오래였지만, 로마 가톨릭 세계는 그때까지 어떤 형식으로든 그리스도교 교회가 이렇게나 먼 동방으로 이동했으리라고는 결코 상상한 적이 없었다. 어떻게 보면 당연한 이야기였다. 시리아에서 출발한 오리엔트 교회는 유라시아 대륙을 가로질러 중국으로 뻗어 나가고 있었던 것이다. 금석문에 따르면 당 태종(598년~649년)이 처음 네스토리우스파 선교사인 페르시아 출신의 수사를 접견한 뒤 설교를 허락했으며, 638년에는 수도원을 설립할 수 있도록 윤허했다고 한다. 이후 200년 동안 여러 교회와 수도원이 적어도 10개 도province에 설립되었다.

그러나 9세기 당 무종이 중국의 모든 사제와 수사들에게 환속을 명하며 중국의 네스토리우스파 교회는 타격을 입는다. 물론 이러한 어려움은 일시적인 것에 지나지 않았고, 수도원은 중국에서 11세

---

* 대진경교유행중국비大秦景教流行中國碑. 현재 중국 시안비림박물관 소장.

기에 이르기까지 유지된다. 1095년 동방 총대주교 세바르예수 3세 Sebaryeshu III는 중국 북부, 키탄(거란) 교구에 계속해서 주교를 임명했다. 경교는 13세기 몽골의 쿠빌라이 칸Kublai Khan, 원 세조(1215년~1295년) 시대에도 계속 궁정의 호의를 입으며 중국에 수도원을 설립했다. 1280년에는 중국 출신의 야흐발라하 3세Yahbalaha III(1245년경~1317년)가 동방 총대주교로 착좌하기도 했다.

고대 후기와 중세 오리엔트 교회의 선교는 어느 지역까지 도달했을까. 정답은 알 수 없다. 인도를 중심으로 한 사도 토마 계열 그리스도교는 처음부터 동시리아 교회와 신학적으로 밀접한 관련이 있었고, 동시리아 교회와의 상통을 꾸준히 유지했다. 이는 신자들 자체가 시리아 동부 출신이 많았기 때문이기도 했다. 8세기와 9세기, 이들 말랑카라 그리스도교 공동체를 확장시킨 새 이주민들은 시리아 동부 출신이었다. 이미 6세기의 작가로 도처를 여행하던 (아마도 네스토리우스파 페르시아인이었을 것으로 추정된다) 코스마스 인디코플레우테스Cosmas Indicopleustes는 인도양의 외딴 섬 소코트라에서 그리스도교인들을 만났다고 기록한다. 후대의 문헌 몇몇도 소코트라 주교 한두 명을 간혹 언급하기도 한다. 심지어 스리랑카와 자바, 수마트라, 일본, 한국, 미얀마, 말라야, 베트남과 태국에서도 네스토리우스파 그리스도교인들에 관한 문헌 사료와 유물이 발견되고 있다. 동방의 교회가 실제로 그렇게 멀리까지 전파되었는지는 논란의 여지가 있다. 그러나 우리가 알고 있는 선교 활동의 범위를 고려할 때 (북방 끝을 제외한, 사실상) 아시아 전역에 그들의 발길이 전혀 닿지 않았다고 손쉽게 단정하기는 어렵다.

그리스도의 어머니 마리아와 관음 '여신'

동쪽으로 진출한 아시리아 교회의 선교가 아시아 지역의 종교 관행과 신심, 신앙의 방식에 무엇인가 미묘하고 오래 지속되는 영향을 남겼다는 견해가 있다. 예를 들어 티베트 불교 승려들은 다른 불교 승려들과는 달리 정교한 의복과 향, 정화된 물을 사용하는데, 이것이 혹 네스토리우스파 수사들의 전례가 남긴 영향은 아닐까. 전혀 근거가 없다고 단정하기도 어렵다.

이러한 점을 염두에 둘 때, 자비를 상징하는 관음이 중국 불교에서 어떻게 묘사되고 있는지는 주목할 만하다. 관음은 본래 남성으로, 인도 불교의 보살(보디사타바bodhisattva) 가운데 관세음보살(아발로키테슈바라Avalokitesvara)의 현현이다. 중국에서는 관음을 여성으로 묘사하는 관행이 일찍이 5세기에 시작되었으나, 보편적으로 자리 잡은 것은 11세기 이후의 일이다.

여성을, 그것도 구원자로 숭배하는 일은 불교 전통에 낯설다. 초기 불교는 여성이 결코 깨달음에 이를 수 없다고 가르쳤다. 그리고 후기 불교에 이르기까지 보살은 언제나 남성으로 묘사되곤 했다. 그러나 보살은 원하는 대로 어떤 형태든 취할 수 있으므로, 여성의 모습으로 나타나는 것이 불가능한 것은 아니다. 여신 타라Tara의 모습을 입은, 여성형의 관세음보살에 대한 신심은 티베트 탄트라 불교에서

17세기 일본의 마리아관음상

도 발견된다.

많은 학자는 중국에서의 관음 숭배, 특히 관음을 여성으로 묘사하는 방식이 그리스도교의 성모 신심에 영향을 받은 것은 아닌지 추정한다. 그럴 가능성이 있을까. 분명한 사실은 1603년 도쿠가와 막부 치하의 일본에서 그리스도교에 대한 박해가 시작되자 박해를 받아 신앙을 숨겨야 했던 그리스도교인 여럿은 '칸논かんのん', 곧 관음으로 위장한 마리아를 공경하고 있었다는 것이다.

마리아 관음을 묘사한 작은 조각상들은 오늘날까지 보존되어 있다. 주의 깊게 살펴보면 십자가 장식의 모습을 발견할 수 있다.

22

새로운 힘: 이슬람 세계의 등장

7세기가 시작할 무렵까지 수백 년간 그리스도교 세계는 사실상 어떤 방해도 받지 않는 확장의 시대를 누렸다. 그 결과 아시아와 소아시아, 중동과 북아프리카, 동유럽과 서유럽에는 여러 형태의 그리스도교 공동체가 뿌리를 내리기 시작했다. 물론 지역에 따라 그리스도교인들에 대한 박해가 없었던 것은 아니다. 그러나 적어도 콘스탄티누스 시대 이후 그리스도교는 지역에 대해 문화적인 우위를 점하고 있었다. 7세기 후반 상황은 급변한다. 옛 그리스도교 세계 각지에서, 그리스도교는 역사상 가장 강력한 종교, 정치, 문화 세력 중 하나였던 이슬람에 압도되기 시작했다.

이슬람의 가르침에 따르면 하느님이 보낸 최후의, 그리고 가장 위대한 예언자는 무함마드Muhammad(570년경~632년)다. 그는 아라비아 반도 서안의 도시 메카에서 태어나 한때 사막 유목민들 가운데서 어린 시절을 보냈다. 나중에는 메카의 무역 상인이었던 숙부가 어린 무함마드를 돌보았다. 자연스레 무함마드는 어린 시절부터 이따금 숙부가 이끄는 대상caravan을 따라 여행하곤 했다. 한편 이슬람 전승에 따르면 무함마드는 610년경, 40세가 되었을 때 천사 지브릴(가브리엘)의 심오하고 두려운 환상을 체험하며 하느님의 사자(라술)로 부름받았다고 한다.

무함마드의 가르침은 그 원리에 있어 극히 단순했다. 이슬람의 믿음에 따르면 이는 아담 이후 모세에서 예수에 이르는 하느님의 예언자 모두가 선포하였으나 유대인들과 그리스도교인들이 곡해한 가르침이다. 곧 하느님의 뜻에 복종(이슬람)하라는 것이다. 여기에는 율법을 존중하고, 하느님을 경외하고 기도하며, 선행을 베풀고 경건하게 살아가는 모든 것이 포함된다. 이슬람 신앙은 모든 유일신 신앙 가운데 가장 엄격한 방식으로 오직 하느님께 모든 경외를 돌리는 한편 다신교적 우상 숭배의 잔재를 극도로 혐오했고, 같은 맥락에서 그리스도교의 삼위일체 신앙 또한 배격했다.

무함마드와 그의 추종자들은 가장 먼저 메카인들에게 이 가르침을 전하고 아랍 고유의 다신교 신앙을 버리게 하고자 애썼다. 그러나 쉬운 일은 아니었다. 한때 무함마드는 메카에서 추방되어 약 440km 떨어진 북쪽 메디나에 머무는 처지가 되기도 했다. 그러나 그가 이끄는 새로운 신앙 운동은 점차 세력을 확장했고, 마침내 629년 그는 어

무함마드가 승천한 곳으로 알려진 예루살렘 바위의 돔

떤 저항도 없이 메카로 입성한다. 우상을 제거하고 도시를 정화한 무함마드는 이슬람을 메카의 율법과 신앙으로 확립했다. 그가 세상을 떠났을 때, 사실상 아라비아 반도 전역이 이슬람 신앙을 받아들이고 있었다. 불과 3년 만의 일이었다.

이슬람 제국

이슬람은 어떤 종교나 윤리적 가르침을 넘어서는 것이다. 이는 또한 정치 질서이기도 하다. 이슬람 사상에는 종교와 국가의 구분이 없다. 무함마드는 예언자였을 뿐 아니라 통치자이기도 했다. 그래서 무함마드의 사후 그를 계승할 후계자(아랍어로는 '칼리파'caliph)를 선출하는 일은 필수적이었다. 물론 후계자는 무함마드 고유의 예언자직이 아닌, 이슬람 공동체 움마umma의 군주직을 계승하는 것이었다.

칼리파 제국의 초창기는 경이로울 정도의 군사적 팽창의 시기였다. 수많은 아랍 부족들의 저항을 평정하고 난 칼리파 제국의 군사들은 놀라운 속도로, 오랜 세월 서로 간의 끊임없는 전쟁을 거치며 약화된 두 제국, 페르시아와 비잔티움을 유린하며 양편의 광활한 영토를 정복해 나가기 시작했다. 페르시아는 멸망하고 말았다. 무함마드 사후 10년 만에 아랍 세력은 시리아와 팔레스타인, 이집트, 아르메니아, 이라크와 이란 지역을 정복했다. 그리고 이른바 '정통 칼리파 시대', 곧 칼리파 시대의 첫 시기가 끝날 무렵 이슬람 제국은 동쪽의 아프가니스탄에서 서쪽의 리비아, 남쪽의 예멘에서 북쪽의 카스피해와 흑해 일대 및 투르키스탄에 이르는 광활한 영토를 차지하게 된다.

나아가 661년부터 750년에 이르는 움마이야Ummayad 왕조 시기, 이슬람 제국은 그리스도교 세계의 더 많은 부분을 정복했다. 710년 말 칼리파 제국의 영토는 모로코에 이르는 북아프리카 대부분과 (스페인 북부의 작은 아스투리아스 왕국을 제외한) 이베리아 반도 전역으로 확장되었고, 피레네산맥을 넘어 갈리아 남부에 이르렀다. 움마이야 왕조를 계승한 압바스Abbasid 왕조는 시칠리아와 발레아루스 제도 등 지중해의 여러 섬을 수중에 넣었다.

압바스 왕조 시기 이슬람 제국은 수차례 분열되기도 했다. 756년 스페인에 독립 칼리파 왕국이 탄생한 것이 대표적인 사례다. 그러나 이 시기는 또한 이슬람 문화의 황금기이기도 했다. 동서방의 모든 물질적, 문화적, 지적 풍요가 '움마'의 세계로 밀려들었고, 이는 상호 작용하며 새로운 문명을 만들어냈다. 762년 이후 칼리파 제국의 수도가 된 바그다드는 전성기의 알렉산드리아나 로마에 버금가는 찬란함을 구가했다.

한편 그리스도교 세계는 백여 년 만에 옛 터전의 상당 부분을 상실하며 파편 단위로 축소되고 말았다. 한때 전 세계를 향해 뻗어 나가던 그리스도교가 처음으로 그리스도교에 버금가는, 아니 그리스도교를 압도하는 지정학적 세력과 맞닥뜨린 것이다.

지혜의 집

오늘날 사람들은 흔히 이른바 중세 암흑기에, 그리스도교 세계는 야만으로 전락하고 오직 이슬람 세계만이 고전고대의 문화, 곧 철학과 과학, 의학을 보존했다고 단언하곤 하지만 이는 어디까지나 과장에 불과하다. 한편으로 이는 중세 그리스도교 세계를 서유럽에 한정하고 동방의 찬란한 비잔티움 문명이나 페르시아와 그 너머의 시리아 학자들이 이룩한 위대한 유산을 망각해버리곤 하는 경향을 드러내는 것이다. 서유럽으로 한정하더라도, 이러한 주장은 이 시기의 역사를 지나치게 단순화하고 희화하는 것이다.

그럼에도 이슬람 제국이 (모든 위대한 제국이 그러했듯) 흡수한 모든 문명의 종합을 이룩했다는 것은 엄연한 사실이다. 이슬람 세계는 그리스, 시리아, 페르시아, 칼데아, 북아프리카는 물론 인도와 그 너머의 수많은 문명을 받아들이고 이를 융합했다. 그리고 페르시아 제국을 그대로 흡수함으로써 이슬람 제국은 중동 그리스도교와 유대교, 페르시아 학문과 의학의 유산 전체를 물려받았다. 그 결과 이슬람 세계의 과학과 학문은 9세기 말부터 13세기 중반까지 서유럽 그리스도교 세계를 완전히 압도했고, 비잔티움에 버금가는 성과를 이룩했다 (비록 서유럽 세계는 기술적인 측면에서 종종 이슬람과 비잔티움 세계 모두를 능가하기도 했지만). 물론 12세기부터 15세기까지, 이전까지 라틴어로 번역되지 않은 그리스 고전들이 이슬람 세계로부터 서유럽에 뒤늦게 소개된 것은 사실이다. 그러나 공정히 평가하자면 여기에는 동방 (특히 시리아) 그리스도교 세계의 기여 또한 상당했다.

이슬람의 발흥 이전 시리아 그리스도교인들은 그리스의 의학, 과학, 철학적 지혜를 먼 동방으로 가져왔고, 그리스의 위대한 철학, 기술 문헌들을 그들의 언어, 곧 셈어로 번역했다. 에데사와 니시비스, 준디샤푸르의 그리스도교 학교들은 5세기 이후 그리스 사상의 동방 전수를 주도하는 동력원이었고, 특히 니시비스와 준디샤푸르는 네스토리우스파 수사들의 명성을 떨치게 한 의술의 주된 보고였다. 칼리파 제국이 들어섰을 때, 고대 그리스와 로마가 이룩한 성과들을 이슬람 문화로 전수한 첫 세대는 바로 시리아 그리스도교 학자들이었다.

칼리파 제국이 바그다드로 천도한 후, '지혜의 집'이라는 이름의 거대한 도서관 겸 학술 기관이 설립되었고 주로 시리아 그리스도교인들이 그곳을 관리했다. 지혜의 집에서 그들은 그리스의 문헌들을 그리스어에서 아랍어로, 혹은 시리아어 번역본에서 아랍어로 끊임없이 번역했다. 당대의 가장 위대한 번역자 가운데 한 명은 칼리파의 주치의로 네스토리우스파 그리스도교인이었던 후나인 이븐 이샤크Hunayn ibn Ishaq(808년~873년)였다. 그는 자신이 직접 집필한 글 외에도 수많은 그리스의 철학, 의학 문헌들을 정확한 시리아어와 아랍어로

마크로비우스의 『스키피오의 꿈』 주해』삽화 《하늘을 관찰하는 아라비아 천문학자들》 (1513년)

옮겼다.

바그다드, 정확히는 지혜의 집에서 번역된 광대한 문헌들은 스페인을 비롯한 이슬람 세계 전역으로 전파되었다. 그리고 스페인에서 모사라베Mozarabic 그리스도교인(아랍어를 쓰던 스페인의 그리스도교인들)과 유대인들, 서유럽 학자들에 의해 마침내 고대 그리스의 수많은 유산이 라틴어로 번역된다.

23

카롤루스 대제

압바스 왕조의 위대한 이슬람 문명이 찬란한 꽃을 피우던 무렵, 그리스도교 서방에서는 새로운 제국이 태동하고 있었다. 비록 칼리파 제국만큼 오래 존속되지는 않았으나, 이 제국은 중세 서방 그리스도교의 정치, 법률, 관습과 유산의 기초가 된다. 바로 프랑크인들의 제국이었다. 당시 라틴어로는 카롤루스 마뉴스Carolus Magnus, 프랑스어로는 샤를마뉴Charlemagne라고 부르는 프랑크 왕 칼 대제Karl der Grosse가 창립하였기에 카롤루스 제국이라고도 부른다. 절정기 카롤루스 제국의 영토는 서쪽으로는 피레네산맥에서 동쪽으로는 오늘날의 바이에른, 조공국을 포함한다면 모라비아에 이르는 광활한 지역을 포괄했다. 이는 로마에서 작센 북부에 이르는 서유럽 그리스도교 세계 전체를 아우르는 것이었다.

제왕

카롤루스 대제의 조부 카롤루스 마르텔Charles Martel(688년경~741년)은 프랑크 왕국 동부지역의 궁재maior domus로 매우 유능한 인물이었다. 메로베우스 왕조가 이름뿐인 왕국으로 전락한 시기, 그는 모든 프랑크족을 하나로 규합하고 지속적인 전쟁을 벌여 북부의 이교도 게르만인들을 격퇴했고, 부르고뉴를 복속했다. 732년에는 코르도바의 토후 아브드 알 라만Abd ar-Rahman을 물리침으로써 서유럽을 향한 이슬람 세력의 침공을 저지했다. 카롤루스의 부친 피피누스 3세Pipin III(714년경~768년)의 치하에서 프랑크 왕국의 위세와 영토는 더욱 확장되었다. 마침내 그는 751년, 교황 자카리아스Zacharias(679년~752년)의 승인을 얻어 메로베우스 왕조를 권좌에서 몰아내고 프랑크 왕국의 왕위를 차지했다.

카롤루스는 어린 시절부터 부왕을 따라 전장을 누비며 성장했다. 어린 나이임에도 열정과 결단력, 용맹함으로 두각을 나타낸 그는 왕국과 교회를 보호하려는 강한 의지를 가지고 있었다. 프랑크 왕국의 왕좌에 앉은 그에게 필적할 만한 경쟁자는 없었다. 771년 동생 카를로마누스가 죽은 후에는 더욱 그랬다. 이탈리아의 랑고바르드인들이 교황 하드리아누스 1세Hadrian I(700년~795년)에게 압력을 가해 카를로마누스의 아들들을 왕으로 책봉하게 하자, 카롤루스는 곧바로 이탈리아를 침공했고, 774년 랑고바르드 왕국을 완전히 복속했다.

이어진 카롤루스의 작센 원정은 가혹하고 맹렬했다. 카롤루스의 목표는 작센을 복속하고 작센인들을 그리스도교로 개종시키는 것이었다. 775년에서 777년 사이, 카롤루스는 작센 부족장들의 충성 서약을 얻어냈다. 이어 작센 전역에 걸쳐 집단적인 세례가 거행되었다. 그러나 몇 년도 되지 않아 작센인들은 반란을 일으킨다. 반란을 마주한 카롤루스는 무자비했다. 주저함 없이 반역에 가담한 무리를 처형했고 저항 세력이 있다면 원정군을 보내 가혹하게 응징했다. 804년, 반란을 완전히 평정한 카롤루스는 작센 지역에 대한 철저한 그리스도교화 조치를 강행한다. 이러한 조치 가운데 일부는 꽤 수긍할 만했다. 예를 들어 마법에 대한 두려움으로 무고한 사람을 마법사로 몰아 산 채로 불태우거나 그들의 인육을 먹는 행위는 단죄되었다. 그러나 카롤루스가 작센인들을 개종시키기 위해 취한 수단들은 종종 너무나

아리 셰퍼, 《파더보른에 있는 카롤루스》(1840년). 작센족의 지도자 비두킨트가 그의 앞에 투항하고 있다.

강압적이어서 카롤루스의 궁정에서도 그 과도함에 거부감을 보일 정도였다.

황제라는 이름

카롤루스는 한 번 커다란 패배를 맛보았다. 바로 778년 이슬람 코르도바에 맞서 스페인 북부의 또 다른 이슬람 세력 몇몇과 동맹을 맺었을 무렵이었다. 카롤루스는 사라고사를 포위 공격했으나 결국 점령하지 못했고, 피레네산맥으로 퇴각하던 중 바스크인의 기습 공격에 막대한 피해를 입고 만다. 협곡에 위치한 마을, 론세스바예스를 지나던 중 전사한 사람 가운데는 브르타뉴 변경백Warden 흐루올란두스Hruolandus, 곧 롤랑Roland도 있었다. 사람들은 훗날 「롤랑(오를란도Orlando)의 노래」라는 전설과 서사시로 그의 죽음을 애도했다.

카롤루스의 정복 전쟁은 동편으로도 향했다. 스페인에서 퇴각한 지 10년 후, 카롤루스는 사촌인 바이에른 공작 타실로Tassilo를 폐위하고 바이에른을 수중에 넣었다. 북쪽으로는 프리슬란트인들을 정복했다. 북부에 대한 카롤루스의 정복전은 데인족이 덴마크 반도의 남쪽 경계를 거대한 요새 구조물로 봉쇄할 때까지 이어졌다. 아우스트리아의 아바르족과 마자르족, 도나우강 유역의 슬라브인들은 조공을 바치는 신세가 되었다. 점차 프랑크인의 왕은 사실상 거대 제국의 황제와 다름없는 존재로 비쳤다.

그러나 황제의 칭호는 사소한 것이 아니었다. 적법한 황제는 오직 콘스탄티노플의 황제뿐이었다. 그리고 그 황제는 적어도 명분상으로는 가톨릭 교회의 신성한 통치자이자 고대 로마 제국으로 이어지는 연속성을 상징했다. 사실상 신화에 불과하다 할지라도, 황제라는 이름에는 변함없이 건재하는 보편 질서라는 후광이 서려 있었다. 엄밀하게는 로마 교황도 비잔티움 황제의 신민에 불과했다. 그러나 8세기 말의 로마 교황은 나름대로 야심을 가지고 있었고, 이탈리아에 대한 통치권을 주장하고자 기회를 엿보고 있었다. 그리고 무엇보다 교황에게 원조나 보호가 필요할 때, 비잔티움 황제는 실질적인 도움을 제공할 수 없었다.

결국 800년 성탄절, 로마인들의 '자발적' 환호에 힘입어 교황 레오 3세Leo III(?~816년)는 카롤루스에게 황제의 관을 수여했다. 법률적으로 교황의 행위는 그저 상징적인 것에 불과했다. 교황에게는 황제를 추대할 권한이 없었기 때문이다. 그러나 레오가 남긴 선례는 훗날 서유럽의 새로운 제국, 신성 로마 제국의 전통으로 자리 잡게 된다.

카롤루스 왕조 르네상스

카롤루스 제국의 수도는 오늘날 독일 서부 아헨이었다. 콘스탄티노플은 프랑크 왕이 로마와 교황에게 영향력을 행사하는 것을 달가워하지 않았으나, 결국 812년 황제 미하일 1세 랑가베Michael I Rhangabe(770년~843년경)는 마지못해 카롤루스를 서방 황제로 인정했다.

카롤루스는 황제라는 칭호를 그저 상징적인 이름으로 남겨 둘 의사가 전혀 없었다. 바그다드의 칼리파에게 사절단을 보냈고, '로마인들의 황제'라는 칭호에 걸맞은 궁정과 도시를 건설하는 일에 착수했다. 이를 위해 카롤루스는 프랑크 제국 안팎의 학식 있고 유능한 인물들을 물색했다. 잉글랜드에서는 시인이자 철학자, 큰 스승으로 존경받던 요크의 알퀴누스Alquin of York(732년경~804년)를 초빙해 도성의 귀족 청년들을 위한 왕립 학교를 관리하게 했다. 또 (그리스어와 고전 전통에 대한 지식이 아직 남아 있던) 이탈리아와 아일랜드에서 탁월한 학자들을 초빙하고, 도서관을 만들어 고전 문헌과 교부 문헌을 수집했다. 예술을 후원했고, 제국 내의 모든 대성당과 수도원 학교가 라틴 문학과 수사학을 교육하도록 했다. 카롤루스는 스스로 라틴어와 약간의 그리스어를 공부하고자 노력했고, 아우구스티누스를 비롯한 교부들의 저작에 익숙해지고자 애쓰기도 했다.

그러나 카롤루스 대제가 세상을 떠나자 그의 제국 또한 무너지고 말았다. 카롤루스의 후계자들은 옛 프랑크족의 관습을 따라 영토를 분할했고, 두 세대가 지나기 전에 카롤루스 왕조의 제국은 서로 다른 왕국으로 분열했다. 하지만 카롤루스 대제의 제국은 새로운 사회, 정치 질서를 구축했다. 그 첫 열매는 새로운 그리스도교 질서, 서유럽 그리스도교 세계가 등장한 것이다. 그리고 새로운 그리스도교 세계는 서로마와 동로마 어디에도 속하지 않는 고유한 특징과 독창성, 미래를 가지게 될 것이었다.

카롤루스 대제 이후, 서방과 동방 '로마'의 관계는 악화일로로 치닫는다. 이제 동방과 서방의 그리스도교 세계가 각자의 길을 걷게 되는 것은 시간문제였다.

우리의 선한 주군, 그리스도 – 헬리안트

(강압 때문에) 새롭게 그리스도교인이 된 작센인들에게 그리스도교가 어떤 것인지 가르치는 것은 결코 쉬운 일이 아니었다. 작센인들은 추상적 사변을 거의 이해하지 못했다. 호전적이고 부족적인 작센 문화에 복음서 이야기는 너무 낯설게 여겨졌다. 따라서 그리스도교 성서를 작센의 언어뿐 아니라 그들의 감성에 맞게 '번역'하는 일이 커다란 과제로 다가왔다.

고대 작센어로 된 대서사시 '구원자', 곧 『헬리안트』Heliand는 이러한 고민에서 나온 가장 독창적이고 탁월한 성과다. 무명의 시인이 남긴 이 작품은 카롤루스의 아들 루도비쿠스 경건왕Louis I the Pious(778년~840년)의 승인을 받아 보급되었다. 이는 작센의 전통적인 두운식 운문으로 이루어져 있으며, 약 6,000행을 통해 수태에서 승천에 이르는 그리스도의 생애를 재구성해 노래하고 있다.

『헬리안트』의 본문은 온전한 형태로 전승되고 있지 않다. 그러나 현존하는 네 개의 필사본은 거의 완성된 형태의 본문을 제공한다. 이는 분명 상당한 실력을 갖춘 시인의 작품이다. 그러나 가장 놀라운 특징은 무엇보다 『헬리안트』가 영웅을 묘사하고 있다는 것이다. 사람들을 가르치는 그리스도의 역할은 대부분 산상설교를 요약한 가르침의 형태로 제한적으로 드러날 뿐이다. 작품의 중심은 사람들을 이끄는 지도자 그리스도의 모습에 있다.

『헬리안트』가 그리는 그리스도는 하느님 나라의 선한 왕이자 평화의 군주다. 사도들은 그가 이끄는 영주와 가신들이다. 관대하고 용맹한 주군 그리스도 아래, 거침없이 진리를 추구하는 성미 급한 제자들이 있다. 그리스도의 지상 활동이라는 드라마를 장식하는 것은 충성 맹세와 명예라는 전사들의 문화다. 그리고 놀랍게도 그리스도의 기적보다 주군 그리스도의 관대함에 대한 예찬이 더 부각되어 있다. 가나의 혼인 잔치 이야기를 보자. 혼인 잔치를 찾은 이들은 커다란 홀에 놓인 긴 식탁에 모여 앉아 커다란 잔으로 술을 들이켜며 좋은 고기를 즐긴다. 그리스도는 그들에게 너그러운 주군의 선물, 곧 좋은 포도주를 베푼다.

24

하느님의 얼굴: 성상 파괴 논쟁

성상聖像, 곧 이콘icon은 동방 정교회 예배당의 중심이자 그 자체로, 예배당을 찾는 이들의 마음을 사로잡는다. 이콘은 그리스도를 비롯해 성서와 그리스도교 역사를 대표하는 주요 인물들과 사건들을 고도로 정형화된 도상에 담아 젯소gesso와 템페라tempera 및 금박으로 화려하게 마무리한 것이다. 제대가 있는 지성소는 이코노스타시스iconostasis, 곧 '성화벽'이라고 일컫는 거대한 칸막이로 분리되어 있다. 예배당 천장은 종종 돔 형식으로 이루어져 있고, '그리스도 판토크라토르'Christus Pantokrator, 곧 만물의 주관자이신 그리스도의 이콘이 그려져 있다. 신자들은 이콘에 입을 맞추며 예배당을 들어선다.

성상은 정교회의 필수 요소로 확고히 자리매김했다. 오늘날 성상이 없는 정교회 예배는 상상조차 하기 어려울 정도다. 그러나 8~9세기 상황은 달랐다. 교회 생활에서의 이콘 허용 여부를 두고 첨예한 신학 논쟁이 끊임없이 일어났고, 얼마 지나지 않아 분쟁은 신학과 교회를 넘어 사회와 정치 모든 영역으로 걷잡을 수 없이 확장되었다.

성상 파괴의 첫 물결

동방 제국의 교회와 가정에서 성상을 사용하는 관행은 8세기 초에 이미 대중화되어 있었다. 이는 비잔티움 사회 특유의 신심과 미적 취향에 따른 것으로, 뚜렷한 신학적 근거가 있는 것은 아니었다. 그러나 '이사우리아인'Isaurian 레온 3세Leo III(675년경~741년)가 황제로 즉위하자 성상 문제는 국가적인 관심사로, 그것도 적대적인 관심사로 떠올랐다. 황제가 처음부터 이콘을 배격했는지는 분명하지 않다. 그는

모스크바 크렘린 성모성의소장 성당의 이콘 프레스코화(1644년)

726년부터 성상 사용을 공개적으로 비난하기 시작했고, 730년에는 공식적으로 금지했다. 나아가 콘스탄티노플 황궁의 현관 격인 '청동 문'Chalke Gate을 장식하던 대형 그리스도 이콘을 제거하고, 소박한 십자가로 대체하도록 명했다.

레온 3세가 정확히 어떤 이유로 '성상 파괴 운동'iconoclasm을 주도하게 되었는지는 알 수 없다. 몇몇 학자들은 그의 출신 배경에 주목했다. 그들은 시리아 출신이었던 황제가 시리아 동부의 네스토리우스파나 시리아 서부의 단성론 사상의 영향을 받았거나, 성상을 불신하는 시리아인들의 일반 정서를 따랐을 가능성을 든다. 한편 소아시아 지역 성상 반대파 주교들의 영향에 주목하는 입장도 있다. 이슬람 사상의 영향에 초점을 맞추는 학자들도 있다. 물론 단순히 우상을 금지하는 모세의 율법을 염두에 두었을 가능성도 배제할 수 없다.

레온 3세의 아들 콘스탄티노스 5세Constantine V(718년~775년)는 더 가혹하고 무자비하게 '성상 숭배자'iconodule들을 탄압했다. 특히 매우 열성적이고 고집스럽게 성상을 옹호하던 수사들과 그들을 지지하는 성직자들이 집중적인 공격을 받았다. 황제는 서슴없이 수도원 재산을 몰수하고, 저항하는 이들은 불구로 만들거나 맹인으로 만들었다. 또 수사들과 수녀들을 강제로 결혼하게 했고, 심지어 몇몇을 살해하기도 했다.

이콘 신학

성상 파괴론자들이 제기한 신학적 논변의 요점 대부분은 주로 논

쟁 상대자들의 기록을 통해 전해진다. 그러나 남아 있는 기록의 정확
성을 입증하는 근거는 충분하다. 성상 파괴론자들은 성상 숭배가 우
상 숭배를 금하는 십계명의 정신은 물론 고대 교회의 관행과 가르침
에 반하는 것으로 이해했다. 나아가 그들은 눈에 보이는 사물을 숭배
하는 행위가 그리스도교 신심의 타락을 보여주는 표지와 다름없다고
주장했다. 그들이 보기에 하느님의 거룩한 신성에 견줄 수 없는 사물
로 살아 계신 하느님을 표현하려는 시도는 이미 그 자체로 하느님을
모독하는 행위였다. 그러나 더 근본적인 이유는 성육신한 예수 그리
스도를 그림이나 조각을 통해 적절히 표현할 수 없다고 생각했기 때
문이었다. 형언할 수 없고 비가시적이며 무한한 신성을 어떻게 유한
한 인간이 만든 그림이나 조각에 담아낼 수 있다는 말인가? 그러한
시도가 가능하다고 생각한다면 이는 단성론자들처럼 그리스도의 신
성을 인성과 뒤섞어 버리거나, 네스토리우스파처럼 그리스도의 인
성을 신성에서 끌어내는 오류에 빠지는 것이라고 성상 파괴론자들은
생각했다.

다마스쿠스의 요안니스John of Damascus(657년경~749년)는 이러한 비판
에 맞서 매우 효과적이며 탁월하게 성상을 옹호한 인물이다. 그는 이
슬람 통치하에 살았기 때문에 황제의 박해를 피할 수 있었다. 요안니
스는 성상이 (성상 파괴론자들의 주장과는 달리) 그리스도교 초창기부터
이어져 오는 전통의 일부라고 주장했다. 교회는 언제나 성상을 활용
해 신자들을 교육했다. 나아가 요안니스는 보이는 물질을 경멸하는
성상 파괴론자들의 태도를 단호히 비판했다. 요안니스는 물질 또한

하느님의 피조물이므로 선하다고 보는 것이 건강한 그리스도교적 입장임을 역설했다. 따라서 인간은 물질을 통해 창조주를 예배하고 흠숭adore할 수 있다. 나아가 하느님을 깨닫게 하며 인간의 성화와 구원에 도움이 되는 물질이라면 경배venerate할만 한 것이라고 요안니스는 주장했다. 물론 우리는 성육신한 하느님의 로고스인 그리스도의 몸에 가장 큰 흠숭을 바친다. 그러나 그리스도가 달린 십자가의 나무는 경배할 만하다. 복음서를 이루는 양피지와 잉크, 이콘을 이루는 나무나 물감, 접착제 또한 마찬가지다.

그러나 요안니스에 따르면 우리가 경배하는 대상은 궁극적으로 성상을 이루는 물질이 아니다. 우리는 이콘에 담긴 의미, 곧 그 대상을 드러내는 힘을 경배한다고 요안니스는 주장했다. 십계명이 기록될 당시에는 하느님이 당신의 모습을 온전히 드러내지 않으셨다. 따라서 모든 신상은 거짓이며 존재하지 않는 것을 묘사한 허상일 뿐이다. 그러므로 우상 숭배를 금하는 모세의 율법은 타당하다. 그러나 이제 하느님은 당신의 모습을 드러내셨다. 그리스도는 하느님이 우리에게 주신 당신의 완벽한 이콘이다. 우리는 그리스도 안에서 하느님의 얼굴을 보았다. 따라서 그리스도라는 하느님의 이콘을 인간의 손으로 다시 모방하는 일은 그리스도 안에서 하느님이 참으로 인간이 되었다는 사실을 긍정하는 행동이라고 요안니스는 주장했다.

요안니스는 그리스도론을 가지고 성상 파괴를 정당화하는 것에 결코 동의하지 않았다. 이콘이 그리스도의 신성을 묘사할 수 없다는 주장은 그리스도가 취한 몸이 그리스도의 신성을 드러내지 못한다는 말과 마찬가지라고 요안니스는 확신했다. 정통 그리스도론의 논리를 따른다면 그리스도의 몸을 이루는 요소 또한 완전히 신적임을 믿어야 한다. 이콘 신학은 모든 이콘이 표현하는 것이 대상의 위격hypostasis, 곧 '얼굴'person임을 강조한다. 우리는 그러한 얼굴을 통해 대상을 경배한다.

이콘의 승리

성상 파괴의 첫 파도는 강력한 여제 이리니Irene(752년경~803년)의 집권으로 잦아들었다. 당시 여성 황제라는 개념은 매우 낯선 것이었지만 (그녀의 뛰어난 지성과 의지는 차치하고서라도) 여러 가지 예측하지 못한 상황이 얽히면서 이리니는 비잔티움 황제의 권좌(혹은 권좌 가까이)에 오른다. 그녀는 황제 레온 4세Leo IV의 황후로 황제가 780년 세상을 떠나자 아들 콘스탄티노스 6세Constantine VI의 섭정 겸 공동 황제가 되었다. 이미 반세기 동안 황제의 명에 의해 성상이 금지되어 있었다. 그러나 성상을 지지하던 이리니는 이른바 '성상 복고'를 주도한다.

786년, 이리니는 콘스탄티노플에서 공의회를 소집하고자 하였으나 콘스탄티노플을 경비하던 군사들의 반발로 실패했다. 이듬해 니케아에서 소집된 제7차 보편 공의회는 기도와 예배에서의 이콘 사용을 공인했다. 공의회는 성인이나 이콘 등 성물에 대한 공경의 예인 둘레이아δουλεία(공경지례恭敬之禮)와 성모에게 드리는 가장 큰 공경인 휘페르둘레이아ύπερδουλεία(상경지례上敬之禮), 오직 하느님께만 드리는 라트레이아λατρεία(흠숭지례欽崇之禮)를 뚜렷이 나누어 구분했다.

하기아 소피아 성당의 성모와 아기 예수 모자이크화.
성상 파괴 시기 훼손된 6세기의 것을 867년 복구시켰다.

이콘의 복고는 성공적으로 이루어졌다. 이리니는 세상을 떠난 후 성인으로 추대되었다. 그러나 성상 파괴 운동의 불씨가 완전히 사그라들지는 않았다. 813년 제위에 오른 '아르메니아인'the Armenian 레온 5세Leo V(775년~820년)는 콘스탄티노스 5세의 성상 파괴법을 부활시키고 성상 숭배자들을 탄압하기 시작했다. 새롭게 재개된 황제의 성상 파괴 정책에 맞서 이콘을 변호한 가장 대표적인 인물은 콘스탄티노플 스투디온Stoudion 수도원을 이끌던 테오도로스Theodore the Studite(758년경~826년경)였다. 그는 성상을 공경하는 일이 고대 교회로부터 내려오는 전통이며, 신앙에도 유익이 됨을 열렬히 주장했다. 황명을 거부하던 테오도로스의 뻔뻔함에 격노한 황제는 그를 매질하여 추방했다. 821년 '아르모리아인'the Armorian 미하일 2세Michael II(770년~829년)는 테오도로스를 사면했다. 그러나 황제가 선황의 성상 파괴 정책을 이어가자 테오도로스는 또다시 황제에 맞섰고, 결국 824년 다시 콘스탄티노플을 떠나 망명길에 올라야 했다.

이콘의 결정적 복고는 또 한 명의 여제에 의해 이루어졌다. 842년 황제 테오필로스Theophilus가 세상을 떠나자 4세에 황제가 된 아들 미하일 3세Michael III(838년~867년)를 대신하여 그의 어머니 테오도라Theodora가 섭정이 되었다. 열렬한 성상 숭배파였던 테오도라는 843년, 미하일 3세의 이름으로 성상 파괴법을 폐지하고 교회 예배와 개인 기도에서 이콘 사용을 최종적으로 확정했다. 30년 만의 일이었다.

25

프랑크와 비잔티움: 깊어지는 골

9세기에 서방과 동방 그리스도교 세계는 다양한 측면에서 발전을 이루었다. 서방은 카롤루스 대제의 정치 개혁과 '카롤루스 왕조 르네상스'Carolingian Renaissance로 새로운 도약의 시대를 맞이했다. 마찬가지로 예술과 학문의 신선한 부흥이 비잔티움 세계에 활기를 불어넣었다. 그러나 이 시대는 또한 옛 보편 세계의 두 봉우리가 오래전부터 거의 명목상으로만 유지하던 일치를 더는 계속할 수 없다는 사실이 명백하게 드러난 시기이기도 했다. 동방 그리스도교인과 서방 그리스도교인이 이해하는 그리스도교 신앙과 이를 표현하는 방식은 오래전부터 너무나 달랐다. 동방 신학과 서방 신학은 수백 년 전부터 서로 멀어지고 있었다. 게다가 문화적으로 동방과 서방은 완전히 남이나 다름없었다.

현대인에게 동방과 서방 교회의 관행 차이는 사소해 보일 수 있다. 예를 들어 서방 교회는 발효시키지 않은 빵을 성찬례에 사용하지만, 동방 교회는 발효시킨 빵을 사용한다. 서방 교회의 성직자는 결혼하지 않으나, 동방 교회의 성직자는 대부분 결혼한다. 그러나 이러한 차이점은 사소해 보이는 만큼 트집을 잡기도 쉬웠다. 그리고 역사 속에서 이러한 차이는 끊임없는 대립과 비방으로 이어지는 불씨가 되었다.

게다가 동서 문화의 감수성 차이가 오래전부터 몇몇 신학 문제를 두고 불거지며 대립을 심화했다. 원죄의 유전, 하느님의 예정, 창조된 자연과 하느님의 은총의 관계 등 이미 아우구스티누스 시대부터 서방 신학 전통에 등장하던 몇몇 독특한 주제는 동방 그리스도교 전통에 낯설었고, 심지어 불쾌감을 유발하기도 했다.

4세기 신학자 니사의 그레고리오스는 태어난 지 얼마 되지 않아 죽은 아기에 관해 언급하는 논고에서 죽은 아기는 죄를 짓지 않았으므로 세례를 받지 않았더라도 하느님과 함께 있을 것이라고 주장했다. 그러나 수십 년 후 아우구스티누스는 세례를 받기 전에 죽은 아기들의 운명에 관해 쓰며, 아기들이 영벌을 받으리라 전망했다. 죄와 은총에 관해 그가 이해한 바에 따른 결론이었다. 물론 신학자 각각의 의견에는 커다란 차이가 없을 수 있다. 그러나 문제에 접근하는 관점이 매우 달랐다. 이는 동방 신학과 서방 신학의 성질이 매우 다르다는 사실을 반영한다.

성령은 어디에서 나오는가

　동방과 서방 교회가 서로를 낯설게 여기고 있었다는 사실을 결정적으로 드러낸 사건은 이른바 필리오쿼filioque 논쟁이었다. '또한 성자로부터'라는 뜻의 이 라틴어 표현은 수 세기에 걸쳐 라틴어 니케아 신경에 삽입되었다. 그러나 그리스어 니케아 신경에는 이에 상응하는 표현이 없었다. 니케아-콘스탄티노플 공의회에서 만들어진 이 신경은 본래 성령이 '성부로부터 나온다'는 요한 복음서 15:26의 내용을 확인한 것이며, 어떤 공의회도 이를 문제 삼거나 수정하지 않았다.

　물론 동방 교회에는 성령이 '성자를 통해' 나온다고 이해한 신학 전통도 있었다. 마찬가지로 서방 교회에서는 아우구스티누스가 이와 유사한 개념을 발전시켰다. 그러나 서방 신학자들(대표 주자는 두말할 것 없이 아우구스티누스였다)은 이 정식을 성령이 '성부와 성자로부터' 나온다는 형태로 압축하는 경향이 있었다. 이런 표현이 신학적 사유와

불봉Boulbon**의 제단화** (1450년경)

토론의 영역에 머물렀다면 논쟁이 이렇게 뜨겁게 달아오르지 않았을지도 모른다. 그러나 이것이 정통 가톨릭 신앙을 대표하는 선언인 '신경'에 반영되자, 이는 동방 교회와 서방 교회 사이에서 점차 자라나는 분열을 가리키는 쓰라린 상징이 되었다.

필리오퀘는 447년 스페인 톨레도 교회 회의에서 처음으로 니케아 신경에 추가되었다. 서방 만족들, 특히 서고트인들이 신봉하던 아리우스파 신학에 맞서 성자의 완전한 신성을 강조하려는 까닭이었다. 갈리아의 프랑크족도 이 개정된 신경을 채택했고, 카롤루스 대제도 이를 지지했다. 그러나 로마는 이러한 변개를 단호하게 거부했다. 교황 레오 3세Leo III는 개정된 신경을 지지하지 않았고, 은판에 각각 그리스어와 라틴어로 본래 형태의 신경을 새겨 성 베드로 성당에 진열했다. 로마에서 처음으로 필리오퀘가 들어간 신경을 채택한 시기는 1014년, 신성 로마 제국 황제 하인리히 2세Henry II(972년~1024년)의 대관식 때였다고 학자들은 추정한다.

로마 교황과 콘스탄티노플 총대주교

그러나 필리오퀘 논쟁은 9세기 콘스탄티노플과 로마 사이에서 벌어진 관할권 다툼에 비하면 부차적인 문제에 불과했다. 862년 교황 니콜라우스 1세Nicholas I(820년경~867년)는 콘스탄티노플 총대주교 관구의 내부 문제에 간섭하고자 했다. 황제 미하일 3세Michael III가 총대주교 이그나티오스 1세Ignatius I(798년경~877년)를 폐위하고 그 자리에 뛰어난 평신도 학자인 포티오스Photius(820년경~900년 이후)를 임명했기 때문이었다. 이 임명은 동방 교회에서는 문제 될 것이 없었으나, 서방 교회법으로는 있을 수 없는 일이었다. 863년 교황은 로마에서 공의회를 소집해 포티오스를 '폐위'했다. 이에 포티오스는 보편 교회 회의를 소집해 교황을 '파문'하고 '폐위'하는 것으로 대응했다. 이 다툼 과정에서 일어난 세부 사항을 한정된 지면에 일일이 나열하기는 불가능하다. 황제와 교황이 바뀔 때마다 이그나티오스와 포티오스의 운명은 뒤바뀌었고, 교회 회의와 단죄, 폐위와 복위가 반복되었다. 결국 879년, 콘스탄티노플 공의회는 교황 요한네스 8세John VIII(?~882년)의 지지를 얻어 포티오스를 최종적으로 승인했다.

그런데 동방과 서방 교회가 대립하는 과정에서 그때까지 해결되지 않은 채로 있던 몇몇 문제가 불거졌다. 대부분은 두 관구의 관할권 문제와 관련된 것으로, 이를테면 슬라브인들은 어느 관구에 속하는 것인지와 같은 문제가 있었다. 그러나 더 근본적인 문제도 있었다. 포티오스는 로마 교황이 월권을 하고 있다고 비난하며 최초로, 그것도 공개적인 방식으로 필리오퀘 문제를 지적했다. 당시에는 로마가 필리오퀘를 아직 채택하지 않은 시점이었다.

두 제국, 하나의 교회

콘스탄티노플과 로마의 갈등은 교회 내적 문제뿐 아니라 제국의 정책을 둘러싼 견해 차이에서 불거졌다. 성상 논쟁은 비잔티움과 카롤루스 궁정 사이의 경계를 뚜렷하게 설정했다. 8세기 초, 다시 말해 카롤루스 대제 시대 이전, 비잔티움 황제 레온 3세와 교황 그레고리우스 2세Gregory II(669년~731년)의 관계는 이미 매우 악화되어 있었다. 그레고리우스 2세는 공식적으로나마 동방 황제의 신민이었고, 비잔티움 라벤나 총독령의 보호 아래 있었음에도 황제의 성상 파괴 명령을 거부했다. 심지어 731년 교황 그레고리우스 3세Gregory III(?~741년)는 로마에서 공의회를 소집해 성상 파괴론을 이단으로 단죄했다.

결국 739년 라벤나가 랑고바르드인들에게 약탈당하고 로마 또한 무방비 상태에 놓이자 그레고리우스는 이단 황제 대신 프랑크의 피피누스에게 지원을 요청했다. 교황과 프랑크인의 동맹은 교황 스테파누스 2세Stephan II(715년~757년)가 피피누스에게 기름을 부음으로써 더욱 공고해졌고, 피피누스는 기꺼이 군사를 보내 랑고바르드인들을 정벌함으로써 교황의 호의에 보답했다. 나아가 그의 뒤를 이어 권좌에 오른 카롤루스는 제국이 이단에 빠진 상태에서 가톨릭 군주가 된 것인 양 신학과 정치 모두에서 로마와 긴밀한 동맹을 맺었다.

787년 성상 복고 이후 '예기치 않게' 거행된 카롤루스의 대관식은 프랑크 궁정과 비잔티움 궁정의 관계 개선에 전혀 도움을 주지 않았다. 제7차 공의회의 결의에 대한 라틴어 번역본은 (동방 교회가 그토록 중요하게 여긴) '공경'과 '흠숭'을 구별하지 못했고, 서방인들은 변덕스러운 '그리스인'들이 어제까지만 해도 성상을 파괴하다 돌연 마음을 바꾸어 우상을 숭배하기 시작했다고 생각했다. 그렇기에 791년 카롤루스 대제는 이콘을 승인한 공의회의 결정을 비난하는 칙령을 공표했다. 이는 공식적인 합의가 이루어졌을 때조차 동서방 사이에 균열이 있었음을 보여주는 징표였다.

26

슬라브인들의 개종

8세기 초 비잔티움 황제와 로마 교황 사이의 분쟁을 야기한 것은 성상 문제뿐만이 아니었다. 동방과 서방은 교회의 관할권을 두고도 대립했다. 특히 문제는 로마와 콘스탄티노플 중 어떤 교회가 이탈리아 남부 칼라브리아와 발칸 반도에 대한 권한을 행사할 것인지를 두고 불거졌다. 어떤 지역에 대한 교회의 관할권은 곧 그 지역에 대한 정치적 권한을 의미했기 때문에, 이는 양편 모두 양보할 수 없는 문제였다. 9세기, 슬라브인들이 그리스도교로 개종함에 따라 관할권 분쟁은 더욱 격화되었다. 게다가 마침 포티오스가 콘스탄티노플 총대주교로 임명된 사건은 동방과 서방 관계를 악화일로로 치닫게 했다.

그러나 9세기 슬라브인들에 대한 선교는 그 자체로 놓고 볼 때 놀라울 정도로 성공적이었고, 그리스도교를 받아들인 슬라브인들은 믿기 힘들 정도로 빠르게 문명화되었다.

키릴로스와 메토디오스

슬라브 세계로 파견된 선교사들을 대표하는 인물은 단연 '슬라브인의 사도' 테살로니키 출신의 성 키릴로스Cyril(827년경~869년)와 성 메토디오스Methodius(825년경~884년) 형제다. 이들은 모두 명민한 학자였고, 특히 언어에 탁월한 재능이 있었다. 그리고 그러한 재능은 북쪽의 이교 세계에 복음을 전하는 일에 크게 기여하게 되었다. 특히 슬라브어를 할 줄 아는 그리스, 라틴 신학자들은 거의 없었고, 그리스어나 라틴어를 할 줄 아는 슬라브인도 거의 없었다. 게다가 슬라브어는 문자 언어가 아니었기에, 그리스도교 문헌을 슬라브어로 번역해 보급하는 것도 불가능했다.

키릴로스는 콘스탄티노플대학에서 철학을 가르쳤고, 히브리어와 아랍어에도 통달했던 까닭에 한때 비잔티움의 사절로 칼리파 제국을 방문하기도 했다. 메토디오스는 폴뤼크론 수도원의 원장을 맡고 있었다. 860년 황제는 형제를 불러 흑해 북쪽 하자르족에게 복음을 전하도록 했다. 그러나 하자르족은 결국 유대교를 수용했고, 선교는 실패로 돌아가고 말았다. 862년에는 모라비아의 왕 라티슬라프Ratislav(820년경~870년 이후)가 콘스탄티노플에 사절을 보내 모라비아 언어로 설교할 수 있는 선교사를 파송해 달라고 요청했다. 이미 그 지역에는 서방 교회의 사제들이 당도해 있었으나, 그들은 오직 라틴어

체코 라드호쉬끄산에 있는 키릴로스와 메토디오스 동상.
슬라브 문화권 곳곳에 이들을 기념하는 이콘이 존재한다.

로만 집전하고 설교했기 때문이다.

863년, 황제는 키릴로스와 메토디오스 형제를 모라비아에 파견했다. 두말할 것 없이 모라비아에 라틴 교회가 아닌 비잔티움 교회를 설립하고 싶은 바람 때문이었으나, 해당 지역을 프랑크의 영향력이 아닌 비잔티움의 영향력 아래에 두고 싶었던 까닭이기도 했다. 형제는 비잔티움 전례를 슬라브어로 번역하기 위해 먼저 슬라브어를 담아낼 수 있는 문자(글라골 문자Glagolitic alphabet)를 고안했다(성 키릴로스의 이름을 따서 만들어진 이른바 '키릴 문자'도 두 형제가 고안한 것인지는 불분명하다. 키릴 문자의 형태는 글라골 문자보다는 그리스 문자와 더 유사하다). 이후 그들은 동방 교회의 관행을 따라 지역 언어로 예배를 드렸고, 현지인들이 알아들을 수 있는 언어로 설교했다. 그러나 지역 언어로 거행되던 모라비아 전례는 잘츠부르크와 파사우의 독일인 대주교들의 심기를 불편하게 했다. 그들은 자신들의 당연한 관할권을 비잔티움인들이 **빼앗고** 있다고 여기며 신학적 부적절함을 들어 형제를 비난했다. 그들은 라틴어나 그리스어, 히브리어 외의 언어로 진행하는 전례는 로마 교회법 어디에도 근거가 없다고 주장했다.

결국 867년 로마 교황 니콜라우스 1세는 키릴로스와 메토디오스 형제를 로마로 불러 분쟁을 해결하고자 했다. 868년 로마에 도착한 형제는 니콜라우스의 뒤를 이어 교황이 된 하드리아누스 2세Adrian II(792년~872년)를 접견해 자신들이 펼친 선교 활동의 정당성을 호소했고, 곧 교황을 설득할 수 있었다. 키릴로스는 로마에서 세상을 떠났고, 메토디오스만 교황의 위임을 받아 시르미움(모라비아, 판노이아, 세르비아를 포함하는 대교구)의 대주교로 임명되어 모라비아로 돌아갔다.

그러나 모라비아 지역의 독일 사제들은 모의를 중단하지 않았다. 870년, 그들은 메토디오스를 무고하여 체포하고는 재판에 회부하고, 매질해 투옥하기도 했다. 메토디오스가 감옥에서 세상을 떠나지 않을 수 있었던 것은 872년 교황이 된 요한네스 8세가 그의 석방을 요구했기 때문이었다. 풀려난 메토디오스는 873년부터 879년까지 대교구를 관할했다. 그리고 880년에는 로마를 다시 방문해 교황을 접견하고 슬라브어 전례 집전을 다시금 승인받았다. 그러나 슈바벤 출신의 부주교 비킹Wiching은 계속하여 메토디오스를 음해했다. 이윽고 885년 메토디오스가 세상을 떠나자, 소심하고 무능한 교황이었던 스테파누스 5세Stephen V(?~891년)는 슬라브어 전례를 금지하고 메토디오스를 따르던 이들을 모라비아에서 추방했다.

블라디미르

러시아(혹은 루스인들)는 10세기 말(전승에 따르면 988년) 그리스도교 국가가 되었다. 당시 러시아를 통치하던 이는 블라디미르Vladimir 대공(956년경~1015년)으로, 980년경 키예프 공국과 노브고로드에서 절대적인 권력을 행사하고 있었다. 그는 왕위에 오르자 곧 활발한 정복 활동을 통해 공국을 확장하는 데 전념했던 인물로 본래 완고한 이교도였다. 그는 루스인들의 신들을 위해 여러 신전을 지어 헌납했고, 수많은 신상을 만드는 한편 천둥의 신 페룬Perun을 최고신으로 숭배하며 금으로 신상을 만들고, 콧수염은 은으로 장식했다. 또한 일곱 명의 아내를 두었을 뿐 아니라 수백 명의 첩을 거느렸다.

12세기에 기록된 어느 연대기에 따르면, 블라디미르는 987년 주변 민족의 종교를 답사하기 위해 조사단을 파견했다고 한다. 무슬림 불가르인들을 방문하고 돌아온 조사단은 이슬람이 술을 금지한다며 전혀 즐거움이 없다고 불평했다. 라틴 교회의 전례를 따르던 독일 지역을 방문하고 돌아온 조사단은 그들의 예배가 무미건조하고 볼품없다며 보고했다. 한편 콘스탄티노플을 방문해 하기아 소피아의 장엄한 성찬 예배를 경험하고 온 조사단은 예배가 진행되는 동안 자신들이 천상에 있는지 지상에 있는지 알 수 없을 정도였다고 보고했다. 이들의 말을 들은 블라디미르는 비잔티움 그리스도교를 국교로 채택했다고 한다.

이 이야기의 역사적 신빙성은 차치하고서라도, 988년 블라디미르가 (비잔티움 문명에 매료된 다른 동방 지역 군주들과 마찬가지로) 콘스탄티노플 황제 바실리오스 2세에게, 그의 동생 안나Anna 공주와의 혼인을 간절히 요청했다는 사실은 분명하다. 이 결혼이 성사된 까닭은 블라디미르가 매우 강력한 군주였으며, 황제 바실리오스가 반란을 진압하기 위해 그와 군사 동맹을 맺고자 원했기 때문이다. 그러나 그리스도교인 공주와 이교도의 결혼은 불가능했으므로, 블라디미르는 세례를 받았다. 그리고 황제를 기리는 의미에서 바실리오스라는 세례명을 택했다. 이후 안나와 결혼한 그는 영토 내의 모든 백성에게 그리스도교로 개종하고 세례를 받도록 명했다. 루스인들의 신상들은 모두 파괴되었고, 눈부신 페룬의 신상은 드네프르강에 던져졌다.

신앙의 옹호자

블라디미르는 그리스도교 신앙을 진지하게 받아들였다. 수많은 수도원과 교회를 설립했고, 몇몇은 특히 웅장한 규모로 완성되기도 했다. 나아가 그는 비잔티움을 따라 그리스도교 키예프 문화를 창조하는 데 심혈을 기울였다. 여기에는 상당한 수준의 사회 개혁도 포함되었다. 학교와 병원, 구빈소와 고아원이 설립되었고, 교회 법정이 설치되었다. 또 수도원에 노인과 병약한 이들의 거처를 마련했다. 강자의 횡포로부터 약자를 보호하는 법안을 마련하기도 했다. 사람들은 그를 가난한 이들의 친구이자 정의롭고 온화한 통치자, 나아가 신앙의 열렬한 옹호자로 기억했다. 오늘날 정교회는 그를 성인 블라디미르라는 이름으로 기념한다.

자발적으로 고난을 받은 이

블라디미르의 두 아들 보리스Boris와 글렙Gleb은 러시아 정교회 신자들이 가장 사랑하는 성인들이다. 정교회에서는 그들을 '자발적으로 고난을 받은 성인'이라고 부른다. 형제가 죽음을 맞이한 방식이 그리스도를 닮았기 때문이다.

『보리스와 글렙의 생애』The Lives of Boris and Gleb라는 11세기 저작에 따르면 둘은 야망으로 가득하고 무자비한 형인 '저주받은 자' 스뱌토폴크Svyatopolk에게 살해당했다. 블라디미르는 죽기 전 나라를 아들들에게 나누어 주었고, 장남이었던 스뱌토폴크는 키예프 대공이 되었다. 그러나 스뱌토폴크는 형제들이 다스리는 나라들도 탐냈다.

보리스의 신하들은 스뱌토폴크가 공격하기 전 먼저 키예프를 공격해 제압해야 한다고 조언했다. 그러나 보리스는 오직 세속 권력을 더 얻으려 친형에 맞서 무력을 행사하고 싶지 않았다(글렙 또한 마찬가지였다). 그러나 그러한 양심의 가책이 전혀 없던 스뱌토폴크는 보리스에게 자객을 보낸다. 자객들이 당도했을 때 보리스는 천막에서 기도를 드리고 있었다. 그는 하느님께 두려움 없이, 그리고 분노하지 않고 운명을 받아들일 수 있는 용기를 달라고 기도하며 형을 용서해 달라고 간구했다. 기도를 마치고 그가 침소에 눕자 자객들은 즉시 칼로 수차례 그를 찔렀다. 이후 보리스를 키예프로 옮기던 중 그가 여전히 숨을 쉬고 있음을 발견한 암살자 중 한 사람이 창을 그의 심장에 꽂았다.

보리스를 살해한 스뱌토폴크는 이어 글렙에게 편지를 보내 부왕이 위독하다는 사실을 알렸다. 편지를 받고 곧장 배에 올라 키예프로 향하던 글렙은 부왕이 이미 세상을 떠났으며, 보리스가 살해되었다는 사실을 깨닫는다. 글렙이 슬픔에 잠겨 울고 있을 때 스뱌토폴크가 사주한 자객(그는 글렙의 개인 요리사로 위장하고 있었다)이 부엌칼로 그의 목을 베어 살해하고 시신을 강기슭에 버렸다.

오랜 세월 내려온 전설이 보존하는 이야기는 대략 이렇다. 일부 역사가들은 이 이야기의 신빙성에 의문을 제기한다. 어떤 이들은 이야기의 세부 사항은 물론 전체 이야기에 대해, 즉 스뱌토폴크가 실제로 형제들을 죽였는지 의심하기도 한다. 그러나 이야기의 신빙성은 차치하고서라도, 칼을 뽑기보다는 그리스도와 마찬가지로 온유하게 죽음을 맞이한 두 형제의 이야기가 러시아 정교회의 정서에 커다란 영향을 미쳤다는 것은 변함없는 사실이다.

보리스와 글렙

그리스도교 러시아의 첫 시기, 키예프 공국 시대는 러시아 역사의 황금기였다(적어도 러시아 민간전승에 따르면 그렇다). 수도 키예프는 무역과 제조업의 중심지로 번성했고, 장식 예술, 특히 정교한 은 세공업으로 명성을 떨쳤다. 키예프에 세워진 수백 개의 교회는 찬란한 아름다움으로 주목받았다.

그러나 키예프의 부와 세력은 100년 넘는 세월을 거치며 점차 쇠퇴했고, 이윽고 13세기 초, 1238년 칭기즈 칸Genghis Khan의 손자 바투 칸Batu Khan(1205년경~1255년)이 이끄는 몽골군이 러시아를 침공하며 키예프 시대는 저물었다. 1240년, 키예프가 몽골군에 함락되었고, 거주민들은 학살당했다. 이후 러시아 그리스도교 중심지는 몽골의 말발굽이 닿지 않은 곳이었으나 확연히 덜 문명화된 북쪽의 한 도시로 이동했다. 모스크바였다.

27
—
대분열

한때 보편 세계의 양대 산맥이었던 비잔티움 동방과 라틴 서방은 11세기를 거치며 사실상 완전히 결별했다. 정치, 문화뿐 아니라 교회도 마찬가지였다. 수백 년을 거치며 동방 교회와 서방 교회는 점점 서로에게서 멀어졌다. 형식적으로는 하나의 교회를 표방했지만, 이제 두 교회는 서로 다른 방식으로 성찬례를 거행하는 것을 넘어 서로를 경쟁자로 의식했다.

'공식적으로' 가톨릭 교회가 동방 정교회와 로마 가톨릭 교회로 분리된 대분열의 해는 1054년이다. 이 해 콘스탄티노플 총대주교좌와 로마 교황좌의 완전한 상통은 깨졌고, (예상과는 달리) 끝내 회복되지 않았다. 그러나 동방 교회와 서방 교회의 상통 관계 자체는 어느 정도 존속되었고 시간이 훨씬 흐른 후에야 점진적으로 중단되었다.

교황: 권력과 개혁

　11세기 동방 교회와 서방 교회의 신학과 전례는 상당히 다른 방향으로 나아간 상태였다. 정교하고 조금은 퇴폐적인 비잔티움 문명과 투박하고 여전히 조금은 야만적인 프랑크의 전사 문화의 간극은 극복하기 어려웠다. 그러나 결정적인 분열을 초래한 것은 제국과 교회의 정치 문제였다.

　11세기 후반 서방 교회를 연이어 이끈 교황들은 모두 서방 교회를 개혁하는 데 헌신한 탁월한 인물들이었다. 교회의 관행은 더 체계화되었고, 교황을 중심으로 한 강력한 위계질서가 확립되었다.

　개혁의 첫걸음을 내디딘 교황은 레오 9세Leo IX(1002년~1054년)였다. 그는 성직 매매simony나 세속 통치자가 성직자를 임명하는 등 당시 라틴 교회에서 관례적으로 일어나던 문제점을 근절하는 데 전념했다. 나아가 이른바 '니골라오파'Nicolaitism, 즉 성직자가 아내나 정부情夫를 두는 행위를 뿌리 뽑고자 했다. 수백 년 전부터 서방 교회에서는 결혼하지 않은 사제들을 선호했지만, 이에 모든 서방 주교가 동의한 것은 아니었다. 또 그리스와 동부 시리아의 사제들은 결혼하는 경우도 많았기에 로마는 독신 의무를 모든 교회에 구속력이 있는 '교리'로 주장할 수는 없었다. 그러나 레오 9세는 자신의 포부를 이루기 위해 먼저 교황의 영향력을 제고해야 한다는 사실을 잘 알고 있었다. 그가 임명한 보좌관들 가운데는 베네딕투스회 수사이자 그리스어에 능통한 학자였던 실바 칸디다의 홈베르투스Humbert of Silva Candida(1000년경 ~1061년)가 있었다. 레오의 오랜 벗이기도 했던 그는 전 세계의 교회에 대한 교황의 수위권을 적극 지지하던 인물이었다.

황제, 교황, 교황 사절, 총대주교

1049년 레오가 교황이 되었을 때, 콘스탄티노플의 제위에 있던 황제는 (다소 무책임한 성격의) 콘스탄티노스 9세Constantine IX(980년~1055년)로, 황후 조이Zoe(978년경~1042년)와 결혼하여 권력을 잡은 인물이었다. 그는 콘스탄티노플대학을 확장하는 한편, 비잔티움 미술과 문예 부흥 운동을 촉진했다. 그러나 동시에 호화로운 건축 사업과 여러 사치스러운 일에 국고를 낭비했고, 이는 경제적 재앙으로 이어졌다. 황제는 군을 대폭 축소함으로써 이 문제를 수습하려 했다. 그리고 이는 자신의 방탕함 때문에 일어난 내란은 물론 비잔티움령 아르메니아에 대한 셀주크 투르크인의 진출, 마케도니아와 불가리아를 향한 페체네크족의 침공 및 노르만인들의 칼라브리아 정복에 효과적으로 대응하지 못하는 결과를 낳았다.

이탈리아 남부를 휩쓴 노르만인들은 교황 레오에게도 골칫거리였다. 그들은 이탈리아 교회에 막대한 피해를 입혔고, 로마 자체에도 위협이 되었다. 교황은 신성 로마 제국 황제 하인리히 3세Henry III(1017년~1056년)에게 군사력 지원을 요청했다. 그러나 하인리히에게서 어떤 도움도 얻지 못한 교황은 노르만인들에 직접 맞서 싸우기로 결심하고 (전적으로 열세에 있던) 교황군을 보냈으나 1053년 6월 패배하고

하기아 소피아 성당에 있는 벽화. 그리스도 좌우로 콘스탄티노스 9세와 조이 황후가 있다.

말았다. 노르만인들에게 사로잡힌 교황은 아홉 달 동안 인질로 머물러야 했다. 석방된 레오는 콘스탄티노플에 사절을 보내 비잔티움과의 동맹 가능성을 타진했다. 이때 파견된 사절 가운데는 훔베르투스도 있었다.

노르만인들의 침공에 고심하던 콘스탄티노스 9세는 이미 교황과 동맹을 맺고자 시도한 바 있었고, 로마에 상당한 양보를 할 용의가 있음을 보여주었다. 그러나 당시 매우 큰 영향력을 지닌 콘스탄티노플 총대주교 미하일 케룰라리오스Michael Cerularius(1000년경~1059년)는 황제의 계획을 가로막고 나섰다. 레오가 가톨릭 세계에서 로마의 수위권을 주장하려고 한 것과 마찬가지로, 케룰라리오스는 콘스탄티노플 총대주교좌의 자율권을 수호하고자 했다. 1052년, 총대주교는 로마 교회의 오류를 공개적으로 지적하는 한편, '변개'를 비난했다. 황제가 로마와 손을 잡으려고 한 것에 대한 거부의 표시였다. 또 콘스탄티노플 총대주교의 관할 구역에서 라틴 전례를 금지했던 것으로 보인다 (이에 대해서는 역사가들의 의견이 엇갈린다).

라틴 교회에 대한 케룰라리오스의 맹렬한 비난에 1053년 홈베르투스는 「그리스인들의 중상모략 반박」Against the Calumnies of the Greeks이라는 매우 원색적인 제목을 단 글을 통해 대응했다. 이 글에서 홈베르투스는 로마 교황에게 모든 그리스도교 공동체에 대한 수위권은 물론 옛 서로마 제국의 영토에 대한 주권도 있다고 강조했다(이것은 훗날 위조문서로 밝혀진 「콘스탄티누스의 증여」Donation of Constantine를 근거로 삼은 것이다). 결국 1054년 홈베르투스를 교황 사절의 핵심 인물로 콘스탄티노플에 보낸 레오의 선택은 아주 대담하거나 어리석기 그지없는 행동이었다. 혹은 둘 다였을지도 모른다.

파문

홈베르투스를 비롯한 교황의 사절들은 콘스탄티노플에 도착하자 모욕적이고 고압적인 어조로 쓰인 '교황 서신'을 총대주교에게 전달했다. 오만하고 혈기 왕성한 케룰라리오스는 격분했고, 교황 사절들에 대한 접견을 거부했다. 마찬가지로 평소에도 과격하고 완고한 인물이었던 홈베르투스는 콘스탄티노플 신학자들과의 공개 토론에서 무례하고 공격적인 발언을 일삼으며 상황을 더 악화시켰다. 그는 비잔티움인들이 로마 교황에게 복종해야 한다며 과장된 말투로 그리스 교회의 교리와 관행을 장황하게 비난했다.

공교롭게도 레오는 콘스탄티노플에 특사를 보낸 직후 세상을 떠났다. 따라서 교황 사절의 직위 또한 교황의 죽음으로 흔들리는 것처럼 보였다. 그러나 레오는 교황 사절들이 필요한 상황에 사용할 수 있도록 훔베르투스에게 백지 위임장carte blanche을 교황 교서의 형태로 발급해 준 상태였다. 훔베르투스는 이를 활용해 교황의 공위 기간에 문제를 해결하고자 결심했다. 비잔티움인들이 교황의 수위권을 거부하고, 문제가 된 라틴 교리들을 따르기를 거부하자 훔베르투스는 분개했다. 또 총대주교가 계속하여 자신을 교황 사절로 인정하지 않는 것에 대해서도 앙심을 품었다. 이에 훔베르투스를 비롯한 교황 사절들은 1054년 7월 16일 금요일, 성찬 예배를 거행하던 하기아 소피아 성당에 들이닥쳐 케룰라리오스와 콘스탄티노플 성직자들을 '파문'하는 교서를 제대에 올려놓았다.

이미 '야만스러운' 교황 사절들의 무례함에 진절머리를 내고 있던 케룰라리오스는 이런 상황을 예상이나 한 듯 개의치 않고 그들을 똑같이 '파문'하는 것으로 대응했다. 콘스탄티노스 9세도 민심을 등에 업은 총대주교의 결정에 따르지 않을 수 없었다.

훔베르투스는 계속하여 교황들을 보좌했고, 1059년 노르만인과 교황 사이의 동맹 체결에 기여했다.

개혁가

중세 후기를 대표하는 '교황 군주제'monarchical papacy는 11세기 후반에 등장했다. 레오 9세를 시작으로 후임자들이 꾸준히 이어간 개혁의 결과였다. 그리고 동방 교회와 결별함으로써 최종적으로 완성된 것이기도 하다.

교황 중심의 개혁을 이룩하는 일에 기여한 교황으로는 (비록 임기는 반년을 조금 넘을 뿐이었으나) 레오의 사촌으로 1054년 콘스탄티노플을 방문한 사절 가운데 한 사람인 스테파누스 9세Stephen IX(1000년경~1058년)를 들 수 있다. 그는 성직자의 독신과 교황의 수위권을 확고하게 지지했고, 공의회를 소집해 성직 매매를 근절하고자 했다.

그러나 11세기 라틴 교회의 개혁에 가장 큰 위업을 남긴 인물은 단연 그레고리우스 7세Gregory VII(1020년경~1085년)라는 이름으로 교황에 오른 힐데브란트Hildebrand일 것이다. 그는 성직 매매를 근절하기 위해 단호한 조처를 했고, 순응하지 않는 주교들의 교구에는 사절을 파견해 간섭했다. 또한 그레고리우스는 로마 전례로 서방 교회의 전례를 통일하고자 했다. 그의 가장 큰 업적은 교황의 힘을 가시적으로 보여주었다는 데 있다. 성직자들의 서임권을 두고 그는 훗날 신성 로마 제국의 하인리히 4세Henry IV가 된 독일왕 하인리히(1050~1106년)와 대립한다. 1075년 그레고리우스는 공의회를 열어 평신도가 성직자를 임명하는 관행을 규탄했고 하인리히를 보좌하던 측근 다섯 명을 파문했다.

루돌프 블래스터, 〈카노사에서 교황 그레고리우스 7세 앞에 엎드린 하인리히 7세〉 (1883년)

그러나 하인리히는 독일과 이탈리아 북부 주교들의 지지를 등에 업고 교황의 사절을 거부하는 한편, 따로 회의를 열어 그레고리우스를 폐위했다. 이에 그레고리우스는 하인리히와 그가 소집한 회의에 참여한 이들을 파문할 뿐 아니라 하인리히를 폐위하고 그에 대한 복종 의무를 면제한다고 선언했다. 결국 하인리히의 지지층은 붕괴하고 말았다.

1077년 1월, 아우크스부르크에서 열린 귀족 회의를 참관하기 위해 독일로 향하던 그레고리우스는 하인리히가 이탈리아에 도착했다는 소식을 들었다. 이에 그는 여정을 중단하고 안전을 위해 토스카나의 카노사 성으로 피신했다. 그러나 하인리히는 통회하는 고백자penitent로 교황을 찾았고, 3일 동안 눈이 오는 카노사 성 바깥에 맨발로 서서 교황에게 용서를 구했다. 그레고리우스는 마침내 그를 사면했다. 역사는 이를 '카노사의 굴욕'으로 기억한다.

여파

　동방과 서방 그리스도교인들의 관계는 어떤 지역에서는 중단되기도 했지만, 어떤 지역에서는 계속되기도 했다. 그러나 시간이 흘러 1054년의 분열은 사람들의 기억에 결정적인 사건으로 각인되며 점차 고착화되기 시작했다. 비잔티움 전통이 우세한 그리스와 시리아, 발칸 반도의 교회는 자연스럽게 콘스탄티노플과 상통 관계를 이어갔다. 반면 라틴 전통이 우세한 곳은 로마 교황좌와 상통 관계를 지속했다. 교회의 '대분열'은 한순간에 일어나지 않았다. 분열은 어떤 면에서는 1054년보다 훨씬 앞선 시점에 일어나 있었으나, 어떤 면에서는 훨씬 더 시간이 흐른 후에 일어났다.

28

초기 십자군

'성전'聖戰, holy war은 그리스도교 신학 전통에 낯선 개념이다. 이는 성서
가 기록하는 그리스도의 가르침과 양립할 수 없을뿐더러 고대 교회
의 정신과도 동떨어진 것이다. 물론 유스티니아누스나 카롤루스 대
제와 같은 그리스도교 통치자들은 국가의 통합을 위해 '신앙'을 강요
하는 모습을 보이기도 했다. 그러나 우리가 알고 있는 한, 어떤 지배
자도 군사 행동을 하느님이 준 사명으로 정당화하지는 않았다.

그러나 11세기 말 상황은 달랐다. 전쟁을 정당화할 수 있다는 생
각은 물론 이를 넘어 '성스러운 대의'를 위해 전쟁도 불사할 수 있다
는 사고가 가톨릭 사상에 스며들었다. 아이러니하게도 이는 한편으
로 전쟁을 억제하고 제한하기 위해 교회가 기울였던 노력의 결과였

다. 10세기 말에서 11세기 중반까지 프랑스의 교회 회의는 '하느님의 평화'peace of God 운동을 시작했다. 하느님의 평화 운동은 사적 이익을 위해 전쟁을 일으키는 자, 또 전쟁 중이더라도 여성이나 농민, 상인, 성직자를 비롯한 비전투원에게 위해를 가하는 자는 파문으로 다스리겠다고 경고했다. 나아가 평화를 수호하겠다는 서약을 요구했다. 또 11세기의 한 교회 회의는 '하느님의 휴전'truce of God이라는 개념을 도입해 연중 특정일에 무력 행위를 할 수 없도록 했다. 다시 말해 사순절 참회 기간과 성주간을 비롯한 교회력의 특정 기간은 물론 추수철과 연중 매주 수요일 저녁부터 월요일 아침까지의 기간에 무력 행위가 금지되었다. 사실상 한 해의 4분의 3 이상이었다.

숭고한 이상과 저열한 동기

아이러니하게도 교황 우르바누스 2세Urban II(1035년경~1099년)가 제제1차 십자군 원정을 촉구한 클레르몽 공의회에서는 '하느님의 휴전'을 재차 강조하며 확장했다. 그러나 '하느님의 휴전'을 뒷받침하던 핵심 사상은 폭력과 약탈 행위로부터 방어력이 없는 이들을 보호하는 것이었고, 우르바누스의 호소는 동방에서 들려온 소식 곧 셀주크 투르크가 동방의 그리스도교인은 물론 성지를 방문하는 서방 그리스도교인들을 약탈하고 살해하며 노예로 삼는다는 소문에 대한 대응으로 나온 것이었다. 또 아나톨리아 곧 비잔티움령 소아시아와 아르메니아 및 시리아 서부를 아우르는 동방 그리스도교 세계에 대한 셀주크의 침략에 맞서기 위한 군사 지원을 요청한 비잔티움 황제 알렉시오스 콤니노스Alexius Comnenus(1057년~1118년)에 대한 응답이기도 했다.

그러나 십자군의 명분에 자극받은 이들 중 대다수를 차지한 것은 교황이 전혀 예상하지 못한 부류였다. 소집된 십자군은 명예를 중시하고 억압받는 이들을 구하기 위해 모인 군대가 아니었다. 상당수 병력은 무장한 도적 떼에 불과했다. 1096년 원정을 시작한 십자군 병력 일부는 라인강 유역을 따라 진격하며 유대인들을 약탈하고 살해하는 한편, 교구의 유대인들을 보호하려는 지역 주교들을 공격하기도 했다. 그리고 대다수는 동방에 도착하기도 전에 와해되고 말았다.

그나마 잘 조직된 십자군은 주로 프랑스 귀족들이 지휘하던 병력이었다. 1096년 8월, 그들은 잘 조직된 상태로 동방을 향해 진군했다. 1097년 4천여 명의 기사들이 콘스탄티노플에 집결했고, 2만에서 3만에 달하는 보병이 뒤이어 도착했다. 새로운 동맹이 어느 날 적만큼이나 위험한 세력이 될 것을 예감한 알렉시오스는 기사들에게 그들이 해방할 옛 비잔티움 영토를 즉각 제국에 되돌릴 것을 맹세하도록 요구했다.

1097년 6월, 니케아를 탈환한 십자군은 이를 즉시 비잔티움에 반환했다. 그곳에서부터 서방과 비잔티움 연합군은 아나톨리아 내륙으로 진격했다. 7월에는 도릴라이움 전투에서 투르크인에게 대승을 거두었다. 8월에는 안티오키아를 포위했다. 안티오키아는 쉽게 함락되지 않았고, 결국 도시의 점령을 포기한 알렉시오스가 비잔티움 병력의 철수를 명하자 십자군은 그가 안티오키아에 대한 권리를 포기한 것으로 이해하며 공성전을 이어갔다. 1098년, 안티오키아가 함락되

안티오키아 공성전을 그린 세밀화 (14세기)

었고, 십자군은 안티오키아를 전리품으로 간주했다. 1099년 1월, 십자군은 예루살렘을 향해 진군했다.

십자군 병력(약 1천 5백 명의 기사와 1만 명의 보병)이 예루살렘에 이르렀을 때, 셀주크 인들은 이미 파티마 왕조 이집트에 밀려난 상태였다. 그러나 십자군에게 이러한 사실은 중요하지 않았다. 6월 초에 시작된 예루살렘 공성전은 7월 중순까지 이어졌다. 마침내 성벽이 뚫리자, 노르만인 장수 탕크레드 드 오트빌Tancred of Hauteville(1072년~1112년)은 도시의 거주민들을 해하지 않겠다고 약속했다. 그러나 십자군은 그의 명령을 무시하고 도시에 들어서는 순간 닥치는 대로 무슬림과 유대인은 물론 아랍 그리스도교인까지 살해했다. 여성과 어린아이도 예외는 아니었다. 대학살의 참상은 이루 말할 수 없었다.

이후 예루살렘에는 십자군의 보호국이 세워졌고, 이는 1100년 후반 보두앵 1세Baldwin I(1057년경~1118년) 아래 예루살렘 왕국으로 발전(또는 퇴보)했다. 그 사이 서방에서 십자군 병력이 도착했고, 증원된 십자군은 베이루트와 아크레(오늘날 이스라엘 북부의 아코)를 비롯한 다른 도시들도 점령해 국가를 건설했다. 곳곳에 십자군의 성채가 들어섰다. 이렇게 서유럽 봉건제가 중동과 북아프리카 지역에 유입되었고, 유프라테스로부터 레반트와 트리폴리에 이르는 광활한 지역에 서방식 봉건 국가들이 세워졌다. 심지어 십자군은 여세를 몰아 비잔티움령 라타키아 항구 등을 공략하며 제국을 도발하거나 안티오키아와 예루살렘에 라틴인 총대주교를 세우는 등의 행위로 동방 교회를 분노케 했다.

알비 십자군

모든 십자군이 성지로 향한 것은 아니다. 어떤 싸움은 프랑스에서 일어났다. 12세기와 13세기, 프랑스 남부와 이탈리아에서는 이른바 '알비파'Albigensians, 다른 말로는 '카타리파'Cathars('순수한 이들'이라는 뜻의 그리스어 '카타로이'καθαροί에서 기원한 명칭이다) 공동체가 등장했다. 이들은 10세기 불가리아에서 시작되어 동방에서는 15세기까지 잔존한 보고밀파Bogomils에 영향을 받은 일종의 영지주의 분파였다. 그들은

페드로 베루게테, 《성 도미니쿠스와 알비파》 (1493년~1499년). 알비파(카타리파)
와 도미니쿠스의 책을 모두 태우고 있으나 도미니쿠스의 책만 타지 않는다.

물질세계를 악마의 창조물이자 하느님에게 버림받은 결과물이라 생
각했고, 우주는 영혼이 계속하여 육체 안에 감금되는 감옥의 현장이
라고 믿었다. 카타리파는 전통적인 그리스도교 가르침을 거부했고,
평화롭고 검소한 삶을 살며 내면의 깨달음과 금욕을 통해 구원을 얻
고자 했다.

교황 인노켄티우스 3세(1160년경~1216년)는 카타리파에 관용을 베풀
고 대화를 통해 문제를 해결하고자 했다. 그러나 12세기 후반 랑그
도크 지역의 몇몇 귀족 가문은 카타리파의 명분에 동조하며 영지의
가톨릭 교회를 박해하기 시작했다. 푸아 백작은 파미에 수도원의 수
사들을 쫓아내고 경당을 훼손하는 한편, 재산을 몰수하기도 했다.
베지에 자작 또한 수도원을 약탈하고 불태웠으며, 주교와 수도원장

을 감금하고는 수도원장이 세상을 떠나자 그의 시신을 설교단에 전
시하여 모욕하기도 했다. 이어 툴루즈 백작 레몽 6세Raymond VI는 수
사들을 박해하고 교회를 약탈하며 교황의 사절들을 암살하고자 음
모를 꾸미기도 했다.

예기치 못한 사태에 당황한 교황은 프랑스 왕을 독려해 남부로 '십
자군'을 보내도록 했다. 그러나 이러한 무력 행위는 별다른 효과 없
이 끝났다. 오히려 프랑스 왕이 툴루즈를 비롯한 남부 지역을 장악
하고 북부의 노르만 귀족들이 가톨릭과 알비파 영주들 모두에게서
영지를 빼앗을 구실을 제공했을 뿐이다.

결국 교황 인노켄티우스 4세(1195년경~1254년)는 (어느 정도는 프랑스 왕
루이 9세의 명에 따른 조치였으나) 그리스도교 관습에는 반하나 신성 로
마 제국에서 부활한, 옛 로마법을 근거로 한 '이단 심문'inquisition을 도
입했다. '알비 십자군'이 실패한 지점에서 이단 심문은 성공을 거두
었고, 결국 카타리파는 근절되었다.

전쟁과 문화의 상호작용

십자군 원정은 산발적으로 일어났고, 대개 무의미하게 끝났다. 십
자군이 한 역할은 급격히 인구가 증가하던 서유럽에서 사라져가던
마지막 '야만인' 전사 계층들에게 에너지를 분출할 창구를 마련해 준
것에 불과했다. 그러나 십자군의 의도와는 달리 원정은 (비록 종종 피
로 얼룩지긴 하였으나) 서방 그리스도교 세계와 (비잔티움과 이슬람을 아우

르는) 동방 문명의 문화 및 무역 관계를 오히려 안정적인 것으로 만드는 데 기여했다. 이로써 동방과 서방 사이의 생산적인 문화적, 지적 교류가 어느 정도 가능해졌다.

제2차 십자군 원정은 1145년 교황 에우게니우스 3세Eugenius III(1088년~1153년)의 주도로 일어났다. 클레르보의 베르나르두스Bernard of Clairvaux(1090년~1153년)를 비롯한 몇몇 인물들이 프랑스와 독일을 돌아다니며 원정의 정당성을 호소했다. 이에 1147년 독일 황제 콘라트 3세Conrad III(1093년~1152년)와 프랑스 왕 루이 7세Louis VII(1120년~1180년)가 이끄는 두 개의 주 병력이 동방을 향해 진군했다. 콘라트가 이끄는 병력은 10월 아나톨리아에서 투르크인들에게 극심한 타격을 입었으나, 다음 달 니케아에서 루이가 이끄는 병력이 합류함으로써 전멸을 면할 수 있었다. 이듬해 3월, 레몽 드 푸아티에Raymond of Poitiers(1115년경~1149년)가 지배하던 안티오키아에 도착한 콘라트와 루이는 콘스탄티노플로 퇴각한 후 다시 (독일과 프랑스 귀족들의 지원을 받아) 약 5만 명의 병력을 모아 다마스쿠스를 공격했다. 그러나 원정은 참패로 끝났다. 십자군은 며칠의 공방전을 벌인 끝에 투르크의 대규모 증원군이 합류하기 전 후퇴하지 않을 수 없었다.

12세기의 십자군 국가들은 제1차 십자군 원정 때 점령한 지역을 유지하는 것에 만족해야 했다. 그러나 그들은 상당수의 서방 그리스도교인들이 유럽에서 동방으로 이주할 수 있도록 안정적인 전초 기지를 마련해 주었다. 이곳에 정착한 서방 그리스도교인들의 자녀들 상당수가 아랍어를 배웠고, 현지 여성들과 결혼했다. 또 지역의 관습

많은 부분을 수용했다. 동방에 안정적으로 자리 잡은 봉건 질서를 상징하던 것은 십자군 국가들의 병력만이 아니었다. 몇몇 기사 수도회 military orders가 들어섰다. 특히 1128년 성지로 향하는 그리스도교 순례자들을 보호하기 위해 결성된 성전 기사단Knights Templar과 순례자들 및 도움이 필요한 이들을 위한 거처와 병원 마련이라는 명시적 목표를 두고 11세기 중엽에 결성되어 나중에는 정말로 '기사'가 된 구호 기사단Hospitallers이 대표적이다.

그러나 살라딘Saladin으로 잘 알려진 쿠르드 출신 술탄 살라흐 앗딘 Salah ad-Din(1137년~1193년)은 이러한 봉건 질서가 환상에 불과했음을 보여주었다. 오히려 서방의 기사도에 걸맞을 정도로 대담하고 용맹하며 독실한 무슬림이었던 그는 라틴인 점령자들을 향한 지하드(성전)를 성공적으로 이끌며 1187년 예루살렘 왕국 대부분을 탈환했다. 같은 해 10월에는 예루살렘을 장악하고는 남아 있던 그리스도교인들에게 적은 몸값을 지불하고도 도시를 떠날 수 있게 관용을 베풀었다. 이제 튀로스만이 남아 최후의 저항을 이어갔다.

예루살렘이 함락되자 교황 그레고리우스 8세Gregory VIII(1100/1105년경~1187년)가 제3차 십자군 원정을 독려했다. 이 제3차 십자군은 특히 화려한 전설로 남았다. 무엇보다 살라딘과 잉글랜드 왕 리처드 1세 Richard I(1157년~1199년) 때문이었다. 두 명 모두 전쟁에 능한 장수였고, 기사도적 예법과 무예에 있어 서로를 능가하고자 혈안이 되어 있었다. 게다가 두 명 모두 적군에 대해서는 무자비했다. 이를테면 1191년 아크레를 무슬림에게서 탈환한 후 포로 교환을 위한 협상을 이어

가다 인내심이 바닥난 리처드는 모든 무슬림 포로를 가족과 함께 몰살했다. 그럼에도 리처드와 살라딘은 소통을 이어갔고, 결국 교착상태에 빠진 둘은 1192년 9월 평화 협정을 맺었다. 한 달 후 리처드는 성지를 떠났고, 그로부터 다섯 달 후 살라딘은 다마스쿠스에서 평온하게 죽음을 맞이했다.

29

—

비잔티움의 영광과 몰락

콘스탄티누스 대제 이후 천년 이상, 콘스탄티노플은 세계의 경이 가운데 하나였다. 그 장엄함에 어깨를 견줄 만한 서방의 도시는 없었다. 고대 헬레니즘-로마 문화의 적통을 자부하던 그리스도교 동방 비잔티움 문명에 비할 때, 서유럽의 제국과 여러 왕국은 안타까울 정도로 조야했다. 적어도 비잔티움인들이 보기에는 그랬다.

11세기와 12세기는 비잔티움 세계의 문화와 학문에 새로운 혁신의 바람이 깃든 시대였다. 그러나 같은 시기, 이슬람 세계와 동방의 여러 부족, 심지어 서방 그리스도교 세력의 공세는 비잔티움의 돌이킬 수 없는 군사적 쇠락을 가져왔다.

신신학자 시메온

'비잔티움 르네상스'의 특징 가운데 하나는 일종의 영적 각성이었다. 특히 관상기도의 영성과 신학에서 커다란 혁신이 일어났다. 누구보다 주목해야 할 인물은 신신학자 시메온Symeon the New Theologian이다. 수사이자 신비주의 시인이었던 시메온의 저술은 사실상 동방 정교회 영성의 근간이 되었다. 동방 교회 전통에서 '신학자'라는 칭호는 성령의 신비에 관한 특별한 지식을 갖춘 사람을 존경하여 일컫는 매우 명예로운 이름으로, 동방 교회에서 이 칭호가 부여된 인물은 세 사람, 사도 요한과 나지안주스의 그레고리오스, 그리고 시메온뿐이다.

시메온의 본래 이름은 게오르기오스George였다. 그는 귀족 가문 출신이었고, 황궁의 관료가 되길 바란 부모는 그의 나이 11세가 되던 해 그를 콘스탄티노플로 보내 정규 교육을 받게 했다. 그러나 14세의 나이에 스투디온 수도원의 수사 경건자 시메온Symeon the Pius을 만나게 된 게오르기오스는 그와 교류하며 영적 지도를 받기 시작했다. 세속 학업을 즉각 그만둔 것은 아니었지만 20세가 되었을 때(혹은 그 무렵) 게오르기오스는 처음으로 매우 생생한 신비 체험을 했다. 형언할 수 없는 황홀감 속에서 순전하고 영원한 빛인 하느님을 경험한 것이다.

부모의 기대에 부응하듯, 게오르기오스는 출세 가도를 달리게 되고 이윽고 원로원 의원이 되었다. 그러나 그는 관조하는 삶으로의 부름을 거부하지 못했다. 스물일곱의 나이에 스투디온 수도원에 입회해 스승의 이름 시메온을 자신의 이름으로 삼았다. 그러나 그가 계속하여 노老 시메온의 지도에 의존하는 것을 못마땅하게 여긴 상급자들

신신학자 성 시메온의 이콘

은 그에게 영적 지도자의 돌봄을 받는 대신 다른 수도원으로 떠날 것
을 요구했다.

결국 성 마마스St. Mamas 수도원으로 옮긴 시메온은 980년 수도원장
이 되었고, 그곳에서 관상기도의 부흥을 이끌게 된다. 그러나 1009
년, 스승이 세상을 떠난 지 얼마 되지 않아 콘스탄티노플 총대주교와
갈등하게 된 시메온은 결국 추방되어 멀리 떨어진 보스포러스 해안
한켠에 초라한 거처를 마련해야 했다. 시메온의 신비주의 담화와 인
격적 모범에 감명받은 세 명의 수사가 제자가 되기를 청하며 머무르
기 시작했다. 관상기도의 삶을 따르고자 결심한 적지 않은 인물들이
곁에 모여들어 수도 공동체를 이루어 나가기 시작할 무렵, 시메온은
세상을 떠났다.

시메온의 저술은 도발적이다. 신비 체험의 빛과 어둠, 곧 하느님과의 연합이라는 황홀경과 일상으로 돌아오는 허탈감에 대한 그의 설명은 실로 풍부하고 경이롭다. 시메온은 하느님과 영혼이 결합할 때 느끼는 친밀감을 표현하기 위해 노골적인 성적 묘사도 주저하지 않았다. 나아가 이러한 사랑에 사로잡힌 영혼이 느끼는 황홀감을 술 취함이나 낭만적 은유를 통해 거침없이 묘사하기도 했다. 화려하고 아름다운 은유와 상징, 이미지로 가득한 시집 『하느님 사랑의 찬미가』Hymns of Divine Love는 시메온의 위대한 작품으로 손꼽힌다.

학자들

비잔티움 학문의 부흥은 황제 콘스탄티노스 9세 모노마코스 Constantine IX Monomachus(980년~1055년)의 장려에 힘입은 것이다. 여기에는 미하일 프셀로스Michael Psellus(1017년~1078년 이후)의 공헌을 빼놓을 수 없다. 역사와 수사학, 철학과 법률에 조예가 깊었던 프셀로스는 과학과 의학 사전을 집대성했고, 때로 시를 쓰며 정치가와 교수로 활동하기도 했다. 콘스탄티노스 9세와 후대의 황제를 보좌하며 프셀로스는 콘스탄티노플대학을 학문적 종합성과 다양성, 개방성의 경이로운 모범으로 만들었다.

중세 비잔티움 동방에서 진지한 철학 연구가 되살아나게 된 데는 프셀로스의 공헌이 결정적이었다. 나아가 플라톤 철학에 관한 그의 특별한 관심은 (언제나 전적으로 그리스도교적인 것은 아니었으나) 그리스도교 플라톤주의의 발흥을 이끌었다. 프셀로스를 중심으로 시작된 플라톤주의의 부흥은 중세 후기 비잔티움의 지적 문화를 주도했고 궁극적으로 르네상스 서유럽에서 플라톤 철학의 부흥을 이끌게 된다. 그러나 이교 철학, 곧 옛 다신교인들의 종교와 철학 전통에 지나치게 열정을 기울인 프셀로스는 콘스탄티노플 시민들의 의심을 샀고, 정통 신앙을 수용하고 있음을 공개적으로 선언하라는 요구를 받기도 했다.

'프셀로스'라는 이름은 '말더듬이'라는 뜻이다. 유능한 연설가였으나, 그와는 별개로 발화에 어떤 장애가 있었던 것 같다. 프셀로스가 남긴 저작들은 탁월한 문장력을 가감 없이 보여준다. 특히 10세기 후반에서 11세기 후반 사이 비잔티움 황제들의 행적을 서술한 『연대기』Chronographia는 독자의 시각에 따라 때로는 굽실대는 아첨과 자기 자랑으로, 또는 콘스탄티노플 궁정과 사회의 위선을 폭로하는 신랄한 풍자로도 읽히는 걸작이다.

어린이 십자군

'어린이 십자군'Children's Crusade 이야기는 십자군 시대에 등장한 기이한 전설 가운데 하나다. 여러 세대에 걸쳐 정리된 이야기에 따르면 13세기 초 프랑스나 독일에 살던 어떤 소년이 환상을 보았는데, 예수가 어린이 십자군을 이끌고 성지에 가 그곳의 무슬림들을 칼이 아닌 사랑으로 개종시키라고 명했다고 한다. 그 결과 2만 명에 달하는 어린이들이 어린이 십자군에 동참하여 지중해를 향해 모여들었다. 그들은 지중해가 눈앞에서 갈라져 그대로 걸어갈 수 있으리라고 믿었다. 그러나 바다는 갈라지지 않았다. 한편 마르세유의 사악한 상인들은 배를 무료로 제공하겠다며 어린이들에게 접근한다. 그리고 그들을 태운 뒤 튀니지의 노예 시장에 팔아버린다.

실제 이야기는 더 복합적이고 덜 극적이다. 먼저 '어린이' 십자군은 존재하지 않았다. 이 전설은 1212년 두 명의 목동(프랑스의 에티엔Stephen과 독일의 니콜라우스Nicholas)이 그리스도가 자신들 앞에 나타났다고 주장한 사건에서 자라난 것으로 보인다. 프랑스 소년은 예수가 국왕 필립 2세Philip II(1165년~1223년)에게 보내는 편지를 받았다고 주장했다. 그가 파리에 이르자 수많은 군중이 그에게 모여들었다. 그러나 왕은 군중을 해산했다. 성지로 떠났다가 노예로 전락한 사람들이 없었던 것은 아니나, 이 전설을 뒷받침하는 증거는 없다.

독일 목동 니콜라우스는 실제로 십자군을 이끌고 성지로 향할 마음을 품고 있었다. 그리고 이에 감화된 수천 명의 그리스도교인을 이탈리아까지 이끌었다. 그러나 여기서 이 '십자군'은 뿔뿔이 흩어지고 말았다. 몇몇은 제노바로 갔으나 동방으로 떠나지 못한 채 정체하고 말았다. 일부는 로마에 도착했다. 이 이야기의 또 다른 판에 따르면 교황 인노켄티우스 3세가 십자군 서약으로부터 그들을 면해 주었다고 한다. 또 어떤 이들은 마르세유로 갔다가 결국 노예로 팔려가고 말았다고 한다. 그러나 신뢰할 만한 근거는 없다.

콘스탄티노플 약탈

12세기 동방 그리스도교 세계 곳곳에서 일어난 십자군 국가들과 함께 점차 세력을 확장하던 라틴 그리스도교인들은 비잔티움인들의 시각에서는 좋게 이해해도 필요악에 지나지 않았다. 점차 그들의 만행은 묵과할 수 없는 수준으로 치닫기 시작했다. 이른바 '그리스인'들과 '라틴인'들 사이의 갈등이 고조되며 종종 발생하던 폭력 사태는 두 세력의 불안한 동맹을 끊임없이 뒤흔들었다. 더군다나 십자군 시기 이전부터 이어져 오던 콘스탄티노플과 베네치아 사이의 상업적, 전략적 결탁 관계는 끊임없는 분쟁의 명분을 제공했다. 비잔티움인들은 라틴인들의 멈출 줄 모르는 이윤 추구와 문화적 편견, 독단적 신앙에 크게 분개하고 있었다.

12세기 말, 상황은 매우 좋지 않았다. 황제 마누일 1세 콤니노스 Manuel I Comnenus(1118년~1180년)는 라틴 서방에 대해 매우 우호적인 태도로 일관했고, 서방과의 연대를 유지하고자 애썼다(그가 처음에 맞아들인 두 황후는 라틴인이었다). 그러나 불행히도 그의 노력은 양편의 적대감만 키우는 결과로 치닫고 말았다. 1182년 안드로니코스 콤니노스Andronicus I Comnenus(1118년경~1185년)가 무력으로 제위를 찬탈했을 때, 콘스탄티노플 시민들은 도시에 거주하는 (대개 이탈리아 출신의) 라틴 그리스도교인 남자들을 학살하고 처자식들을 무슬림 노예상에게 팔아넘기는 것으로 이를 축하했다.

그리스인들과 라틴인들 사이의 갈등과 증오는 제4차 십자군 원정이라는 비극(비극이라고 부르기조차 부끄러운 졸렬한 사건)에서 정점에 달

귀스타브 도레, 《십자군의 콘스탄티노플 약탈》(1877년)

한다. 교황 인노켄티우스 3세Innocent III(1160년경~1216년)가 소집한 십자
군은 성지에 닿기는커녕 방향을 바꾸어 무역 원정으로 변질되어 콘
스탄티노플의 황위 다툼에 관여하기 시작했다. 십자군은 적법한 제
위 계승자를 자처한 알렉시오스 4세Alexius IV(?~1204년)를 도와 제위를
찬탈하는 대가로 막대한 금전과 이집트 침공을 위한 병력을 약속받
았다. 알렉시오스는 심지어 정교회를 로마 교황좌에 복속하겠다고
약속했다.

1203년 6월, 십자군은 콘스탄티노플을 공격하여 알렉시오스를 황제로 추대했다. 그러나 알렉시오스에게는 십자군에게 치를 자금이 없었다. 콘스탄티노플 시민들은 십자군의 만행과 알렉시오스의 약조에 분개했다. 결국 이듬해 1월, 그는 알렉시오스 5세 두카스 무르주플로스Alexius V Ducas Mourtzouphlus(?~1204년)가 이끄는 반군에 폐위되어 교수형으로 생을 마감했다.

　　그러나 상황이 끝난 것은 아니었다. 알렉시오스가 약조했던 금전을 기다리다 지친 십자군은 같은 해 4월 12일, 콘스탄티노플을 점령해 무장하지 않은 시민들을 학살하고 수녀들을 끌어내 강간했다. 교회들은 약탈당했고 제대는 훼손되었다. 십자군의 약탈로 콘스탄티노플은 돌이킬 수 없는 피해를 입고 말았다. 콘스탄티노플은 이날부터 1261년까지 외세의 지배를 받았고, 라틴인 '총대주교'가 콘스탄티노플 총대주교좌를 관할했다. 동방과 서방의 앙금과 증오는 이제 돌이킬 수 없었다.

30

신성 로마 제국

콘스탄티누스 대제 이후 신성한 그리스도교 제국이라는 이념, 그리고 그 제국, 곧 그리스도교 세계의 모든 합법적 권위의 원천으로서 적법하게 선출된 황제라는 이상은 동서방 그리스도교 세계 모두에 확고히 자리매김했다. 동방에서 로마 제국이라는 이념은 15세기 중반에 이르기까지 거의 온전하게 유지되었다. 그러나 여러 만족 왕국들의 지배를 받게 된 서방에서는 그리스도교 황제라는 개념을 추상적으로 이해할 수밖에 없었다.

최후의 서로마 황제가 폐위된 476년에서 카롤루스 대제 이전까지, 황제라는 칭호를 사용할 수 있는 권력자는 서방에 없었다. 오직 콘스탄티노플의 황제만이 유일한 황제였다. 물론 서방에서 콘스탄티노플 황제의 지배는, 유스티니아누스 시기 설치된 총독령을 제외하면 순전히 형식적인 것이었다. 그러나 800년부터 1806년에 이르는 약 1,000년 간, 신성 로마 제국이라는 단일한 실체가 그리스도교 로마 제국의 존엄을 주장하게 된다. 물론 이름과는 달리 신성하지도 않았고 로마도 아니었으며 항상 제국이었던 것도 아니었지만.

프랑크 왕국

'신성 로마 제국'이라는 국호는 13세기경 만들어졌으나 제국 자체는 800년 성탄절 로마에서 거행된 카롤루스 대제의 대관식을 통해 성립되었다. 교황은 콘스탄티노플의 황제에게 바치던 충성을 프랑크 황제에게로 돌렸고, 새로운 제국을 서방 가톨릭 세계의 참되고 신성한 정체로 인정했다. 프랑크인의 군사적 보호가 필요했던 교황의 입장에서는 매우 현실적인 조치였다. 그러나 그 조치는 훗날 수백 년 동안 서유럽의 정치와 종교를 형성하게 될, 제국과 교회라는 하나의 신화를 만들게 된다.

나아가 이 지점에서 향후 수백 년간 지속할 교회와 제국의 긴장이 싹트기 시작했다. 옛 질서에서 황제의 권력은 '하느님'(이라고 쓰고 '군대'라고 읽는 힘)에서 나왔다. 옛 로마 공화정에서 기원하는 칭호, 즉 '로마의 원로원과 인민'의 대표자라는 고대의 신화를 공식적으로 포기한 황제는 없었다. 그러나 교황이 카롤루스에게 황제의 관을 씌운 사건, 그 시점에는 언뜻 보기에 법률적으로도 별 의미가 없었던 카롤루스의 대관식은 황제의 권력이 교회로부터 나온다는 것을 암시하고 있었다.

게다가 카롤루스 대제 사후 벌어진 내분은 교황의 입지를 더욱 강화했다. 카롤루스의 아들 '경건왕' 루도비쿠스는 선황에게 물려받은 황제의 칭호를 진지하게 받아들였으나, 가신들이 항상 그에게 복종했던 것은 아니었다. 그러므로 814년 제위에 오른 루도비쿠스는 817년 교황이 주관하는 대관식을 다시 한번 치름으로써 정당성을 입증하고 입지를 굳혀야 했다. 그의 아들과 공동황제 로타리우스 1세Lothar I(795년~955년)도 마찬가지로 교황에게 황제의 관을 받았다. 9세기 후반 카롤루스의 제국은 급격히 쇠퇴했고, 10세기에 들어서자 이름뿐인 황제를 또 다른 이름뿐인 황제가 계승하는 우스꽝스러운 처지로 전락하고 말았다. 924년, 황제는 막강한 권력을 가진 로마의 귀족 크레스켄티우스Crescentii 씨족의 꼭두각시에 불과했다.

독일 제국

그러나 제국은 이제 막 태동하기 시작했다. 955년, 마자르인들의 침공에 맞서 결정적인 승리를 거둔 작센 공작 북이탈리아 왕 오토 1세Otto I(912년~973년)가 동프랑크 왕국의 왕으로 추대되었다. 이탈리아 왕의 군사적 보호를 바라던 교황 요한 12세(937년경~964년)는 로마에서 그에게 황제의 관을 씌움으로써 그의 정당성을 확인해 주었다.

카롤루스의 옛 제국에 견주면 오토의 제국은 그리 넓지 않았다. 기껏해야 독일과 이탈리아 북부에 걸쳐 있는 정도였다. 황제라는 칭호는 교황을 지원하고 수호하겠다는 오토의 선서를 의미할 뿐이었다. 황제는 자신을 '로마인'이라고 부르지도 않았다. '로마인들의 황제'라는 표현은 훗날 오토 2세Otto II(955년~983년)가 비잔티움 황제 '불가르인의 학살자' 바실리오스 2세Basil II Bulgaroctonus*와 정치적으로 대립하는 과정에서 덧붙여진 이름이다. 콘라트 2세Conrad II(990년~1039년) 치하에서 제국은 비로소 '로마 제국'이라는 국호를 주장하게 된다.

젊고 혈기 왕성한 오토 3세Otto III(980년~1002년)는 이 새로운 '로마' 제국의 황제로서 진지하게 고대 로마 제국을 복원할 포부를 품었던 인물이다. 세 살의 나이에 제위에 오른 그는 997년 로마를 제국의 수도로 삼았고, 비잔티움을 모방한 사치스러운 궁정 의전을 요구하며 수많은 위풍당당한 칭호를 자기 자신에게 부여했다(그중 하나는 '전 세계의 황제'였다). 999년에는 정치적 동료였던 실베스테르 2세Sylvester II(945년경~1003년)를 교황으로 임명했다. 그러나 세계를 지배하려고 한 오토의 야망은 오래가지 못했다. 1002년 로마에서 봉기가 일어났고, 그는 라벤나 외곽의 한 수도원으로 도피해 지원군을 기다리다 죽음을 맞았다.

교황과 황제

유능한 인물들이 연이어 교황직을 계승한 끝에 11세기 후반 교황은 황제에 버금가는 막강한 권력을 행사하게 되었다. 시칠리아의 노

---

* 958년경~1025년, 치세 대부분을 불가르인들과의 전쟁에 보냈으며, 마침내 불가리아를 멸망시키고 완전히 복속함으로써 '불가르인의 학살자'라는 별명을 얻었다. 유스티니아누스 이래 비잔티움 제국의 영토를 최대한으로 확장한 황제다.

르만 왕국과 동맹을 맺은 교황은 더는 이전처럼 제국에 완전히 복종하지 않았다. 게다가 게르만인의 지배에 불만을 품던 이탈리아와 부르고뉴 거주민들은 자연스럽게 교황을 '로마' 그리스도교 세계의 참된 수장으로 바라보게 되었다. 서임권 논쟁에서 교황과 황제의 다툼은 정점에 달했다(27장 참조). 심지어 교황 그레고리우스 7세는 교황이 황제보다 절대적으로 우위에 있으며, 필요한 경우 황제를 폐위할 수 있다고 주장하기도 했다.

물론 하인리히 4세를 비롯한 어느 황제도 그러한 주장에 순순히 동의할 마음은 없었다. 1138년부터 1254년까지의 세월 대부분을 통치한 호엔슈타우펜 가문 황제들은 자체 법전에 반영한 로마법의 지침에 따라 황제권을 주장했다. 곧 제위는 제국 의회, 곧 독일 영주들의 결정에 따라 부여되는 것으로, 제국 의회만이 황제를 그리스도교 백성들의 보편 군주로 선출할 권한이 있다는 것이었다. 그러므로 교황은 황제의 임면에 관여할 권한이 없으며, 교황의 대관식은 선출의 근거가 아닌, 선출 결과를 봉인하는 역할을 할 뿐이라는 것이었다.

1157년 '붉은 수염' 프리드리히 1세Frederick I Barbarossa(1123년경~1190년)는 '신성 제국'이라는 국호를 채택하며 제위의 신성함을 암시하고자 했다. 이후 약 100년간 제국은 독일과 이탈리아의 지배권을 다시금 확고히 하고자 전념했고, 교황은 이를 가로막고자 전전긍긍했다. 프리드리히의 아들 하인리히 6세Henry VI(1165년~1197년)는 노르만 공주 콘스탕스Constance와의 결혼을 통해 시칠리아와 남부 이탈리아의 왕이 됨으로써 이탈리아에서 제국의 영향력을 상당한 수준으로 확립할 수 있었다.

누구보다 파란만장한 치세를 보낸 프리드리히 2세Frederick II는 신성 로마 제국의 황제 가운데 가장 주목할 만한 인물이다. 2세의 나이에 독일 왕으로 선출되어 3세에 시칠리아의 왕위를 물려받아 22세에 제위에 오른 그의 일생은 원치 않았던 수많은 전쟁으로 점철되었다. 극히 복잡했던 제국과 교황의 이권 다툼을 보며 자라났고, 어린 나이부터 시칠리아를 빼앗기지 않기 위해 분투해야 했던 프리드리히에게, 안정적인 제위를 확립하면서도 로마와의 우호적인 관계를 수립하는 일은 절박한 과제였다.

프리드리히는 나폴리대학을 설립하고 관료제를 정비했으며 무역을 장려했다. 또 해군을 창설하고 이탈리아에서 제국이 상실한 특권을 되찾고자 노력했다(이는 강력한 북부 이탈리아 롬바르디아 동맹의 저항으로 좌절된다). 1220년 거행된 대관식에서 프리드리히는 십자군 원정을 서약했고, 1225년 욜랑드 드 브리엔Yolande of Brienne*과 결혼함으로써 예루살렘 왕국의 왕권을 주장할 명분을 얻는다.

이 십자군은 한때 그와 동맹 관계였던 교황 그레고리우스 9세 Gregory IX(1170년~1241년)와 갈등하는 첫 번째 화근이 되었다. 결국 프리드리히와 교황은 이후 여러 가지 일로 반목하다 완전히 결별하게 된다. 군사들 사이에 퍼진 전염병 때문에 성지로의 출발이 지연되자 교황은 이를 힐난하며 황제를 파문했다. 격분한 프리드리히는 교황을

---

* 십자군 예루살렘 왕국(1099년~1291년)의 왕 장 드 브리엔Jean de Brienne(1150년~1237년)의 딸. 프리드리히는 욜랑드와의 결혼을 근거로 장인인 장을 폐위한다.

프리드리히 2세의 주화

비방했지만, 1228년 곧바로 동방으로 떠나 이집트 술탄과 협상한 끝에 나자렛과 베들레헴, 예루살렘을 손에 넣었다. 이듬해 그는 스스로 예루살렘 왕국의 왕위에 올랐다. 황제를 지지하는 이들은 이것이 프리드리히가 하느님이 그리스도교 세계에 점지하신 통치자라는 증거라고 확신했다.

1230년 프리드리히는 시칠리아에서 교황의 병력을 몰아내지 않는 대신 교황의 파문 철회를 얻어냈다. 그러나 제국의 영향력을 보다 강화하려는 그의 시도는 실패로 돌아갔다. 1238년 롬바르디아 동맹에 맞서 승리를 거두었으나, 이탈리아 북부의 도시 모두가 그에게 복종하지는 않았다. 1239년, 프리드리히가 로마를 침공할 것을 염려한 교황은 그를 다시 파문했다.

결국 이러한 사건의 여파로 1240년 제국군은 교황령으로 진격했다. 이 시점에 교황이 세상을 떠나지 않았다면 프리드리히는 그대로 로마를 장악했을 수도 있다. 그러나 1245년, 교황 인노켄티우스 4세 Innocent IV(?~1254년)는 리옹에서 공의회를 소집해 프리드리히를 폐위했다. 이후 교황파와 황제파는 서로 비방하며 저주를 일삼았다. 그러나 예상치 못한 사건이 프리드리히를 가로막았다.[*] 1250년 프리드리히는 눈을 감았고, 그의 이야기도 끝났다. 황제를 따르던 수많은 추종자는 프리드리히가 죽었고 다시 돌아오지 않는다는 사실을 고통스럽게 받아들여야 했다. 호엔슈타우펜 왕조 최후의 위대한 황제였던 프리드리히, 그가 세상을 떠나자 제국은 중세적 형태를 불과 4년밖에 유지하지 못하고 와해되고 말았다.[**] 제국이 새로운 모습으로 다시 일어서기 시작한 것은 1273년 새 왕조, 합스부르크 가문 아래서다.

---

[*] 1248년 롬바르디아 동맹이 파르마를 공격하던 제국군의 숙영지를 기습하여 점령하자 이에 고무된 이탈리아 북부 전역이 반기를 들었고, 황제는 북부 지역들을 차례로 상실하기 시작한다. 이듬해 아들 또한 볼로냐의 포로가 되고 만다. 1250년에는 시칠리아 교황파와의 전투에서 제국군이 패퇴하며 프리드리히는 전의를 완전히 상실하고 얼마 지나지 않아 세상을 떠난다.

[**] 1254년 호엔슈타우펜 왕가의 대가 끊어지고 1273년까지 제위가 계승되지 않는, 이른바 '대공위 시대'가 이어진다.

31

중세 성기

그리스도교 역사의 첫 천년 동안 모든 혜택을 누린 것은 옛 로마의 동방 비잔티움이었다. 동방은 인구와 경제, 문화면에서 서방을 압도했다. 로마의 옛 질서가 몰락하고, 이를 대체한 '만족'의 통치가 장시간 이어지자 서유럽 사회는 여러 실용적 기술과 군사적 측면에서는 괄목할 만한 성장을 이루었다. 그러나 이러한 점을 제외하면 서유럽은 현저히 낙후되어 있었고, 비잔티움에 비하면 문명이라고 부르기도 어려운 수준에 머물러 있었다.

그러나 11세기를 기점으로 서방 그리스도교 세계는 전례 없는 성장을 경험했다. 11세기 후반에서 14세기 중반에 이르는 시기를 흔히 중세 성기中世 盛期, High Middle Ages라고 부른다. 이 시기는 (비잔티움과 이슬람 동방과의 접촉이 늘어나며 촉진된) 창의적인 문화 도약의 시대였다. 인구 또한 증가했고 경제가 발전했으며, 각지에서 도시가 성장했다.

대성당

새로운 건축 양식과 장식 예술 기법이 중세 성기를 장식했다. 중세의 거대한 대성당들은 이러한 두 가지가 한데 어우러지는 현장이었다. 11세기와 12세기에 건축된 로마네스크 양식(노르만 양식) 대성당들은 반원통형 천장과 교차 볼트, 이를 지탱하는 기둥과 둥근 아치, 거대한 파사드 조형과 높은 지붕으로 눈길을 끌었다. 로마네스크 양식이 얼마나 독창적이면서 매력적인 방식으로 다양한 건축 사조를 반영하고, 고전 양식을 새로운 양식과 조화시키고 있는지는 1064년 착공된 피사 대성당과 같은 몇몇 사례를 살펴보는 것으로 충분하다.

그러나 중세 건축의 가장 영예로운 걸작들은 12세기부터 세워지기 시작한 거대한 '고딕' 양식의 대성당들이었다. 고딕 양식의 거대함은 로마네스크 양식과 근본적으로 다른 차원에서 구현되는 것이었다. 건물은 가능한 한 많은 빛을 내부로 받아들일 수 있도록 설계되었고, 이는 극히 정교한 형태로 구현되었다. 버팀도리flying buttress와 첨두아치, 늑재 궁륭과 높게 솟은 기둥으로 지탱하는 광활하고 높은 지붕과 총안 형태로 이루어진 수많은 창은 스테인드글라스로 장식되어 풍부한 햇빛을 건물 안으로 받아들일 수 있었다.

이러한 초기 고딕 양식의 걸작은 파리 외곽의 생드니St. Denis 성당이다. 거룩한 빛의 형이상학을 가시적으로 구현하고자 고심하던 수도

생드니 성당의 내부

원장 쉬제Suger of St. Denis(1080년경~1151년)의 주도로 건설된 이 성당은 극도로 화려할 뿐 아니라 마치 천상에 있는 것과 같은 분위기를 선사했고 서유럽의 건축 문화에 커다란 혁신을 일으켰다. 생드니 성당을 시작으로 고딕 양식은 처음에는 프랑스에서, 나아가 서유럽 전역으로 퍼져 나갔다. 파리의 노트르담 성당 및 아미앵, 루앙, 샤르트르, 부르주 등지에 세워진 장대한 프랑스 대성당들을 비롯하여 스페인과 포르투갈, 독일과 잉글랜드 등지의 유명한 교회 건축물들은 모두 그러한 혁신이 남긴 유산들이다.

병원

한편 이 시기 비잔티움의 병원 체계와 동방 그리스도교인 및 무슬림 의사들의 의료 기술이 서유럽에 전파되기 시작했다. 십자군 원정이 서유럽에 남긴 얼마 안 되는 긍정적인 영향이었다. 물론 병자들과 빈자들을 돌보는 병원 전통은 그리스도교 역사의 초창기부터 동서방 공히 수도원을 중심으로 이어져 오고 있었다. 서유럽의 첫 공공 병원은 로마의 귀족 여성 성 파비올라St. Fabiola(?~399년경)에 의해 세워졌다. 그녀는 병원을 세워 직접 병자들을 돌보며 귀감이 되었다. 그러나 본격적인 '병원 운동'이 시작된 것은 시간이 흘러 중세에 이르렀을 때다. 가령 베네딕투스회는 창립자 성 베네딕투스의 지침을 따라 2,000개 이상의 병원을 설립했다.

중세 유럽에서 조직화된 의료 활동이 첫걸음을 내딛는 데 가장 크게 기여한 것은 '구호 기사단', 곧 예루살렘의 성 요한 기사단이었다. 1099년부터 구호 기사단은 성지와 유럽에 수많은 병원을 설립했다. 예루살렘에 건축된 거대한 성 요한 병원은 대표적인 사례다. 전통적인 그리스도교 병원들은 가난한 이들을 위한 쉼터와 병에 걸려 죽어가는 사람들을 위한 시설, 구호소, 주방, 고아원의 기능을 갖추고 있었지만, 성 요한 기사단은 여기서 한 걸음 더 나아가 외과와 안과 등으로 구분된 보다 전문화된 진료 체계와 처방을 제공하기 시작했다.

1145년 설립된 몽펠리에 성령 병원은 12세기의 가장 중요한 의료 시설 가운데 하나였다. 압도적인 규모와 훌륭한 의료 활동 때문이기도 했지만, 의학 교육 기관으로도 기능했기 때문이다. 몽펠리에 병원은 사실상 서유럽 최초의 대규모 종합 의료원으로서 1221년 몽펠리에대학 의학부로 발전했다. 13세기 말, 여러 지역에서 가난한 이들과 병자들을 돌보는 의사들이 초빙된다. 이들 가운데 많은 이들은 몽펠리에에서 공부한 의사들이었다.

대학

중세 성기가 서유럽 문명의 발전에 기여한 가장 커다란 성과는 전례 없는 학문 기관인 대학의 형성이라고 할 수 있다. 대학은 철학이나 신학과 같은 형이상학적 학문뿐 아니라 인문과학, 자연과학, 물리학과 이론과학 모두를 포괄했다. 11세기와 12세기, 학문의 중심으로 샤르트르 수도원이 최고의 명성을 누리던 시절, 서방 학문은 '자연 철학'에 관심을 두기 시작한다. 잉글랜드 링컨의 주교 로버트 그로스테스트Robert Grosseteste(1175년경~1253년)는 최초로 체계적인 방법론에 입각한 과학 실험이라는 개념을 도입했다. 열정적인 학자였던 성 대 알베르투스Albert the Great(1200년경~1280년)는 특히 생물학 현장연구의 아버지라 부를 만하다. 그는 또한 떨어지는 물체의 속도와 사물의 인력의 중심에 대해서도 연구한 물리학자이기도 했다. 나아가 알베르투스는 형이상학적 고찰이 아닌 경험적 연구야말로 참된 과학적 지식의 확실한 원천이라고 주장했다.

13세기에서 14세기에 이르는 세월 동안, 그리스도교 세계의 수많은 학자는 물리 운동의 법칙을 이해하기 위한 수학 모형을 연구하기 시작했다. 13세기 제라르 드 브뤼셀Gerard of Brussels은 당대에 알려진 인과 법칙을 거부하고 물리 운동을 측정하려는 과감한 시도를 감행했다. 이후 윌리엄 오컴William of Ockham(1285년경~1348년경), 월터 벌리Walter Burleigh(1275년~1343년 이후), 토머스 브래드워딘Thomas Bradwardine(1290년경~1349년), 윌리엄 헤이츠베리William Heytesbury(?~1335년경), 리처드 스와인즈헤드Richard Swineshead(?~1348년경), 존 덤블턴John of Dumbleton(?~1349년경)을 비롯한 옥스퍼드의 학자들과 파리의 장 뷔리당Jean Buridan(1340년~1358년), 니콜라 오렘Nicholas Oresme(1320년경~1382년), 작센의 알베르투스Albert of Saxony(1316년경~1390년)는 훨씬 더 정교하게 이 문제에 천착했다. 뷔리당은 (오류 가득한) 기존의 아리스토텔레스주의 자연과학을 거부하며 '임페투스'(추동력)impetus 이론을 제안했고, 나아가 지구가 축을 중심으로 자전하는 것이라는 고찰에 이르기도 했다. 오렘은 뷔리당의 가설을 더 발전된 논거로 강화했다. 물리적 운동을 연구하며 등속운동과 가속 운동을 기하학적으로 설명할 방안을 고안한 오렘은 효과적으로 지동설을 논증할 수 있었다.

이러한 중세 학문의 비약적 발전의 배경에는 대학이 있었다. 그리스도교 세계 최초의, 어쩌면 세계 최초의 대학이라고 할 수 있는 기관은 일찍이 콘스탄티노플에 세워졌다(849년). 그러나 진정한 의미에서 서유럽 최초의 대학은 11세기 후반 이탈리아 북부 볼로냐에 설립된 대학이라고 할 수 있다. 서방을 대표하는 대학은 12세기 후반에 파리와 옥스퍼드에 설립되었고, 신학과 (교회법과 세속법을 망라하는) 법학, 교양 학문을 가르쳤다. 13세기에는 케임브리지, 살라망카, 몽펠리에, 파도바가, 14세기에는 로마, 피렌체, 프라하, 빈, 하이델베르크가 차례로 부상했다.

중세의 대학은 근본적으로 교회와 연결되어 있었고, 교황이나 지역 군주의 인가를 받아 설립되었다. 그럼에도 대학은 질문과 토론의 자유를 현저한 수준으로 보장했을 뿐 아니라 장려했다. 대학은 독자적으로 운영되었고, 대학이 위치한 지역 도시에 대해 법률적으로, 또한 재정적으로 독립되어 있었다. 나아가 각지에 설립된 대학들은 서로를 동등하게 받아들였고, 타 대학이 발급한 학위와 증명서를 인정했다. 그리고 어느 대학이든 라틴어를 공용어로 사용하였으므로 대학은 국경을 초월해 전체 유럽 단위의 지성 공동체를 이루어 나갈 수 있었다.

신곡

고전 문학에 정통했던 피렌체 출신의 탁월한 시인으로, 한때 교황을 지지하다 황제파로 돌아선 정치철학자 단테 알리기에리Dante Alighieri(1265년~1321년), 범위와 독창성 모두에 있어 그가 남긴 기념비적 대작 『신곡』Divine Comedy에 버금갈 만한 중세 성기의 작품은 없다. 『신곡』은 단테가 정치적인 문제로 고향에서 추방되었을 때 쓴 것으로, 라틴어가 아닌 이탈리아어, 곧 민중들의 언어로 되어 있다. 『신

도메니코 디 미켈리노, 《신곡을 들고 있는 단테》 (1465년)

곡』은 지옥과 연옥, 천국을 가로지르는 순례의 여정을 회고하는 대
서사시로, 1300년 성금요일에 시작해 부활절 직후까지 이어진다.

『신곡』의 1부 '지옥편'에서 시인은 어두운 숲속에서 순례 여정을 시
작해 이생과 그 너머의 삶을 가르는 경계를 건너게 된다. 그를 안내
하는 첫 번째 인도자는 로마 시인 베르길리우스Virgil*다. 베르길리우
스를 따라 단테는 저주받은 이들이 당하는 형벌을 보며 심지어 지옥
에 갇힌 영혼과 대화를 주고받기도 한다(그중에는 단테가 이생에서 알던
사람도 있었다). 단테와 오뒷세우스의 만남에서 드러나듯, 지옥편은
극적인 인물 성격 묘사가 두드러진다.

---

* 베르길리우스Publius Vergilius Maro는 기원전 1세기의 로마 시인으로 로마 건국
을 다룬 서사시 『아이네이스』Aeneis로 유명하다. 한 아이의 탄생이 가져올 황
금시대를 노래한 『목가시』Eclogae 4편이 그리스도의 탄생을 예언한 것으로 해
석되며 베르길리우스는 특별한 주목과 존경을 받게 되었다.

2부 '연옥편'은 문학적으로도, 신학적으로도 특히 탁월하다고 평가
된다. 단테가 연옥의 산에서 만나는 영혼들은 지옥과는 달리 영원한
불행에 머무르지는 않는다. 다만 결함이 있는 사람들이 오랜 시간
고된 과정을 거치며 영적 갱생에 이르는 장소라고 할 수 있다.

단테 자신도 정화의 과정에 동참한다. 무익한 집착을 비롯한 과거의
오류를 천천히 떨쳐버리면서, 천국을 향한 여정을 준비하는 것이다.
마침내 연옥의 꼭대기에 오른 단테는 지상 낙원에 이르고, 그곳에서
베아트리체를 만난다. 베아트리체는 단테를 가볍게 책망한다.

베아트리체는 어린 나이에 세상을 떠났다. 단테는 베아트리체와 거
의 연락을 주고받은 적이 없었지만, 사랑스러운 소녀에게서 깊은 인
상을 받았다. 연옥편에서 베아트리체는 가늠할 수 없을 정도로 중요
한 역할을 하는 하나의 상징이자 눈부신 힘의 알레고리로 변모한다.
베르길리우스는 세례를 받지 않아 천국에 들어갈 수 없었기에, 베아
트리체가 단테의 마지막 여정을 인도하게 된다.

천국의 각 행성천과 궁극에 있는 최고천을 향한 단테의 순례는 『신
곡』의 가장 찬란한 대목이다. 천상 세계는 성인과 영웅들의 영혼으
로 수놓아져 있다. 그들은 단테가 천국 바깥에서 만난 영혼들에 비
해 극적인 면모는 덜하다. 그러나 이제 성 베르나르두스의 인도로
단테는 성 삼위일체에 대한 형언할 수 없는 경험을 하게 된다. 그리
고 결코 언어로 표현되지 않는 황홀경 가운데 『신곡』은 막을 내린다.

32

이성과 미신: 중세의 두 얼굴

13세기와 14세기, 중세 서구 문명은 전성기를 구가했다. 지식인들은 이성의 권위를 한껏 추앙했다. 동시에 이 시대는 정치, 사회면에서 끔찍한 폭력이 난무하던 시대이기도 했다. 고대 이교 사회에서나 행하던 고문과 같은, 그리스도교 전통이 금지한 잔인함이 다시 고개를 들었다. 그리스도교 전통이 배척해 온, 사악한 마법에 대한 '이교적' 믿음과 히스테리성 공포와 같은 미신의 거대한 그림자가 드리우고 있었다.

또한 이 시기는 정치적, 사회적인 과도기였다. 12세기 초에 동방으로 흘러들던 경제와 인구의 조류는, 14세기에 들어서며 점차 잦아들기 시작했다.

마지막 십자군 원정

12세기 서방을 전율하게 한 '모험', 십자군 원정은 세월이 흐르며 점차 약화되었고, 13세기를 거치며 와해되었다. 이집트를 정벌하여 술탄에게서 예루살렘을 되찾겠다는 야망에 불타 결성된 제5차 십자군(1218년~1221년)은 제대로 조직을 갖추지도 못한 채 협상을 거듭하다 평화조약을 맺는 것으로 끝났다. 제6차 십자군(1227년~1229년)은 아예 무력 충돌이 없는 협상전이라는 인상적인 위업을 남겼다. 그러나 그 협상의 결과는 단지 프리드리히 2세가 예루살렘의 왕이라는 칭호를 얻는 것에 그쳤다. 그리고 결과적으로 키프로스와 레반트의 십자군 영주들이 수십 년간 분쟁할 여지를 만들고 말았다. 예루살렘도 1244년 투르크인들에게 다시 빼앗기고 말았다.

이어서 대규모로 결성된 제7차 십자군(1248년~1250년)이 성왕 루이 9세Louis IX(1214년~1270년)의 통솔 아래 이집트로 향했다. 그러나 다미에타를 점령한 것처럼 초반 몇몇 전투에서 승리를 거둔 것을 제외하고는 이렇다 할 성과를 거두지 못한 채 패퇴하고 말았다. 루이 9세 또한 포로로 사로잡혔고, 막대한 몸값을 주고서야 풀려날 수 있었다. 1270년 루이 9세는 다시 제8차 십자군을 이끌고 동방으로 향했다. 잔인무도한 이집트 맘루크 조 술탄 바이바르스 1세Baybars I에게서 동방의 그리스도교인들(현지인과 라틴인들)을 구출하려는 시도였던 것으로 보인다. 그러나 원정군은 동방을 향하지도 않은 채 튀니스로 방향을 돌렸고, 거기서 적들의 무기가 아니라 질병으로 와해되고 말았다. 성왕 루이와 그의 아들도 질병에 목숨을 잃었다.

13세기 말, 성지에 건설된 십자군 국가들은 종말을 맞았다. 1291년 아크레가 맘루크에 의해 함락되었고, 거주민 대부분은 목숨을 잃었다. 살아남은 이들은 노예가 되었다. 이제 서방 그리스도교 세계가 성지를 지배할 힘이 있다거나, 성지를 지배할 권한을 하느님에게 받았다는 환상은 산산이 조각나고 말았다.

수사와 학자

13세기는 또한 여러 영적, 지적 운동의 시대였다. 사실 이 두 가지는 하나로 결합된 것으로, 훗날 서방 그리스도교의 사상과 신심에 커다란 흔적을 남기게 된다. 13세기에 형성된 대표적인 두 수도회, 프란치스코회와 도미니쿠스회는 각기 고유한 신학적, 철학적 사유의 전통을 이어가며 훗날 가톨릭 신학을 선도한다.

프란치스코회는 프란키스쿠스 즉 성 아씨시 프란치스코Francis of Assisi(1181년~1226년)가 삶으로 보여준 모범에서 태어났다. 프란치스코는 겸손과 가난, 가난한 사람들에 대한 섬김, 모든 피조물에 대한 사랑, 그리고 그리스도를 따르는 베풂의 삶을 열정을 다해 살아낸 사도였다. 그는 학자라기보다는 영적 스승이었고, 철학 서적보다는 대자연에서 배우는 사람이었다. 그리고 보고 듣는 것에서 얻는 영감을 신뢰했다. 만년에 프란치스코는 환상을 체험하며 성흔聖痕, stigmata(십자가에 못 박힌 그리스도의 상처)을 입었다. 그러나 창시자에게서 비롯된 영적 자극이 이후 프란치스코회가 엄격한 지적 전통을 발전시키고, 탁월한 학자들을 배출하는 것을 가로막지는 않았다.

안 판 에이크, 《성흔을 받는 성 프란치스코》(1430년~1432년)

　　1257년에서 1274년까지 프란치스코회의 장상을 지낸 성 보나벤투라Bonaventure(1217년경~1274년)는 대학에서 가르치며 탁월한 학식으로 수도회의 신심과 강단 철학의 이성적 학문 체계의 위대한 종합을 이끈 인물이었다. 어린 시절 극심한 병을 앓다 성 프란치스코를 만나 기적적으로 살아날 수 있었다고 믿었던 보나벤투라는 1243년 파리 대학의 문학부를 졸업한 후 프란치스코회에 입회하고 파리의 프란치스코회 학교에서 학업을 이어가는 것으로 하느님이 보낸 구원의 손길에 보답하고자 했다. 보나벤투라의 신학은 신비주의적이며 심오한 형이상학적 성찰이 돋보이는 짧은 글 『하느님께 이르는 영혼의 순례기』Itinerarium Mentis ad Deum에 가장 정교하면서도 풍성하게 드러나 있다. 이 책에서 보나벤투라는 자연적 지혜와 초자연적 지혜의 온전한 일치를 그린다. 경험적인 것에서 이론적인 것으로, 관상적인 진리에 대한 앎으로 상승하는 사유는 마침내 영혼이 사랑 안에서 하느님과 일치하는 궁극의 단계에 도달하게 된다.

도미니쿠스 수도회를 창립한 성 도미니쿠스Dominic(1170년경~1221년)는 카스티야의 귀족 가문에서 태어났다. 도미니쿠스는 탁월한 설교자였고, 남프랑스 알비파 교회에 맞서 설교하는 것으로 활동을 시작했다. 그는 설교자들이 이들 '이단자'들만큼이나 겸손하고 가난하며 정결하게 살지 않는다면 결코 설득력 있게 복음을 선포할 수 없다고 생각했다. 그가 창립한 수도회는 이후 그리스도교 교리를 일관성 있고 철학적으로 정밀하게 변론하는 것에 중점을 두게 된다.

도미니쿠스회의 지적 전통이 배출한 가장 위대한 인물이자 중세 가톨릭 철학 전체에 걸쳐 가장 위대한 학자라고 보아도 무방할 인물은 이른바 '천사 박사' 성 토마스 아퀴나스Thomas Aquinas(1224년~1274년)다. 그가 다양한 분야에 전집summa 형태로 남긴 막대한 분량의 저술은 당대 어떤 인물도 따라갈 수 없는 심오한 철학적 경지를 보여주었다. 여기에는 이전까지 서방에 거의 알려지지 않은 고대 철학 문헌들과 주해서, 특히 아리스토텔레스의 문헌들이 중세 후기 동방의 비잔티움과 시리아 그리스도교 세계, 이슬람 세계에서 유입된 덕분에 더할 나위 없는 창의적인 지적 혜택을 얻었던 이유도 배제할 수 없다. 일찍이 (라틴어 번역본을 통해) 그리스 교부들의 사상을 연구했던 토마스는 (특히 아레오파고스의 위디오뉘시오스와 같은) 교부들의 그리스도교 신플라톤주의, 헬레니즘과 아랍의 형이상학, 아리스토텔레스의 사상을

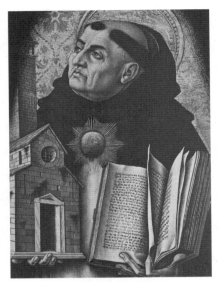

카를로 크리벨리, 《성 토마스 아퀴나스》 (1476년)

독창적인 방식으로 탁월하게 종합할 수 있었다. 그의 천재성은 존재 esse의 형이상학에서 특히 빛난다.

파리대학과 나폴리대학에서 가르쳤던 토마스는 중세 대학의 학풍을 따라 대단히 정밀한 변증법적 형태로 사유하곤 했다. 그가 남긴 대표적인 저작들은 하나같이 질문을 제기하고, 이에 대한 답변을 제시한 후 답변에 대하여 나올 수 있는 모든 반론을 가능한 한 날카롭게 열거한 뒤 순서에 따라 이에 답변하는 방식을 따르고 있다. 특히 아퀴나스의 대작 『신학대전』Summa Theologiae과 『이교도 반박대전』Summa Contra Gentiles은 대가의 명료하고 균형 잡힌 사유를 보여주는 모범이다. 한편 (토마스 자신이 전하는 바에 따르면) 죽음을 얼마 앞두지 않은 시점에 어떤 심오한 신비 체험을 한 그는 더는 '이름과 형상'에 관해 사유하려 하지 않았다.*

마녀와 악마

중세 후기의 두드러진 측면 가운데 하나는 마법이 실제로 존재한다는 믿음이 곳곳에서 생겨난 것이다. 물론 중세에 대한 대중적 편견과 같이, 광기에 사로잡힌 이단 심문관들이 수천 명의 '마녀'들을 잡아 화형대로 보내지는 않았다. 우선 광적으로 마녀사냥에 나선 시대는 근대 초, 특히 16세기와 17세기였다. 게다가 '마녀'들을 박해하고 단죄한 것은 교회 법정이 아닌 세속 법정이었다.

초대 교회, 나아가 중세교회는 (대개 민간 사회의 주술적 관행이었던) 이러한 '마법'을 무시하거나 매우 유연하게 대처하는 것으로 일관했다. 고해 성사를 통해 보속을 부과하는 경우가 고작이었다. 그런 것들이 실재한다는 믿음이 옛 이교의 미신에 지나지 않는다고 여겼기 때문이다. 바람을 타고 날았다거나 잠긴 문을 통과해 지나갔다는 등의 기이한 이야기는 기껏해야 망상으로 간주되곤 했다. 그러나 세속 관리들도 항상 같은 생각을 지녔던 것은 아니었다. 교황 그레고리우스 7세는 덴마크 법정이 마녀로 고발한 사람들을 처형하지 못하도록 공식적으로 요구해야 했다.

그러나 13세기 후반의 상황은 달랐다. 사탄을 숭배하는 모임이 실

---

* "내가 쓴 모든 글이 지푸라기같이 보인다"라는 그의 유명한 말이 전해진다.

존한다는 믿음이 확산되었고 이러한 분위기는 교회에도 스며들었다. 1374년 교황 그레고리우스 11세Gregory XI(1329년~1378년)는 교회 법정이 마녀에게 이단 혐의를 적용할 수 있도록 허용했다. 본래 마법이란 존 재하지 않으므로, 마녀들이 어떤 힘을 가지고 있다면 이는 악마의 소 행이라는 것이 그 이유였다. 교황 인노켄티우스 8세Innocent VIII(1432년 ~1492년)는 사탄을 숭배하는 무리가 어린아이들을 잡아먹는다는 음모 론이 퍼지자 이를 심각하게 받아들이고 교서를 내려 공식 조사에 착 수했다. 1486년 도미니쿠스회 수사 하인리히 크래머Heinrich Kramer와 야 콥 슈프렝어Jacob Sprenger는 끔찍하고 섬뜩한 마녀사냥 교범, 『마녀들에 대한 망치』Malleus Maleficarum를 출판해 악명을 떨쳤다.

물론 모든 성직자나 수도자들이 이에 동의한 것은 아니었다. 인스 부르크의 주교는 크래머를 어리석은 미치광이로 보았고, 교구에서 몇몇 여성을 마녀로 몰아간 그를 추방했다. 『망치』가 출판된 같은 해 가르멜회 수사 얀 판 베츠Jan van Beetz는 마법에 관한 매우 냉소적인 논 고를 출판했다. 실제로 가톨릭 교회는 마녀 이야기를 가장 회의적으 로 바라본 조직이었다. 그리고 16세기 이후 근대 초기 사회를 뒤흔든 히스테리적 마녀사냥에서 (힘닿는 데까지) 마녀재판을 막으려고 한 것 은 언제나 교회였다.

흑사병

활기 넘치는 창의성의 시대였던 중세 성기가 저물기 시작한 것에는 여러 원인이 있겠지만 가장 파괴적인 사건은 흑사병의 도래였다. 1347년 아시아를 강타한 전염병이 무엇이었는지는 분명하지 않다. 림프절 페스트와 폐렴이 결합한 형태였다는 것이 가장 일반적인 추정이다. 어쨌든 이 전염병은 크림 반도에서 돌아오던 제네바 상선에 실려 시칠리아로 들어왔다. 이듬해 전염병은 지중해 서부를 에워싸며 북아프리카와 스페인, 포르투갈로 퍼졌고, 곧 프랑스와 이탈리아에 도달했다. 1349년, 흑사병은 네덜란드 일대와 독일 제후령, 헝가리를 유린했고, 1350년에는 유럽의 최북단에 이르렀다.

흑사병에 감염되면 죽음을 피하기 어려웠고 그마저도 매우 고통스러웠다. 전염병에 관한 지식이 없던 14세기에 감염을 막는 것은 불가능했다. 병마는 계층과 신분을 가리지 않았다. 왕, 왕비, 추기경, 대주교, 도시민과 농민을 가리지 않고 수백만 명이 목숨을 잃었다.

전염병의 공포가 확산되자 어떤 지역에서는 유대인들이 희생양이 되었다. 유대인들이 우물에 독을 타 질병을 몰고 왔다는 고발이 이어졌다. 1348년 교황 클레멘스 6세Clement VI(1291년경~1352년)는 유대인도 그리스도교인들과 마찬가지로 죽어가고 있다는 점을 들며 그들의 무죄를 입증하는 교서를 발표할 정도였다.

14세기 후반, 흑사병은 다섯 차례 재발했고, 15세기 초엽까지 약 2,500만 명이 목숨을 잃었다. 서유럽 인구의 3분의 1에 달하는 숫자였다.

33

중세 후기 오리엔트 교회들

451년 칼케돈 공의회 이후 자발적으로 제국 교회와 결별했거나 시간이 흐르며 나머지 그리스도교 세계로부터 자연스럽게 단절된 고대의 오리엔트 교회들은 한동안 유럽 그리스도교 세계에서 일어난 중대한 사건이나 움직임에 별다른 영향을 받지 않았다. 그러나 십자군 원정의 경우는 달랐다. 십자군의 도래는 동방 그리스도교인들에게 커다란 영향을 미쳤고, 심지어는 그들의 운명을 뒤바꾸기도 했다.

예를 들어 '마론파'Maronite라고 일컫는 레바논의 단의론자들은 십자군을 안내하거나 십자군과 함께 싸웠고, 1182년에는 '이단'을 버리고 로마 교회와 상통 관계를 맺었다.

아르메니아

아르메니아 그리스도교인들은 로마 가톨릭을 받아들일 마음이 전혀 없었음에도 십자군의 도착을 반겼다. 적어도 처음에는 그랬다. 8세기 이슬람 제국은 아르메니아를 정복하며 한편으로 비잔티움과 페르시아의 폭정에서 아르메니아인들을 해방했고, 덕분에 아르메니아 교회는 후환을 두려워하지 않고 칼케돈 신앙을 강요하는 비잔티움 교회에 저항할 수 있었다. 그러나 아랍인들의 지배도 관용적인 것은 아니었다. 나아가 10세기 후반 칼리파 제국이 약화되자 셀주크인들이 아르메니아를 침공했고, 그들은 이전의 아랍 칼리파 제국보다 훨씬 더 잔악하고 탐욕스러우며 파괴적인 방법으로 아르메니아인들을 지배했다.

1080년에는 옛 비잔티움 영토에 독립 국가인 소 아르메니아 왕국Lesser Armenia이 세워졌다. 소 아르메니아는 200년 이상 투르크에 대항하며 거리낌 없이 라틴인들과 손을 잡을 수 있었다. 게다가 아르메니아는 비잔티움인들을 적대시했고 이는 십자군도 마찬가지였다. 이에 십자군 왕국의 지배자들과 아르메니아 왕가 간에 통혼이 이루어지기도 했다.

그러나 이 동맹에는 대가가 따랐다. 12세기를 통틀어 갑의 위치를 차지한 것은 라틴 그리스도교인들이었고, 그들은 칼케돈의 정식을 수용하고 로마에 복종하도록 아르메니아인들을 압박했다. 교회 통합을 위한 협상이 수시로 진행되었고, 때로는 진정성 있는 교회 일치의 동기에서 이루어진 것 같은 만남도 있었다. 한 가지 예로 아르메니아 총주교 '은총을 입은 자' 네르세스 4세Nerses IV(1098년~1173년)는 비잔티움과 라틴, 시리아와 아르메니아 교회의 재통합을 위한 보편 공의회 소집을 주창했다.

그러나 이러한 움직임은 결국 13세기 아르메니아 교회를 분열시켰다. 총주교 콘스탄딘 1세Constantine I(?~1267년)가 이끄는 이른바 '합일파'uniate는 칼케돈의 정식을 공식적으로 채택했고, 훗날 동방 가톨릭 교회로 발전한다. 이후 아르메니아인들은 서방 교회를 지지하는 입장과 전통 교회를 지지하는 입장으로 나뉘었다. 서방 교회 지지자들은 라틴인 선교사들을 초청했고, 전통 교회 지지자들은 새로운 총주교를 선출했다. 그러나 아르메니아인들은 궁극적으로 로마에 복종하지 않았다.

콥트 교회

7세기 이슬람 제국에 정복된 이집트의 콥트 그리스도교인들은 아르메니아인들과 마찬가지로 칼케돈의 정식을 받아들일 것을 요구하는 비잔티움의 압박에서 벗어났다. 비잔티움인들과 달리 아랍인 정복자들은 이집트 현지 교회의 문화에 간섭하려 하지 않았다. 그럼에도 불구하고 피지배 민족으로 전락한 콥트인들은 종종 박해와 폭력의 희생양이 되곤 했다. 그러나 그들은 살아남았고, 오랜 기간 번성했다.

이집트 그리스도교인들의 관점에서 십자군의 시대는 그야말로 재앙이었다. 이슬람 통치자들은 그리스도교인들을 구분하지 않았다.

콥트인들은 종종 은밀하게 십자군에 동조하거나 공모를 했을 것이라는 혐의를 사곤 했다. 물론 라틴인들은 이들 이집트의 '이단자'들에게 어떤 호의도 갖고 있지 않았다. 일례로 예루살렘 왕국은 성묘를 방문하기 위해 찾아온 콥트 그리스도교 순례자들의 눈앞에서 성문을 닫아버렸다. 그렇다고 살라딘이 호의를 베푼 것은 전혀 아니다. 살라딘 치세 초창기 콥트인들은 막대한 금액의 징벌성 세금을 내야 했다. 또 다른 이들과 구별되는 옷을 입어야 했다. 말을 타는 것 또한 금지되었다. 알렉산드리아 대성당을 비롯한 여러 교회와 수도원이 파괴되었다. 콥트인들에게서 조금이라도 불만의 조짐이 보이면 즉시 가혹한 탄압이 뒤따르곤 했다. 콥트인들 곧 '누비아 그리스도교인들'Christians of Nubia 가운데 상당수가 살해되거나 노예로 팔려갔다.

살라딘이 예루살렘을 점령한 후에는 상황이 다소 나아졌다. 그러나 십자군 원정 후반기(13세기 후반)부터 이들 이집트 그리스도교인들은 새로운 지배자인 맘루크 조 술탄국 치하에서 또다시 가혹한 운명에 시달려야 했다

에티오피아

그리스도교 에티오피아는 (명목상 이집트 콥트 교회와 연합하고 있었으나) 7세기 이후 나머지 그리스도교 세계로부터 사실상 고립되고 말았다. 그러나 거대한 산맥의 보호를 받았기에 북쪽의 이집트와 누비아 지역을 정복한 이슬람 제국의 침입으로부터도 안전했다. 그러나 아랍 상인들에게 홍해 교역로를 빼앗긴 후에는 (홍해 연안의) 에리트레아

평야 대신 내륙으로 눈을 돌려 티그라이고원 남쪽 동아프리카 산악 지대를 차지하고 그곳에 살던 부족들을 흡수했다. 이들 중 아고_{Agew} 족은 암하라_{Amharic}* 문화에 완전히 동화되었다. 게즈어가 그들의 모어가 되었고, 악숨 그리스도교가 토착 종교를 대체했다. 심지어 12세기 후반에서 13세기 후반에 이르는 시기에는 자그웨_{Zagwé} 왕조를 세워 에티오피아의 지배자로 군림한다.

자그웨 왕조에서 나온 가장 위대한 황제는 '십자가의 종' 게브레 메스켈 랄리벨라_{Gebre Meskel Lalibela}였다. 그는 1189년에서 1229년까지 제위에 있었던 것으로 보인다. 전하는 바에 따르면 그의 시대 열한 채의 거대한 화강암 교회가 자그웨 왕조의 수도 로하(오늘날 랄리벨라)에 세워졌다고 한다. 한편 13세기 후반 셰와 왕국의 암하라 계통 왕가가 자그웨 왕조를 몰아내고 에티오피아의 제위를 차지했다. 그렇게 이른바 '솔로몬' 왕조가 탄생(혹은 재탄생)했다. 이러한 이름을 붙인 까닭은 그들이 자신들의 뿌리를 솔로몬 왕과 시바 여왕 사이에서 태어난 아들 메넬리크 1세_{Menelik I}에게서 찾아 에티오피아 왕권에 대한 정당성을 주장했기 때문이다. 13세기와 14세기 에티오피아를 수놓은 문학과 문화, 건축, 종교의 르네상스는(비록 자그웨 왕조에서 시작된 것이나) 사실상 에티오피아를 새로운 성지로 삼고, 셰와 황제들을 다윗의 반열을 계승하는 참된 후계자로 세우는, 에티오피아 제국 신화의 가시적 표현이라고 보아도 무방하다.

---

* 에티오피아 인구의 다수를 차지하는 민족.

에티오피아의 화강암 교회 중 하나

14세기 내내 에티오피아는 상당한 군사력을 보유했고, 이슬람 세력의 침략을 막기 위해 끊임없이 분투했다. 심지어 이집트 콥트인들의 보호자를 자처하기도 했다. 황제 암다 세욘Amda Tseyon(재위 1314년~1344년)은 곳곳에 요새를 설치하고 방비가 취약한 남쪽에서 공세를 펼쳤다. 또 콥트인들에 대한 박해를 중지하지 않으면 나일강의 물줄기를 건드려 이집트 땅을 사막으로 만들어버리겠다고 맘루크 술탄을 위협했다. 1445년 아달 술탄국*의 군사들에 맞서 대승을 거둔 황제 자라 야코브Zar'a Yakob(재위 1434년~1468년)는 여세를 몰아 이집트를 정벌하겠다며 위협하기도 했다.

---

* 오늘날의 소말리아, 에티오피아, 지부티, 에리트레아 일부에 걸쳐 있던 이슬람 국가. 15세기 초부터 16세기 중엽까지 존속했다.

사제왕 요한의 전설

십자군 원정 시대, 오리엔트 그리스도교에 관해 거의 알지 못하던 라틴 서방에서는 이른바 '사제왕 요한'Prester John에 관한 낭만적인 전설이 인기를 끌었다. 전설에 따르면 요한은 먼 동방 어딘가에 있는 부유하고 강력한 그리스도교 왕국의 군주였다고 한다. 이야기의 어떤 판본에 따르면 그는 기적을 행할 수 있었으며 그의 영토는 지상 낙원과도 같은 곳이었다고 한다. 사람들은 요한의 왕국이 인도나 동아시아, 혹은 에티오피아 어딘가에 있다고 생각했다.

이 전설의 모티프가 된 이야기는 인도의 토마 계열 그리스도교인들에 대한 기록일 수 있다(아니면 교황 칼릭스투스 2세(?~1124년) 시대 인도에서 로마를 방문한 주교 사절의 이야기일 수도 있다). 어쩌면 1145년 시토회 수사 오토 폰 프라이징Otto of Freising(1114년경~1158년)이 『연대기』 Chronicon에 남긴 기록에 영감을 받은 것일 수도 있다. 『연대기』에서 오토는 레바논의 라틴인 주교 후고Hugh와의 만남을 기록한다. 주교는 오토에게 (아기 예수를 찾아온 동방 박사의 후손인 시리아인) 왕 요한이 얼마 전 엑바타나에서 페르시아인들을 격파한 일을 들려주었다.

그런데 이 이야기는 1141년 (공교롭게도 불교 신자였던) 거란의 야율대석耶律大石,Yelu Dashi이 카트완에서 셀주크인들을 상대로 대승을 거둔 기록이 와전된 것일 수 있다. 그렇다면 이 이야기는 1221년 아크레의 주교 자크 드 비트리Jacques de Vitry가 제5차 십자군 원정에서 귀환하며 전한 이야기, 곧 인도의 왕 다윗이 동방의 이슬람 세력에 맞서 싸워 승리하였다는 이야기와도 관련이 있는 것으로 보인다. 그렇다면 이 인도의 왕 다윗은 다름 아닌 칭기즈 칸이었을지도 모른다.*

이 전설에서 가장 흥미로운 대목은 「사제왕 요한의 편지」Prester John's Letter다. 이 편지는 (13세기 알베릭 드 트루아퐁텐Alberic de Trois-Fontaines에 따르면) 1165년에 처음 등장했다고 한다. (신성 로마 제국 황제 프리드리히 1세와 비잔티움 제국 황제 마누일 1세 콤니노스를 비롯한 여러 그리스도교 군주들에게 보낸 것으로 추정되는) 이 글에서 그리스도교인 군주로 '세 인도'Three Indies의 지배자이자 성 토마의 묘소를 수호하던 인물인 사제왕 요한은 그가 통치하는 영토의 아름다운 자연과 고도의 문명을 자랑하며, 예루살렘을 되찾겠다는 포부를 선언한다. 요한의 편지는 여러 언어로 번역되고 각색되어 유럽 전역에 퍼졌다. 심지어 1177년 교황 알렉산데르 3세Alexander III(1100년경~1181년)가 사제왕 요한에게 답장을 썼다는 이야기도 전해진다.

14세기 이후 유럽인들은 이 사제왕을 에티오피아 황제와 동일시했다. 상상 속 동방의 그리스도교 왕, 신비롭고 강력한 에티오피아 군주는 훗날 유럽의 로망스 문학에 등장하기도 한다. 가장 대표적인 작품은 단연 루도비코 아리오스토Ludovico Ariosto가 쓴 『광란의 오를란도』Orlando Furioso일 것이다.**

---

* 몽골군은 1219년 중앙아시아를 지배하던 투르크 호라즘 술탄국을 침공해 막대한 타격을 입혔다. 호라즘은 결국 1230년에 몽골에 의해 멸망한다.
** 『광란의 오를란도 1~5』(아카넷)으로 역간

우리나라는 코끼리와 낙타, 악어, … 하이에나와 야생마, 들소가 뛰노는 곳입니다. 게다가 뿔 달린 사람, 외눈박이, 앞뒤 모두에 눈이 달린 사람, 켄타우로스, 파우누스, 사튀로스, 피그미족, 거인, 퀴클롭스와 같은 남녀 수인獸人의 고향이기도 하지요. 우리는 전쟁에 임할 때 부대기 대신 보석을 두른 열네 개의 십자가를 앞세우며 진군합니다. 십자가 뒤에는 1만의 기병과 10만의 보병이 뒤따릅니다.

「사제왕 요한의 편지」(1165년)

동시리아 교회

중세 후기 가장 기구한 운명을 겪은 오리엔트 그리스도교 공동체는 단연 동시리아 교회 곧 네스토리우스파 교회라고 할 수 있다. 동시리아 학자들과 의사들은 칼리파 제국에서 나름대로 존중받았고, 때로는 새롭게 교회를 세울 수 있도록 예외적인 허락을 얻어내기도 했다. 그러나 그들은 어디까지나 예속민이었고, 12세기에는 콥트인들과 마찬가지로 행동과 복장을 규제하는 수많은 모욕적인 조치와 감당할 수 없을 만큼의 세금에 시달려야 했다.

그러나 네스토리우스파 교회는 동편의 중앙아시아와 동아시아에서 더 커다란 시련을 겪었다. 14세기 초만 해도 그리스도교 세계에서 가장 큰 규모를 자랑하던 네스토리우스파 공동체는 14세기 후반 가장 작은 교회 중 하나로 축소되고 말았다. (주변 모든 이들과 마찬가지로) 중앙아시아에 살던 그리스도교인들은 몽골군의 말발굽 아래 참혹한 고통을 겪었다. 칭기즈 칸의 몽골군이 휩쓸고 지나간 마을과 도시는 돌무더기로 변해버렸다. 사마르칸트와 부하라 등 유서 깊은 몇몇 대도시도 같은 운명을 맞았다. 그러나 칭기즈 칸의 뒤를 이은 몽골의 지배자들은 네스토리우스파 그리스도교인들에게 상당한 관용을 베풀었다. 전하는 바에 따르면 칭기즈 칸의 손자로 쿠빌라이Kublai(1215년~1294년)와 훌라구Hülegu(1217년~1265년)의 형 뭉케 칸Mongke Khan(1208년~1259년)*은 그리스도교에 상당한 호의를 보였다고 한다. 또한 훌라구는 그리스도교인 아내를 맞이했다. 1258년 그가 이끄는 몽골군이 바그다드를 점령해서 거주민들을 학살했을 때, 교회로 피신해 있던 그리스도교인은 해를 입지 않았다. 쿠빌라이 또한 중국의 동시리아 교회를 용인했고, 어느 정도는 호의를 베풀기도 했다.

그러나 13세기 후반 상황은 급변했다. 바그다드를 지배하던 몽골의 가잔 칸Ghazan Khan(재위 1295년~1304년)이 이슬람 신앙을 받아들이자 동시리아 그리스도교 공동체는 곧바로 맹렬한 박해에 직면했다. 1369년 몽골 원元 제국을 멸망시키며 중원의 패권을 쥔 명明은 외국 종교를 근절하기 위한 조직적 정책을 실행에 옮기기 시작했고, 결국 중국의 시리아 교회는 얼마 버티지 못하고 소멸했다. 또 중앙아시아에서는 (근대 이전 시기의 가장 잔혹한 학살자) 티무르Timur가 곳곳을 유린하며 동시리아 그리스도교의 흔적을 말살해 버리고 말았다.

---

* 몽골의 4대 칸으로 시호는 헌종憲宗. 압바스 왕조 이슬람 제국을 멸망시켰다. 여몽 전쟁에서 고려의 항복을 받아냈다.

34

비잔티움의 황혼

1204년 제4차 십자군이 콘스탄티노플을 점령한 이후, 동방의 고대 로마 제국은 여러 공국으로 조각나고 말았다. 일부 지역은 프랑스나 이탈리아 점령자들의 수중에 들어갔고, 어떤 지역은 현지 비잔티움 귀족의 지배를 받았다. 1208년, 테오도로스 1세 라스카리스Theodore I Lascaris(1174년경~1221년)는 니케아에 황좌를 설치한다. 처음에 니케아 제국의 영토는 보잘것없었다. 그럼에도 니케아 제국은 곧 번영하며 군사적 안정성을 확보했고, 아나톨리아 서부로 세력을 확장하며 높은 수준의 헬레니즘 문화를 이어갔다.

1259년 니케아 제국의 황제가 된 미하일 팔레올로고스Michael Palaeologos(1224년~1282년)는 1261년 콘스탄티노플을 수복하고 비잔티움 황제 미하일 8세Michael VIII로 즉위했다. 그렇게 시작된 팔레올로고스 왕조는 비잔티움 제국의 마지막 시대를 이끌게 된다.

동방과 서방

과거 비잔티움의 영광을 되살리기 위해 새로운 황제는 먼저 군사를 일으켜 에게해의 섬들과 펠로폰네소스의 모레아에서 라틴인 점령자들을 몰아내야 했다. 그리고 팔레올로고스 가문을 찬탈자로 여기며 반발하던 테살리아와 이피로스 지역을 평정해야 했다. 나아가 콘스탄티노플을 재건하고 도시의 방위를 강화해야 했다. 이 모든 조치에는 막대한 자금이 들어갔고, 그러한 자금은 교역을 통해서만 확보할 수 있었다. 황제는 제노바에 의존해야 했다. 제노바는 한때 베네치아가 독점하던 교역권을 보장받는 조건으로 함선을 제공했다. 무엇보다도 황제는 콘스탄티노플을 다시 빼앗고자 기회를 엿보던 나폴리와 시칠리아의 지배자 샤를 당주Charles of Anjou(1226년~1285년)를 수단과 방법을 가리지 않고 저지해야 했다.

이를 위해 황제는 놀랍게도 교황에게 보호를 요청했다. 그리고 그 대가로 동방 교회가 로마의 수위권을 인정하겠다며 약조했다. 1274년 리옹 공의회에서 황제의 사절들은 위와 같은 조건으로 로마와 동맹을 체결했다. 그러나 정교회 신자들은 황제의 결정에 따르기를 거부했다. 공의회의 결정도, 반대파에 대한 황제의 가혹한 탄압도 아무 소용이 없었다. 1281년 샤를이 비잔티움을 침공했다. 그러나 샤를의 군대는 소아시아 지역에 이르기도 전에 격파당했다. 이에 굴하지 않고 샤를은 다시 한번 침공을 계획했으나 이번에는 시칠리아에서 반란이 일어났고, 결국 비잔티움 침공 계획은 무산되었다.

제국을 수복하고, 황제를 참칭하던 프랑스 세력을 물리치며 콘스탄티노플의 방어를 위해 큰 노력을 기울인 미하일이었지만, 그가 세상을 떠나자 비잔티움인들은 그를 배교자로 여기며 비난했다. 어쩌면 사람들은 서부 전선에 지나치게 주의를 쏟던 황제가 동부 전선을 소홀히 했고, 결국 투르크인들의 침략에 무방비로 노출되게 한 그의 실책을 알고 있었는지도 모른다.

장기전

14세기 내내 팔레올로고스 왕조의 황제들은 불가피한 일들을 미연에 방지하고자 쉴 새 없이 전력을 기울였다. 반란, 지방 세력의 불복종, 용병에 대한 지나친 의존, 투르크인들의 습격, 경제적 쇠퇴, 소아시아에서 점점 세력을 키우고 있는 오스만인들, 내란 등 생각할 수 있는 모든 혼란과 시련이 비잔티움 정치의 거듭되는 실상이었다.

언제나 그랬지만 만족들의 위협도 도사리고 있었다. 특히 문제는 세르비아인과 불가르인이었다. 1346년 세르비아의 왕 (그리고 정교회 군주) 스테판 두샨Stefan Dushan(1308년~1355년)은 자신을 '세르비아인들과 그리스인들의 황제'라고 선언했고, 1348년 그리스 북부지역을 점령했다. 이전에 투르크인들과 동맹을 맺어 둔 까닭에 비잔티움은 더 큰 위기를 모면할 수 있었다. 그러나 엎친 데 덮친 격으로 1347년 흑사병이 콘스탄티노플과 비잔티움 동부 지역을 강타했고, 비잔티움의 인구와 경제는 심각한 타격을 입고 말았다.

14세기 중반 제국의 금화는 금에 저급한 금속을 합금하여 주조되었고, 그 결과 비잔티움 화폐의 국제적 가치가 하락했다. 비잔티움 황제의 상징물들은 내전을 거치며 베네치아에 진 부채에 대한 담보물로 빼앗기고 말았다. 지방에 대한 황제의 영향력은 점점 약화되었다. 제국의 교역은 이탈리아인들의 배만 불릴 뿐, 비잔티움에는 도움이 되지 않았다. 세르비아인들과 투르크인들과의 전쟁은 끊이지 않았고, 로마는 원조의 대가로 서방 교회에 대한 동방 교회의 복종을 요구했다. 1369년 황제 요안니스 5세 팔레올로고스John V Palaeologos(1332년~1391년)는 로마 교황좌에 복종을 맹세하는 수모를 겪고 돌아오던 중 채무를 불이행한다는 이유로 베네치아인들에게 납치되기까지 했다. 1373년에는 투르크인들이 마케도니아 대부분을 장악하고는 그들의 종주권을 인정하고 조공을 바칠 것을 요구했다.

1390년 황제 마누일 2세 팔레올로고스Manuel II Palaeologos(1350년~1425년)는 한때 오스만 제국의 술탄 바예지드 1세Bayezid I(1360년경~1402년)의 궁정에서 조공국의 인질로 머무는 처지가 되기도 했다. 1391년 마누일이 콘스탄티노플로 돌아가자, 바예지드는 마누일의 영토가 어디까지나 콘스탄티노플 성벽 안쪽임을 명심하도록 으름장을 놓았다. 1399년부터 1403년까지 마누일은 서유럽을 돌아다니며 군사적 지원을 요청했다. 서유럽의 여러 지배자가 황제에게 아낌없는 지원을 약속하였으나, 그들의 약속은 빈말에 지나지 않았다. 황제는 이렇다 할 성과를 거두지 못한 채 발길을 돌려야 했다. 그러나 그가 서방을 방문하던 중 앙카라에서 티무르인들이 오스만 제국의 군대를 격파하고 바예지드를 포로로 사로잡는 사건이 일어났다. 바예지드의 아들들이 권좌를 놓고 다투게 되자 콘스탄티노플은 배후에서 군사를 지원하며 이를 협상을 위한 기회로 활용했다. 1413년 메흐메트 1세Mehmet I(1379년~1412년)는 비잔티움 제국의 도움으로 세르비아에서 마지막 경쟁자였던 동생 무사Musa를 격파한 후 비잔티움 황제에게 모든 조공 의무를 면제하고 테살로니키 등 과거 비잔티움 영토 일부를 반환하는 것으로 사의를 표했다. 메흐메트의 관용 덕분에 마누일은 군사력을 기르고 콘스탄티노플의 방어 시설을 확충했다. 메흐메트가 세상을 떠나면 평화의 시대도 끝날 것이고, 오스만에 맞서 사활을 건 투쟁을 해야 함을 예감했던 것이다.

스타니스와프 흘레보프스키, 《티무르인들에게 포로로 잡힌 바예지드》(1878년)

문화와 신앙의 부흥

황혼에 이른 비잔티움 세계가 오랜 시간에 걸쳐 기울어가는 가운데 제국의 경제와 군사력, 정부는 계속하여 쇠락했으나, 상위 문화는 오히려 찬란한 번영을 구가했다. 고전고대와 알렉산드리아, 그리스도교 헬레니즘에 대한 드문 열정이 11세기 미하일 프셀로스의 시대로부터 15세기 제국의 마지막 시대에 이르는 세월을 사로잡았다. 황제 안드로니코스 2세 팔레올로고스Andronicus II Palaeologos(1260경~1332년)는 콘스탄티노플의 학자들에게 아낌없는 후원을 베풀었다. 이들을 대표하는 인물은 천문에 조예가 깊은 철학자였던 테오도로스 메토히티스Theodore Metochites(1270년~1332년)였다. 그는 아리스토텔레스에 대한 주석을 남겼다. 그의 제자로 철학과 천문학, 역사와 문헌학에 조예가 깊었던 니키포로스 그레고라스Nicephorus Gregoras(1295년경~1360년)는 스승보다 더 두각을 드러냈다.

이 시기에도 라틴어로 된 여러 고전 문헌과 교부 문헌이 그리스어로 번역되어 비잔티움 세계로 유입되었다. 여기에는 문법학자이자 신학자, '그리스 문집의 편집자'로 추앙받은 막시모스 플라누디스Maximus Planudes(1260년경~1330년)가 커다란 공헌을 남겼다. 다음 세대의 그리스 인문주의 학자 가운데 하나인 디미트리오스 키도니스Demetrius Cydones(1324년경~1398년경)는 아우구스티누스는 물론 토마스 아퀴나스의 저작을 번역하기도 했다. 그는 비잔티움의 첫 토마스주의 공동체 성원으로 활동했다(결국 그는 라틴 교회로 옮겼다).

동방 그리스도교가 간직해 온 신비주의 영성 전통이 새롭게 주목받은 시기도 팔레올로고스 왕조 시대다. 특히 '헤지카즘'Hesychasm이라고 부르는 특별한 형태의 관상 기도가 이를 대표했다. 헤지카즘은 그리스어로 '고요', '정적'을 의미하는 헤쉬키아ἡσυχία에서 파생된 용어다. 이 기도는 창조되지 않은 빛으로 하느님을 경험하도록 기도하는 이를 황홀경으로 초대한다. 이 빛은 관상하는 이의 몸으로부터 쏟아져 나오는 변모의 광채로 다가온다.

헤지카즘은 14세기 (에게해 할키디키 반도의 곶에 위치한, 10세기 이후 정교회 수도원의 고향이 된) 아토스산 수사들의 특별한 영성 훈련 방법이었다. 그들의 신학과 훈련을 폄하하는 이도 적지 않았다. 그러나 중세 정교회 신학자를 대표하는 인물이라고 할 수 있는 그리고리오스 팔라마스Gregory Palamas(1296년~1359년)는 헤지카즘을 강력히 옹호했다.

라인란트의 신비주의자들

14세기 신비주의 신학은 동방뿐 아니라 서방 그리스도교에도 새로운 활력을 불어넣었다. 서방 그리스도교 신비주의는 특히 유럽의 북부지역에서 우세했다. 잉글랜드에서는 관상 기도와 하느님에 대한 영혼의 일치를 말하는 저술가들이 대거 등장했다. 리처드 롤Richard Rolle(1300년경~1349년), 월터 힐튼Walter Hilton(1340년경~1396년), 노리치의

줄리안Juliana of Norwich(1342년~1416년 이후)이 대표적이다. 익명의 저자
는 『무지의 구름』The Cloud of Unknowing이라는 신비주의 저작을 남기기
도 했다.

14세기 전반 신비주의 문헌 다수는 도미니쿠스회 수사들의 작품이
다. 마이스터 에크하르트Meister Eckhart(1260년경~1327년), 요한네스 타울
러Johannes Tauler(1300년~1361년), 하인리히 조이제Heinrich Suso(1295년~1366
년)는 이를 대표하는 인물들이다. 타울러는 조금 다른 전통에 있다고
볼 수도 있으나 그리스도와의 동화를 통해 성화되는 영혼에 관한 그
의 묘사에는 당대의 여느 신비주의 저작 못지않은 깊이가 있다. 조
이제는 에크하르트의 제자로서, 평생에 걸쳐 스승을 옹호한 인물이
다. 그리고 에크하르트가 그리스도교 역사에서 가장 커다란 논란을
불러일으킨 인물 가운데 한 명이었기에 조이제는 많은 시련을 겪어
야 했다.

마이스터 에크하르트는 천재적인 신학자였고 글재주도 뛰어났다.
그는 의도적으로 매우 대담한 언어를 사용하여 자신의 난해한 사상
을 표현했다. 에크하르트는 자신의 사상이 토마스 아퀴나스 형이상
학의 핵심을 극히 정통적인 방식으로 발전시킨 것이라고 확신했다.
그러나 에크하르트의 구상과 표현은 토마스와는 매우 이질적이었
다.

에크하르트는 영혼이 하느님과의 일치를 위해 상승할 때, 영혼은 피
조물뿐 아니라 하느님에게서도 분리되어야 한다고 주장했다. 여기
서 하느님은 유한한 인간 정신이 상상해낸 대상이기 때문이다. 에

크하르트는 '하느님 너머의 하느님'이 존재하며, 신성함이라는 개념 자체가 없는 무한한 '신성함의 사막'이 존재한다고 보았다. 아울러 그는 영혼 안에 창조되지 않은 하느님의 '불꽃'이 담겨 있다고 보았고, 영혼과 하느님이 일치를 이루는 '근저根底' 개념을 제안했다.

35

최후의 황제

서로마 제국은 5세기에 멸망하였으나 법률적, 문화적, 정치적 제도로
서의 로마 제국은 동방에서 천년 가까이 존속했다. 황제의 도읍, '새
로운 로마' 콘스탄티노플은 어느덧 화약과 대포의 시대를 맞이하게
된다. 로마 최후의 황제가 스러진 후 40년 뒤, 콜럼버스는 아메리카
대륙에 도착한다.

콘스탄티노플은 유럽 최초의 그리스도교 도시이자 헬레니즘 문화
의 마지막 보루였다. 그러나 지정학적 위치 탓에 이곳이 그리스도교
의 중심지로 끝까지 살아남는 것은 불가능했다. 아랍인, 슬라브인,
투르크인, 불가르인, 몽골인 등 너무 많은 적이 콘스탄티노플을 에워
싸고 있었다. 7세기 이후 비잔티움은 강력한 이슬람 세력과 쉴 새 없

는 싸움을 이어갔다. 이윽고 오스만 제국이 부상하자, 비잔티움은 이제 더는 물리칠 수 없고, 무한정 저항을 이어갈 수도 없는 적을 마주하게 되었다는 사실을 직감했다.

강요된 일치

1421년 메흐메트 1세가 세상을 떠나자, 마누일 2세 팔레올로고스가 콘스탄티노플을 위해 메흐메트 1세에게 얻어낸 우호 관계도 얼마 지나지 않아 종말을 고했다. 콘스탄티노플은 다시 한번 오스만 왕위 계승에 영향력을 행사하여 유리한 환경을 조성하고자 했으나 결과는 파국으로 이어졌다. 정적을 지원하며 반란을 사주한 콘스탄티노플에 격분한 술탄 무라드 2세Murad II(1404년~1451년)는 선왕의 관용 정책을 폐기하고는 콘스탄티노플을 포위하고 테살로니키를 봉쇄했다. 약화된 비잔티움의 군사력으로 테살로니키를 방어하는 것은 불가능했다. 1423년, 강력한 베네치아 공국은 테살로니키를 매도하라고 강요했다. 그러나 1430년 테살로니키는 결국 무라드의 수중에 떨어졌다.

한편 콘스탄티노플에서는 마누일의 아들 요안니스 8세 팔레올로고스가 제위를 물려받았다. 그는 재위 기간 대부분을 투르크인에 대항할 서방의 군사 지원을 얻어내고자 고군분투했다. 그러나 서방의 지원은 언제나 그랬듯 라틴 교회의 교황에 대한 복종을 조건으로 했다. 이에 1439년 콘스탄티노플 총대주교를 비롯한 700여 명의 대표단과 함께 피렌체 공의회에 참석한 황제는 비잔티움 교회가 로마 교황에게 복종하는 형식으로 로마 교회와 연합하는 안에 동의했다.

물론 '그리스인'들이 이토록 많은 부분을 로마에 양보한 것은 종교적 신념의 변화 때문이 아니라 어쩔 수 없는 현실 때문이었다. 무엇보다 비잔티움인들에게 이러한 방식의 연합은 그동안 이런 문제를 논의할 때마다 늘 충돌을 가져오던 모든 쟁점에서 라틴 교회에 무조건 항복을 선언하는 행위나 다름없었다. 그럼에도 비잔티움의 대표단은 이 조건을 받아들였다. 에페소스의 명망 있는 주교 마르코스 에브게니코스Mark Eugenicus(1392년경~1444년)만이 이를 거부했다. 그는 진정으로 그리스 교회와 라틴 교회가 화해하기를 바랐다. 그러나 이런 식으로 정교회 전통을 팔아넘기고 재결합을 사들이는 행위는 결코 있을 수 없는 일이라고 에브게니코스는 생각했다.

콘스탄티노플과 정교회 세계 그리스도교인 대다수에게도 사정은 마찬가지였다. 심지어 라틴 교회와의 연합에 동의했던 대표단 대다수도 비잔티움으로 돌아가며 이를 번복했다. 기왕 나라를 잃고 외세의 지배를 받을 운명이라면 '이 도시의 한복판에서 라틴인의 주교관을 보느니 차라리 투르크인의 터번을 보는 편이 낫다'라는 유명한 말이 당시 콘스탄티노플의 분위기를 단적으로 대변했다. 그러나 모든 정교회 주교가 마음을 돌린 것은 아니다. 일례로 니케아 대주교이자 비잔티움을 대표하던 인문주의 철학자 바실리오스 베사리온Basil Bessarion(1403년~1472년)은 끝까지 연합을 지지했고, 교황 에우게니우스 4세Eugenius IV(1383년경~1447년)는 그를 추기경으로 서임했다(그리하여 바실리오스는 여생을 이탈리아에서 보냈다). 키예프와 모스크바 대교구를 관할하던 이시도로스Isidore of Kiev(1385년~1463년)도 라틴 교회와의 일치를 옹호한 끝에 결국 러시아로 망명해야 했고, 교황은 그에게 (비록 무의미한 명예였으나) 콘스탄티노플 총대주교라는 칭호를 수여했다.

장기전

피렌체는 황제가 서방 세계의 군사 지원을 요청할 때면 늘 원조를 제공하곤 했다. 1444년 폴란드 및 헝가리의 왕 브와디스와프 3세 Wladyslaw III(1424년~1444년)는 트란실바니아를 통치하던 후녀디 야노시 Hunyadi Janos(1387년경~1456년)가 이끄는 병력과 함께 세르비아, 알바니아, 불가리아에서 투르크인을 몰아내고 도나우강을 건너 콘스탄티노플로 진군했다. 동시에 베네치아의 함대가 투르크인의 유럽 진입을 저지하기 위해 보스포루스 해협으로 이동했다. 그러나 베네치아 함대는 보스포루스 해협을 봉쇄하지 못했다. 한편 (몇 달 전 투르크인들과 맺은 평화 조약을 깨고 싶지 않았던) 세르비아의 왕은 술탄과 공모하여 그리스도교 원정군을 몰아냈고 투르크인들은 이 '십자군'을 바르나에서 격파했다.

이제 비잔티움 제국의 운명은 시한부 선고를 받았다. 1449년 요안니스 8세가 세상을 떠나자 제위는 동생 콘스탄티노스 11세 팔레올로고스 Constantine XI Palaeologos(1404년~1453년)에게 이양되었다. 그는 심지가 굳건하고 유능한 통치자였으나, 그가 물려받은 제국의 상황은 절망적이었다. 그는 형 요안니스 8세의 선례를 따라 로마 교회에 복종하겠다는 의지를 다시금 밝히며 서방의 군사 지원을 요청했고, 심지어 1452년 하기아 소피아에서 공개적으로 교회 연합을 기념하는 라틴 전례와 동방 전례를 동시에 거행함으로써 동서방의 일치를 재확인하기도 했다. 그러나 황제의 이러한 노력은 대중의 격렬한 반발을 낳았을 뿐, 이렇다 할 성과를 거두지 못했다.

1449년, 스무 살이 채 되지 않은 결연한 통치자 메흐메트 2세 Mehmet II(1432년~1481년)는 일격에 콘스탄티노플을 함락하기 위한 전쟁을 준비하기 시작했다. 그는 도시와 '위대한 교회' 하기아 소피아를 전리품으로 얻어내고 말겠다고 다짐했다. 1451년 오스만 제국의 술탄으로 다시 즉위한* 메흐메트는 본격적으로, 그러나 차분하게 최후의 작전에 돌입한다. 메흐메트는 콘스탄티노플을 지원하며 전쟁에 가담하지 않도록 헝가리와 평화 협정을 맺었다. 또 헝가리인 기술자를 고용해 전례 없이 크고 강력한 대포를 주조하도록 했다. 베네치아와도 조약을 맺어 베네치아 함대가 그리스도교인들을 지원하는 일이 없도록 조치했다.

콘스탄티노플 공방전

1452년, 메흐메트는 함대를 확충하고 보스포루스 해협 연안에 난공불락의 요새를 건설했다. 방해 없이 보스포루스 해협을 가로질러 병력을 이동하려는 사전 조치였다. 1453년 4월, 콘스탄티노플 공방전이 시작되었다. 비잔티움인들은 콘스탄티노플 금각만金角灣,Golden

---

* 메흐메트는 12세의 나이에 부왕 무라드 2세를 대신하여 술탄이 되었으나, 몇 년 후 무라드 2세가 다시 술탄으로 복귀하며 폐위되었다.

Horn* 어귀에 사슬을 걸어 오스만 함대의 진입을 저지하고자 했다. 그러나 이는 공격을 일시적으로 지연시켰을 뿐이다. 투르크인들이 기름칠한 통나무 위에 함선을 올려서는 육지를 가로질러 콘스탄티노플 내항으로 보내버렸기 때문이다. 비잔티움의 모든 저지를 뚫고 도시를 포위한 투르크인들은 콘스탄티노플 성벽에 대한 포격을 개시했다. 이제 도시의 함락은 시간문제였다.

베네치아는 (술탄과의 협정에 따라) 비잔티움에 지원 병력을 보내지 않았으나 비잔티움인들이 (베네치아령) 크레타섬에서 병사와 선원을 모집하도록 배려했다. 콘스탄티노플에 거주하던 베네치아인들은 그리스인들과 함께 투르크에 맞서 싸웠다. 게다가 제노바 출신의 매우 유능하고 용맹한 장군 조반니 주스티니아니Giovanni Giustiniani(1418년~1453년)는 7백 명의 병력을 이끌고 콘스탄티노플에 들어왔고, 황제는 그에게 콘스탄티노플 육상 방어를 맡겼다. 키예프 대주교 이시도로스는 교황이 지원한 자금으로 2백 명의 나폴리 용병을 고용했다. 스페인 귀족 돈 프란시스코 데 톨레도Don Francisco of Toledo와 같이 황제의 편에서 싸우겠다며 콘스탄티노플로 온 소수의 서방 그리스도교인도 있었다. 오스만 제국의 왕족 오르한Orhan도 황제의 편에 가담해 친척 메흐메트에 대항했다.

콘스탄티노플은 예상보다 훨씬 더 오랫동안 투르크의 공격을 버

---

* 금각만은 콘스탄티노플의 내항으로, 해상에서 도시 안으로 안전히 접근할 수 있는 유일한 지점이자 전략적 요충지였다. 금각만을 사슬로 봉쇄하는 것은 적군의 침입 때마다 도시를 방어하는 기본 전술 가운데 하나였다.

1453년 콘스탄티노플 공방전을 그린 몰도비차 수도원 외벽 프레스코화 (1537년)

려냈다. 그러나 결국 5월 말, 투르크 병력은 콘스탄티노플의 성벽을 돌파했다. 5월 28일 밤, 도시가 하루를 넘기기 어려울 것이라는 사실이 뚜렷해지자 콘스탄티노플의 동방 그리스도교인과 서방 그리스도교인들은 너도나도 도시가 보존하던 성유물을 들고 웅장한 행진을 시작했다. 하기아 소피아에는 정교회 신자들과 로마 가톨릭 신자들이 함께 모여 예배하며 최후의 결전을 준비했다.

날이 밝자 투르크인들은 총공격을 개시했다. 돌파된 성벽을 둘러싼 격전 끝에 투르크 병력은 콘스탄티노플 시가지로 밀려 들어왔다. 주스티니아니는 치명적 부상을 입고 이송되었다(며칠 후 그는 자신의 함선에서 죽음을 맞았다). 황제는 자색 용포를 벗어 던지고 백병전이 벌어지는 현장으로 달려갔다. 그리고 조카 테오필로스 팔레올로고스와 돈 프란시스코, 달마티아의 요안니스John Dalmatus와 함께 검을 머리 위로 치켜든 채 성문 안으로 물밀듯 쏟아져 들어오는 투르크인들을 향해 돌격했다. 그것이 로마 최후의 황제의 마지막 모습이었다.

전하는 바에 따르면 콘스탄티노플이 함락되기 전날 밤 황제는 콘스탄티노플의 지휘관들을 소집해 지상에서의 삶이 얼마나 하찮은 것인지 연설하며, 이렇게 말했다고 한다.

> 인간이 목숨을 걸 만한 명분은 네 가지가 있다. 첫째, 신앙, 둘째, 조국, 셋째, 하느님이 기름 부으신 황제, 넷째, 우리의 가족과 친구. … 그러므로 하느님께 자비를 구하며 용기를 잃지 말고 물러섬 없이 싸우라. 그리하여 우리가 학살당하는 짐승이 아닌 주인이며, 그리스와 로마의 후손임을 저들이 알게 하자. 역사는 우리의 죽음과 명성, 자유를 영원히 기억할 것이다.

36

르네상스 그리스도교 사상

15세기, 그리스도교 동방의 문명이 저물어 갈 무렵, 그리스도교 서방 문명은 위대한 '르네상스'에 접어들고 있었다. 그러나 서유럽 르네상스는 동방 비잔티움 문명의 유산에 빚진 것이었다. 비잔티움 세계가 간직해 온 여러 문헌은 학자들과 함께 비잔티움 제국의 마지막 수백 년 동안 꾸준히 서유럽으로 유입되었다. 11세기 미하일 프셀로스의 시대에 시작된 위대한 '비잔티움 르네상스'는 약 400여 년 동안 명맥을 이어 오다 마침내 그 유산을 서방에 내어주고 역사의 뒤안길로 사라진다.

중세 말 서유럽의 예술과 철학, 신학 등 여러 학문, 그리고 과학적인 탐구가 비약적으로 발전한 것은 사실이다. 그러나 근대의 여명을 알리는 새로운 '인문주의'가 등장한 배경에는 복합적인 원인이 있었다. 새로운 상공업 계층의 등장, 전반적인 경제 상황의 개선, 그리고 그 결과로 기존에 지주와 교회가 독점하던 부가 세속 사회의 다양한 영역으로 전해진 것, 점차 고전 문헌의 입수가 수월해진 것 등 이에 관한 설명은 수없이 많다. 그 결과 이 시대 고대 세계의 '잃어버린 지혜'를 되찾고자 하는 열정이 이탈리아에서 새롭게 피어올라 바깥으로 퍼져나갔다. 그리고 그것은 오늘날 흔히 생각하듯 '세속적인' 운동만은 아니었다.

첫 물결

14세기 후반 유럽을 휩쓸었던 흑사병이 아니었다면 르네상스는 훨씬 더 일찍 시작되었을 수도 있다. 르네상스가 이탈리아에서 시작된 것은 그리 놀라운 일이 아니다. 오랜 세월 비잔티움과 이슬람 동방을 향한 서유럽의 교두보였기 때문이다. 13세기 말과 14세기 초 이탈리아에서 일어난 초기 르네상스는 고전고대의 문학과 철학, 예술의 모범으로 돌아가는 것을 목표로 하면서도 새로운 예술적 기교와 문학 형식, 과학의 발전을 이룩했다. 중세 문명의 찬란한 문학적 성과로 손꼽히는 단테의 『신곡』은 형식에 있어 대단히 혁신적인 것으로, 중세 문학보다는 고전고대의 문학 형식에 훨씬 더 큰 영감을 받았다. 또 조토Giotto(1270년경~1337년)는 방법과 표현 기법 모두에서 중세 후기 이탈리아 회화의 혁명을 이끌었다.

나아가 동방 문헌이 유입되어 중세 후기 스콜라 철학을 살찌웠으며 중세 대학이 15세기에 이루어진 커다란 혁신에 필요한 지적 환경을 제공했음을 간과해서는 안 된다. 르네상스 초기의 가장 위대하고 창의적인 사상가 중 한 명으로 꼽히는 추기경 쿠사의 니콜라우스 곧 니콜라우스 쿠사누스Nicholas of Cusa(1401년~1464년)는 피렌체 공의회가 시작할 무렵 교황 대사로 콘스탄티노플을 방문해 비잔티움의 신플라톤주의 철학과 학문을 직접 접한 최초의 서방인이었다. 돌아오는 길에 그는 초월자의 신적 본성에 관한 큰 깨달음을 얻었다고 한다. 물론 이미 서방에서 구할 수 있었던 문헌과 전통에 통달해 있었기에 어려움 없이 동방 그리스도교 사상을 주체적으로 수용할 수 있었겠지만. 유한한 정신이 하느님을 아는데 필요한 점진적 접근, 반대되는 것들의 우연으로서의 신, 무한자의 본성, 피조물 안에 함축적으로 표현되는 무한한 하느님, 그리스도의 인격, 천상 운동의 본성 등에 관한 그의 성찰은 (타고난 천재성이라는 매개를 통한) 서방 사상과 동방 사상의 완벽한 종합이라고 할 수 있다.

망명자

이탈리아 르네상스가 비잔티움 제국 마지막 나날에 유입된 비잔티움 학문에 의해 촉진되었다는 점에는 의심의 여지가 없다. 이러한 측면에서 가장 영향력 있었던 인물은 위대한 플라톤주의 철학자 게오르기오스 게미스토스 플레톤George Gemistus Plethon(1352년경~1452년)이었다. 피렌체 공의회에 대표로 참석한 그가 남긴 유명한 연설 「아리스토텔레스와 플라톤의 차이에 관하여」Concerning the Differences between Aristotle and Plato는 피렌체 전역에서 플라톤 철학에 대해 선풍적인 관심이 일어나게 했다. 그리고 이러한 관심은 마침내 코시모 데 메디치Cosimo de'Medici(1389년~1464년)의 주도로 설립된 '플라톤 아카데미아'라는 결실을 본다.

플레톤에게 이것은 분열된 교회의 일치보다 더 고무적인 결과였다. 그는 진정한 의미에서 그리스도교 신앙인이라고 보기는 어려운 인물이었다. 플레톤은 은밀하게 후기 신플라톤주의에 동조하고 있었다. 이는 고대 그리스의 다신교와 조로아스터교, 칼데아 종교, 유대교, 이슬람, 그리스도교 등 여러 전통의 영향을 받은 것으로, 하나의 위대한 신을 숭배하면서도 본질적으로 다신론을 전제했다. 공의회가 끝난 후 플레톤은 피렌체에 머물며 일종의 선교적 열정으로 새로운 헬레니즘 철학을 가르치기 시작했다. 그를 통해 한 세대의 이탈리아 인문주의자 전부가 이전에는 접근조차 불가능했던 철학 문헌과 그 해석의 세계를 처음으로 접하게 되었다.

훗날 추기경에 오르는 주교 바실리오스 베사리온Basil Bessarion(1403년~1472년) 또한 비잔티움 문화의 이탈리아 유입에 커다란 공헌을 한 인물이다. 그는 플레톤의 문하에서 공부했고 스승과 마찬가지로 (스승과는 달리 그리스도교에 더 큰 열정을 가졌으나) 플라톤주의에 커다란 열정을 품었다. 베사리온 또한 피렌체

공의회 대표단의 일원이었으며, 일치 협정에 대한 존중에서 1439년까지 이탈리아에 머무른다.

아카데미아

이탈리아 초기 르네상스 학문의 중심은 단연코 피렌체의 플라톤 아카데미아였다. 여러 학자가 직·간접적으로 연관되어 있었으나 학문적 폭과 과감성, 영향력에 비추어 볼 때 주목해야 할 인물들이 있다. 바로 마르실리오 피치노Marsilio Ficino(1433년~1499년)와 콘코르디아 백작 조반니 피코 델라 미란돌라Giovanni Pico della Mirandola(1464년~1494년)다.

사제이자 신학자였던 피치노는 언어학자이자 의사였고 철학에도 조예가 깊었다. 한때 신앙에 회의를 품기도 했으나, 마침내 가장 학식 있고 열정 넘치며 유려한 문장으로 인문주의와 새로운 그리스도교 플라톤주의를 변론하게 된다. 피치노의 그리스도교 플라톤주의는 교부들의 것과 유사했으나 다른 지적 전통도 수용한 것이었다. 1462년 플라톤 아카데미아의 수장에 오른 그의 헌신으로 아카데미아는 동방 문헌의 수집과 연구, 번역의 중심 기관으로 발전할 수 있었다.

피치노는 플라톤과 플로티노스의 저작을 번역했고, 향후 200년간 그리스도교 사상을 근본적으로 형성할 주해를 남겼다. 사랑은 피치노 사상의 중심 주제다. 그는 사랑이 우주 만물을 하나로 유지하는 근간이며 인간 영혼이 하느님에 일치할 수 있는 초월적인 힘이라고 보았다. 피치노의 저술 전체는 인간 존재의 존엄과 신적 운명에 관한

'그리스적'인 낙관으로 가득 차 있다.

이러한 낙관은 피코 델라 미란돌라의 저작에 훨씬 더 분명하게 드러난다. 뛰어난 지성과 다방면의 지적 감수성을 지녔던 그는 스콜라 철학과 인문주의, 아리스토텔레스 철학과 플라톤 철학, 동방 지혜와 서방 지혜의 이상적 종합을 꿈꾸고 있었다. 귀족 가문에서 태어나 페라라대학과 파도바대학에서 공부했으며, 이탈리아 각지를 여행하며 파리(와 그 대학)를 방문하기도 했다. 1486년 피코는 피렌체에서 피치노를 만났다.

피코는 그리스도교 신앙에 확신과 열정을 가지고 있었지만, 그럼에도 불구하고 모든 진리는 소중히 여길 필요가 있다고 믿었다. 그는 유대교는 물론 고대 다신교, 밀교와 메소포타미아, 페르시아의 전통에서도 영감을 얻었다. 피코는 르네상스 그리스도교인 최초로 카발라Kabbalah*를 연구하기도 한 인물이다. 그가 1487년 출판한 유명한 저작 『인간 존엄성에 관한 연설』Oration on the Dignity of Man은 한해 전 발표한 900개의 형이상학적 명제들을 논의하기 위해 기획한 공동 토론회의 기조 연설문이었다. 그러나 토론회는 성사되지 못했다. 교황이 이 논제 가운데 13개를 단죄했기 때문이다. 피코는 1488년 프랑스로 망명하였으나 체포되어 구금되었고, 피코를 지지하는 이들의 설득에 못 이긴 교황이 허락하고 나서야 겨우 피렌체로 돌아올 수 있었다. 피렌체로 돌아온 피코는 경건하게 여생을 보냈다. 그는 세상을 떠나

---

* 토라 본문에 대한 해석 중 토라를 사변적이며 신비적인 체계로 이해하는 해석을 말한다.

기 불과 2년 전인 1492년에야 비로소 이단 혐의를 벗을 수 있었다.

저돌적 수사

피렌체의 도미니쿠스회 설교자로, 많은 사람이 예언자로 추앙한 지롤라모 사보나롤라Girolamo Savonarola(1452년~1498년)는 피코의 벗이었으나 결코 이탈리아 인문주의의 벗은 아니었다. 그가 교회와 정치 현장에서 보낸 삶은 근대 초기 유럽의 여러 긴장을 생생히 보여준다.

경건하고 학식 있는 집안에서 태어난 사보나롤라는 어린 시절부터 금욕적이고 도덕적인 태도와 지적 진지함으로 눈길을 끌었다. 서방에 퍼지고 있던 (그가 보기에) 신이교주의의 시대를 살아가야 하는 처지는, 그리고 세속적인 인물들이 교황의 자리에 오르는 시대를 살아가야 하는 처지는 경건한 그에게 실로 가혹한 시험이 아닐 수 없었다. 1475년 사보나롤라는 도미니쿠스회에 입회했고, 존경해 마지않는 토마스 아퀴나스를 연구하고 가르치는 데 전념했다. 1482년 어느 도미니쿠스 수도원의 초빙으로 피렌체에 도착한 사보나롤라는 심오한 영적 체험을 하고는 확연히 '예언자적' 어조로 설교하기 시작했다. 1485년부터 그는 교회 개혁을 역설했다. 교회는 그 불신앙으로 인해 하느님의 징벌을 받고 성령으로 새롭게 되리라고 예언했다. 1490년, 사보나롤라는 도시를 지배하던 메디치 가문의 폭정과 불의를 비난하는 설교를 이어가기 시작했다. 그의 예언처럼 1494년 프랑

스 왕 샤를 8세Charles VIII(1470년~1498년)에 의해 메디치 가문이 권좌에서 밀려나자, 사보나롤라는 자연스럽게 피렌체의 지도자로 부상했다. 그의 주도로 정의롭고 투명한 민주 공화정이 출범했다.

사보나롤라의 숙적은 보르지아 가문 출신의 교황 알렉산데르 6세 Alexander VI(1431년~1503년)였다. 그는 사생아를 만들고 향락을 즐기는 것 외에도 정치적 간계를 꾸미는 것에 탁월한 재능을 가졌던 극도로 부패한 인물이었다. 교황은 사보나롤라를 저지하고자 수단과 방법을 가리지 않았다. 1495년 사보나롤라를 로마로 꾀어내고자 했으나 실패하자 알렉산데르 6세는 파문으로 그를 위협하며 설교권을 한동안 박탈하기도 했다. 심지어는 추기경직을 제안하며 유혹하기도 했다. 그러나 사보나롤라는 개의치 않고 교황청의 악행을 고발했다.

마침내 사보나롤라의 정적들은 피렌체 안팎에서 불만을 품은 시민들을 규합해 폭동을 일으켰고, 사보나롤라를 사로잡았다. 로마에서 온 관리들이 그를 법정에 세워 근거 없는 죄목으로 유죄 판결을 내렸고 고문 끝에 교수형에 처했다. 죽음을 맞이하기 전, 형장에 선 사보나롤라는 교황의 사절에게 고개를 숙여 자신의 죄를 참회했고, 사절은 그를 조건 없이 사면했다. 교수형을 집행한 후 집행인들은 사보나롤라의 시신을 불태웠다.

37

스페인과 이단 심문

8세기 이슬람이 이베리아 반도를 정복한 후 15세기 말까지 스페인은 여러 왕국으로 분열되었다. 게다가 그리스도교인 왕들이 모든 왕국을 통치하던 것도 아니었다. 그러나 1492년, 이베리아 반도 최후의 이슬람 왕국 그라나다가 멸망하며 가톨릭 국가 스페인이 탄생한다. 스페인을 다스리던 페르디난트 2세Ferdinand II(1452년~1516년)와 이사벨라 여왕Isabella I(1451년~1504년)은 이미 혼인으로 아라곤과 카스티야라는 두 왕국의 연맹을 결성해 놓은 상태였다.

스페인은 수백 년간 그리스도교인과 유대인, 무슬림이 어우러지며 지내던, 유럽에서 가장 다양한 색채를 띤 곳이었다. 세 종교가 언제나 완벽한 조화를 이루며 공존하지는 않았지만, 대개 평온하고 관용적인 화합을 이루곤 했다. 그러나 강력한 통일 국가를 꿈꾸던 페르디난트의 야망은 결국 종교의 일치를 강요하는 정책으로 나타났다. 페르디난트가 도입한 무기는 이단 심문inquisition이었다.

가톨릭 왕들

아라곤의 왕자 페르디난트와 카스티야의 공주 이사벨라는 1469년 결혼식을 올렸다. 이어 1474년 이사벨라의 부친이 세상을 떠나자 카스티야 왕국의 왕위 계승권을 놓고 분쟁이 일었으나 이사벨라는 재빨리 자신을 여왕으로 선포한다. 처음에 이사벨라 여왕의 배우자 신분으로 카스티야에 당도한 페르디난트는 1479년 카스티야의 공동 통치자가 되었다. 그리고 같은 해, 부왕을 이어 아라곤의 왕으로 즉위했다. 그렇게 '가톨릭 왕들'이 스페인을 공동으로 통치하기 시작했다. 그러나 두 왕국은 별도로 관리되었다. 1482년, 그라나다 정복 전쟁이 시작되었다.

페르디난트와 이사벨라의 통치 아래 스페인은 부강한 국가로 성장했다. 1492년 페르디난트와 이사벨라는 콜럼버스의 아메리카 탐험을 지원하며 아메리카에도 영지를 마련했다. 1512년, 페르디난트는 나바라 왕국을 합병한다. 이러한 영토 확장이 스페인 백성의 단일한 신앙고백을 필요로 했던 것은 아니다. 그럼에도 1492년 3월, 스페인의 모든 유대인에게 그리스도교 세례를 강요하며 거부하는 자는 추방하는 것을 골자로 하는 악명 높은 '알람브라 칙령'이 공표된다. 개인적 반감이나 편견에 따른 것이기보다는 정치적 불안을 잠재우려는 조치였다.

그러나 뚜렷한 목적이 없었던 이 정책은 가혹했을뿐더러 경제적 피해를 가져오는 결과를 낳고 말았다. 게다가 이는 아라곤과 카스티야의 전통에도 어긋나는 것이었다. 특히 오랫동안 유대인을 관리로 임명하고 유대인 공동체의 권익을 보호하던 아라곤의 경우는 더욱 그랬다. 민족 국가이자 제국으로 도약하는 과정에서 종교, 인종의 일치를 강요하며 형성된 '순혈'limpienza de sangre이라는 이념은 수백 년간 그리스도교인과 유대인, 무슬림 가운데 통혼이 이루어지던 스페인의 문화를 완전히 다른 방향으로 바꾸었다. 게다가 유대인과 무슬림은 그리스도교로 개종하더라도 '순수한' 스페인인에게 부여되는 존엄과 권리를 온전히 누릴 수 없었다. 그리고 그들은 세례를 받은 그리스도교인이었기에, 이단 심문의 대상이 되었다.

이단 심문

스페인 이단 심문에 대해 우리가 떠올리는 잔혹하고 무시무시한 인상은 대부분 16세기와 17세기에 널리 회자된 수많은 반反스페인 전설들이 만들어낸 것으로 사실과는 차이가 있다. 스페인의 이단 심문은 상대적으로 그렇게 큰 영향력을 발휘한 것도 아니었고, 때로는 종잡을 수 없고 잔인했던 세속 법정에 비해 오히려 관대한 경향을 보이기도 했다. 그럼에도 스페인의 이단 심문, 특히 첫 수십 년 동안의 이단 심문은 여러 심각한 불의를 저질렀다는 혐의에서 벗어날 수 없다. 바라는 정보를 얻기 위해 투옥과 재산 몰수는 물론 매질과 같은 일련의 고문도 주저하지 않았고, 세속 지배자가 제거하고자 하는 인물을 흔쾌히 이단으로 몰아 처형했다.

　이 일에서 유념할 점은 이단 심문이 본질적으로 교회가 아닌 국왕의 소관이었다는 사실이다. 물론 교황의 책임이 전혀 없다고 할 수는 없다. 스페인에 이단 심문은 교황 식스투스 4세Sixtus IV(1414년~1484년)의 승인에 따라 도입된 것이기 때문이다. 그러나 교황의 승인 또한 페르디난트의 압박에 굴복한 것이었다. 페르디난트는 교황이 카스티야에 이단 심문 법정을 설치하고 자신에게 심문관들을 임명할 권한을 주지 않는다면 투르크의 위협에 맞설 스페인 병력을 지원하지 않겠다고 으름장을 놓았다. 1478년, 교황은 마지못해 페르디난트의 요

토니 로베르-플뢰르, 《이단자들의 화형》(1860년)

구에 응했고 1481년 2월 세비야의 여섯 '이단자'들은 새 법정의 첫 희생자가 되었다.

그러나 얼마 지나지 않아 이단 심문의 잔혹함과 부패가 드러나자 교황은 이단 심문의 진행에 간섭하고자 했다. 1482년 4월. 식스투스는 교서를 발행하여 스페인 이단 심문이 자행하는 투옥과 고문, 무고를 단호히 비난했다(물론 그는 원칙적으로 '이단자'를 처형하는 것에는 반대하지 않았다). 페르디난트는 교서를 받아들이지 않았고, 오히려 이듬해 교황을 다시 압박해 이단 심문에 대한 스페인 국왕의 완전한 지배권을 인정하게 했다. 나아가 국왕이 직접 '대심문관'을 임명하는 것에도 동의할 것을 요구했다. 식스투스가 완전히 물러난 것은 아니었다. 1484년, 아라곤의 도시 테루엘이 이단 심문관들의 입성을 막자 교황은 도시를 지원했다. 격분한 페르디난트는 이듬해 무력으로 테루엘을 점령한다.

첫 대심문관은 악명 높은 도미니쿠스회 사제 토마스 데 토르케마다Tomás de Torquemada(1420년~1498년)였다. 그는 독실하지만 잔인했고 그리스도교로 개종한 유대인과 무슬림을 극도로 혐오하며 의심했다. 토마스는 이들이 겉으로는 그리스도교 신앙을 고백하나 뒤에서는 옛 신앙을 버리지 않고 있다고 믿었다. 아마도 그는 알람브라 칙령을 주도했을 것이다. 토마스의 이단 심문은 교황 알렉산데르 6세가 개입해 진정시키기 전까지 스페인에서 최소 4만 명의 유대인을 추방하고 2천여 명의 '이단자들'을 처형하는 등 전무후무한 잔혹함으로 악명을 떨쳤다.

성 이냐시오와 예수회

식스투스와 그 후계자 인노켄티우스 8세Innocent VIII(1432년~1492년)는 간헐적으로나마 이단 심문을 크게 완화하라고 요구했고, 개종자들을 돕기 위해 최선을 다했다. 그러나 개종자 가족들의 처지를 개선하기에 교회의 노력은 너무 약했고 국가의 '순혈' 정책은 너무 강했다. 이러한 의심과 박해에서는 유대인 조상을 둔 수사와 사제, 심지어 대주교도 자유로울 수 없었다. 그러나 이러한 새로운 인종주의를 배격한 몇몇 스페인인들에 주목할 필요가 있다. 가장 유명한 인물은 성 로욜라의 이냐시오, 스페인어로는 이냐시오 데 로욜라Ignatius of Loyola(1491년~1556년)다. 그는 자신이 유대인으로 박해를 받았더라면 오히려 자랑스럽게 여겼을 것이라고 말했다.

이냐시오는 군사적 영예를 갈구하던 귀족 가문 젊은이였다. 그러나 1521년, 전투에서 부상을 입고 부모의 성에 머물며 회복을 기다리던 그는 성인전을 읽고 난 후 회심하여 군인으로 사는 삶을 청산하고 가문의 부를 포기하고자 결심했다. 한 해 동안 참회의 은수 생활을 이어가며, 이냐시오는 유명한 교범, 『영신수련』Spiritual Excercise을 집필한다.* 이후 1523년 예루살렘으로 순례를 다녀온 그는 바르셀로나와 알칼라에서 학업을 시작했다. 한때 이단으로 몰려 투옥되기도 한 이냐시오는 앞으로 분명하지 않은 것에 관해 가르치지 않겠다는 서약을 한 후 석방되었다. 이후 그는 스페인을 떠나 학업을 계속했고, 1534

---

* 『로욜라의 성 이냐시오 영신수련』(이냐시오영성연구소)으로 역간.

년 파리에서 예수회를 조직한다. 1537년에는 사제 서품을 받았다.

예수회는 1540년 교황의 인가를 받았다. 이후 이냐시오는 여생의 대부분을 로마에서 보냈다. 모든 학문 영역을 장려하는 곳, 이 세상의 끝을 향해 나아가 그리스도를 전한다는 뚜렷한 목표와 사명감이 있는 곳, 예수회는 젊고 패기 넘치는 이들에게 어떤 낭만을 선사하는 곳이었다. 그리고 그러한 낭만에 매료된 서유럽의 여러 재능 있는 젊은이가 예수회로 몰려들었다.

38

종교개혁의 시작

11세기를 기점으로 가톨릭 교회가 가진 권력과 부는 계속하여 증가했다. 교회는 각국에 막대한 영지를 소유했고 군주와 동맹을 맺었다. 교황령 자체가 하나의 무장한 국가였다. 신앙 문제에는 어떤 관심도 동기도 없던 수많은 사람이 교황좌를 노렸다. 15세기를 거쳐 16세기에 이를 무렵에는 가장 독실한 가톨릭 신자들조차 교회가 여러 타락한 교황들에 의해 더럽혀지고 탐욕스러운 인물들에게 좌우되고 있다는 사실을 모르지 않았다. 이미 15세기 후반, 신심 깊은 사람들은 개혁의 필요성을 절감하고 있었다.

개혁이 필요하다는 외침은 프로테스탄트 종교개혁이 일어나기 한 세기 전부터 울려 퍼졌다. 잉글랜드의 존 위클리프John Wycliffe(1330년경

~1384년)는 교회가 이윤을 추구하기보다는 오히려 부를 포기하고 가난한 이들을 위해 봉사하며 오직 성서만을 권위 있는 교리의 근거로 인정해야 한다고 주장했다. 그의 신학은 후기 아우구스티누스 신학의 틀을 주물로 하여 형성된 것이었다. 위클리프는 하느님의 예정을 굳게 믿었으며, 하느님 앞에서 인간의 어떤 행위도 공로를 얻어낼 수 없다고 확신했다. 이러한 그의 주장은 고해와 관련한 교회의 가르침을 손상하는 것으로 보였고, 11세기 이후 점차 공공연하게 행해지던 관행인 면벌부 발행과도 상충했다. 면벌부는 죄에 대한 대가로 세상에서 받는 벌(보속)을 면해주는 증명서로, 깊이 통회하는 이가 교회에 헌납한 가치 있는 선물의 대가로 주어지는 것이었다. 보헤미아의 신학자 얀 후스Jan Hus(1370년경~1415년)는 체코의 종교개혁 운동을 이끌다 콘스탄츠 공의회에서 화형에 처했다. 위클리프의 사상을 따르며 1412년 보헤미아에서 면벌부 판매를 비판했다는 죄목이었다.

한 세기가 지나자 상황은 개혁을 주장하기에 더 유리했다. 중간계층이 꾸준히 성장한 결과 교육을 받고 어느 정도의 재산을 가지고 있으며 참정권을 가진 다수의 가톨릭 신자들이 형성된 것이다. 더 중요한 것은 당시 유럽에서 근대 민족 국가가 탄생하고 있었다는 점이다. 각국 군주들은 서로 자신이 '절대' 권력을 가지며 자신의 국가에 불가침한 주권을 가진다고 주장했다. 상호 책임 아래 서로의 영향력이 겹치고 종교 문제에 있어서는 더 높은 권위에 복종해야 하는 옛 '봉건' 질서는 시대에 걸맞지 않은 것으로 여겨졌다. 유럽의 국왕들과 제후들은 여전히 국정에 간섭하던 두 초국가적 권력, 제국과 교회를 거부하기 시작했다.

유럽의 어떤 왕들보다도 절대적인 권력을 누리던 프랑스 국왕은 1438년과 1516년 로마를 압박하여 국왕이 프랑스 교회의 성직자를 임명하게 하는 한편, 프랑스 주교들에 대한 교황의 사법권을 제한함으로써 효과적으로 프랑스 교회를 장악할 수 있었다. 스페인도 마찬가지였다. 1486년 이래 스페인 국왕은 스페인 가톨릭 교회에 절대적인 영향력을 행사했다. 포르투갈도 마찬가지였다. 그러나 잉글랜드나 독일과 같은 국가들의 상황은 달랐다. 막강한 영향력을 행사하던 교회를 장악하기에 국왕의 힘은 약했다. 그러므로 국왕이 직접 지배할 수 있는 교회를 확립해야 한다는 주장은 매우 강력한 호소력이 있었다. 종교개혁의 명분은 대개 이러한 상황에서 힘을 얻었다.

마르틴 루터

프로테스탄트 종교개혁, 적어도 독일 종교개혁의 아버지라고 부를 수 있는 사람은 수도자이자 사제였던 신학자 마르틴 루터Martin Luther(1483년~1546년)다. 루터는 중산층 출신으로 정규 교육을 받고 에르푸르트대학에서 학사와 석사 학위를 취득했다. 그리고 1505년 (아마 무시무시한 폭풍 속에서 서원했던 바를 지키기 위해서) 아우구스티누스 은수 수도회에 입회했다. 1508년, 수도회는 그를 비텐베르크대학으로 보냈다. 루터는 그곳에서 거리낌 없이 기존 형이상학, 특히 아리스토텔레스 철학을 비판하는 학자들을 만나 영감을 얻었다. 나아가 1510년 수도회를 대표하여 로마를 방문한 루터는 고위 성직자들의

외젠 시베르트, 《1521년, 바르트부르크 성에서 성서를 번역하는 마르틴 루터》 (1898년)

부도덕함, 로마 성직자들의 오만불손함, 그리고 철저히 세속적인 이탈리아 르네상스 문화를 크게 개탄했다.

1512년, 루터는 박사 학위를 취득하고 비텐베르크대학의 교수로 성서 신학을 가르치기 시작했다. 그러나 그러한 명예는 루터에게 어떤 만족도 가져다주지 않았다. 루터에 따르면 그는 자신이 가치 없는 존재라는 생각에 끊임없이 괴로워했고, 계속하여 자신을 사로잡는 악한 생각과 의지를 저주하면서 하느님의 진노를 두려워했다고 한다. 그는 바울을 읽고 하느님의 의가 인간의 의와는 달리 조건 없이 죄인을 의롭다고 하는 힘이며, 행위가 아닌 믿음으로 인간은 의롭게 된다는 결론에 도달하고 난 뒤에야 그러한 근심에서 벗어났다. 루터는 바로 이 지점에서 복음이 말하는 참된 기쁜 소식을 발견했다고 믿었다. 즉 인간이 하느님 앞에서 선하게 되려는 것은 완전히 불가능한 일이며, 따라서 노력이 아니라 하느님의 대가 없는 용서의 선물로 구원받는다는 것이 그가 발견한 복음의 핵심이었다.

논쟁

해를 거듭할수록 스콜라적 방법론에 대한 루터의 불신은 깊어져 갔다. 그리고 이와 더불어 아우구스티누스 신학에 대한 그의 확신도 뚜렷해졌다. 이제 루터는 인간은 오직 은총에 의해 의롭게 된다는 입장을 굳혀 나가기 시작했다. 그러나 이것이 수면 위로 드러나고, 궁극에는 교회의 분열을 초래한 대사건은 '면벌부 논쟁'이 촉발했다. 1476년 교황은 면벌부가 제공하는 공로가 연옥에서의 '일시적 형벌'을 받는 영혼에 적용되도록 했다. 물론 인간의 영혼이 생전에 보속하지 못한 소죄와 관련해 사후 정화의 시기를 거친다는 연옥 사상은 서방 그리스도교 전통에 뿌리 깊게 내린 것으로, 리옹과 피렌체 공의회에서 확정된 바 있다. 그러나 금전적 기부의 대가로 그러한 징벌이 면제될 수 있다는 선언은 기껏해야 수입을 얻기 위한 궁색한 전략에 지나지 않았다. 특히 한 면벌부 판매자의 파렴치한 수법을 비판하는 과정에서, 루터는 1517년 「95개 논제」 Ninety-Five Theses를 작성했다.* 이는

---

* 『마르틴 루터 95개 논제』(감은사)로 역간.

상당히 조심스럽게, 면벌부 판매가 은총의 신학을 훼손할 수 있다는 점을 우려하며 학문적 토론을 제기한 것이었다.

그러나 논쟁은 예기치 못한 방향으로 맹렬히 치달았다. 여기에는 루터의 벗들을 비롯해 그를 지지하던 이들이 루터 자신보다 덜 신중했던 까닭도 있었다. 작센 선제후 프리드리히 3세Frederick III(1463년~1525년)가 루터를 보호하고 있었음에도, 아우크스부르크에서 로마로 인도되어 자신을 변론해야 할 상황에 처하자 루터는 도피할 수밖에 없었다. 그러나 그가 지핀 논쟁의 불길은 결코 꺼지지 않을 정도로 타오르기 시작했다. 무엇보다 새로운 기술, 인쇄술이 루터의 주장을 강단과 교회의 좁은 지평을 넘어 거리 곳곳으로 전파했기 때문이다. 1520년, 교황은 루터의 주장 다수를 단죄하는 교서를 발행했다. 루터는 이에 맞서 세 편의 매우 도발적인 논고(독일의 세속 군주들에게 개혁을 위한 회의를 소집하도록 촉구하는 것, 성사의 수와 교황권, 성서의 권위에 관한 가톨릭 교회의 다양한 가르침을 배격하는 것, 그리스도교인의 양심의 자유를 선언하는 것)를 집필하고 교서를 공개적으로 불태우는 것으로 대응했다. 1521년 1월, 로마는 루터를 파문하는 두 번째 교서를 발행했다. 그러나 선제후 프리드리히는 황제를 설득해 교서의 승인을 잠시 보류하고 먼저 보름스 제국 의회에서 루터에게 변론의 기회를 주도록 했다. 루터는 동료들의 만류에도 불구하고 황제의 소환에 응했다.

그리스도교인의 자유 대 인간의 자유

루터와 동시대인으로 한때 루터를 존경했던 사제이자 학자 토마스 뮌처Thomas Müntzer(1490년~1525년)는 1519년 루터와 마찬가지로 개혁을 촉구하고 있었다. 그러나 그는 루터가 주장하는 개혁은 오직 사회가 개혁될 때 완성될 수 있다고 믿었다. 그리스도교인이 율법의 멍에에서 벗어나야 한다는 루터의 주장은 감동적이었지만, 뮌처는 아직 무언가 부족하다고 생각했다. 그리스도교인의 자유는 영혼에 대한 위로 이상의 것이었다.

뮌처는 곧 자신이 사목자로 부름받은 이유가 부자들의 착취에 시달리는 가난한 이들을 돕기 위한 것이라고 확신했다. 그리고 점차 그리스도교인이 의지해야 할 최고의 권위는 교회도, 그렇다고 단순히 성서도 아닌 개개인의 양심을 두드리시는 성령의 목소리라고 믿게 되었다. 1522년, 뮌처는 가난한 이들이 세상의 사회, 정치 질서에 맞서 일어나 성전을 벌이는 것이 하느님의 뜻이라는 결론에 도달한다. 마침내 튀링엔에서 대규모의 농민 봉기가 일어나 잠시나마 '평민'들이 대규모 연대가 결성하고 심지어 몇몇 마을을 장악했을 때, 뮌처는 봉기를 이끌던 지도자들 가운데 하나였다.

루터는 뮌처를 비롯한 몇몇 '급진 개혁자'의 주장에 분개했다. 1523년 그는 「세속 권위에 관하여」Of Worldly Governance라는 짧은 논고를 통해 정부 권력은 하느님이 부여한 것으로, 이에 대항하는 행위는 중죄일 뿐이라고 주장했다. 루터는 결코 평등주의자가 아니었다. 그러나 반란자들의 불평에 전혀 공감하지 않은 것은 아니었다. 몇 년 전부터 독일의 농부들은 중세 초부터 누리던 여러 전통적인 공적 권리를 빼앗겼고, 그들의 생존은 대금업자와 지주들의 비위에 달려 있었다. 그러나 반란이 일어났을 때, 루터는 농민들을 설득해 어리석은 행위를 그만두도록 했다. 그리고 농민들이 귀를 기울이지 않자 그는 신랄한 글「살인과 도둑질을 일삼는 농민 도당 반박」Against the Murderous, Thieving Hordes of Peasants을 집필하며 반란자들을 학살할 것을 세속 정부에 촉구했다.

1525년 5월 15일, 프랑켄하우젠 전투에서 농민들은 결정적인 타격을 입었다. 뮌처는 사로잡혀 고문과 재판 끝에 처형당했다. 그는 끝까지 자신의 입장을 철회하지 않았다. 그리고 루터도 그의 죽음을 애석해하지 않았다.

39

종교개혁의 전개

프로테스탄트 종교개혁은 매우 다양한 대규모의 종교, 사회, 정치 운동의 형태로 일어났다. 신학적 입장과 전망 또한 다양하여, 매우 온건한 흐름이 있는가 하면 과격하고 무모할 정도로 극단적인 흐름도 있었다.

종교개혁에서 나온 두 주류 전통, 루터 교회와 개혁 교회는 가톨릭 교회의 몇몇 관행과 교리를 거부했지만 삼위일체, 그리스도의 두 본성, 유아세례 등 초대 교회가 따르던 모든 교리와 관행을 수용했다. 또한 신학적인 면에서는 전적으로 아우구스티누스를 따랐다. 그러나 전통에 그다지 구애받지 않은 흐름도 있었다.

독일 종교개혁

1521년 4월, 루터가 제국 의회가 열리는 보름스에 도착하자 많은 지지자가 그를 향해 환호했다. 심지어 이들 가운데는 여러 독일 기사들도 있었다. 루터에 대한 대중의 지지를 목도한 황제 칼 5세Charles V(1500년~1558년)는 깊은 인상을 받지 않았을까. 물론 황제는 어떤 심경도 드러내지 않았다. 그저 루터에게 잘못을 뉘우치라고 요구했을 뿐이다. 그러나 루터는 의회 앞에서 이를 거부했다. 오히려 성서를 근거로 자신의 오류가 증명되지 않는다면, 이를 철회하는 것은 양심에 반하는 일이라고 주장했다. 이어진 논쟁에도 루터는 확신에 찬 답변을 이어갔고, (혈기 왕성한 루터의 지지자들을 의식한) 제국 의회는 루터의 귀향을 허용했다. 그러나 루터가 길을 떠나자 제국 의회는 그를 법의 보호에서 제외했고, 결국 루터는 거의 1년 동안 피신해 있어야 했다. 그러나 그는 이 시기에도 계속하여 글을 썼고 성서를 독일어로

안톤 폰 베르너, 《보름스 의회에 참석한 루터》(1877년)

번역하기 시작했다. 독일 제후령들에서의 종교개혁, 다시 말해 '복음 운동'Evangelical Movement은 이제 멈출 수 없었다. 1526년 이후 황제는 마지못해, 점차 독일 제후들이 각자의 영지에서 양심이 요구하는 대로 교회를 치리하는 것을 인정하지 않을 수 없었다. 게다가 1531년, 프로테스탄트 제후들이 상호 방위를 위해 슈말칼덴 동맹Schmalkaldic League 을 결성하자 투르크인들의 침공을 우려하던 황제는 이듬해 종교개혁 자들과 공식적인 평화 조약을 맺는 데 동의했다. 평화는 1544년까지 이어졌다.

루터의 글을 통해 종교개혁 운동의 원칙은 확고해졌다. 종교개혁은 '만인 사제직', 하느님의 은총에 대한 인간의 전적인 의존, 구원을 향한 대가 없는 선택, 타락한 인간의 (하느님 혹은 악마를 향한) '노예 의지', '그리스도교인의 자유', 행위가 아닌 믿음에 의한 구원을 강조하고, 고해 성사와 '희생제로서의 미사', 성직자의 독신 등 구원에 도움이 되기 위해 가톨릭 교회가 하는 행위 일체를 부정했다. 루터 신학의 특징적인 면모이자 루터교 신학의 주된 특징 가운데 하나는 성찬례의 빵과 포도주에 그리스도가 실제로 임한다는real presence 주장이다. 루터는 이를 그리스도론적 관점에서 설명했다. 성육신하신 그리스도의 인성은 (편재성을 포함한) 신성에 완전히 참여한다는 것이었다. 그러나 그는 이를 빵과 포도주의 실체가 그리스도의 몸과 피의 실체로 변한다는('화체설'transubstantiation) 것이 아닌, 빵과 포도주의 실체에 함께 존재한다는('공재설'consubstantiation) 것으로 설명했다.

명민한 독일 인문주의 학자로 독일 교육 체계를 개혁한 인물 필립

멜란히톤Philipp Melanchthon(1497년~1560년)과 같은 학식 있는 동료들의 도움에 힘입어, 루터는 독일과 스칸디나비아의 고유한 개신교 문화를 일구어낼 수 있었다. 그는 끝까지 논객으로 머무르며 값없이 주시는 은총을 설교하던 시절과 동일한 열정으로 반대파들을 공격했다. '악마가 만든 조직'이라는 등 교황제에 대한 루터의 비난, 급진 개혁자들과 유대인을 향한 비난은 세월이 흐를수록 점점 사나워져 갔다. 그럼에도 불구하고, 그는 독특하고 독립적이며 설득력 있는 교리 체계를 갖춘 프로테스탄트 교회를 남기고 눈을 감았다.

스위스 종교개혁

또 하나의 '주류 개혁' 전통은 스위스에서 나온 것으로, 오늘날 주로 장 칼뱅John Calvin(1509년~1564년)과 연관된 것으로 이해된다. 그러나 스위스 종교개혁의 첫 불길을 댕긴 이는 사제이자 인문주의자였던 훌드리히 츠빙글리Huldrych Zwingli(1484년~1531년)였다. 그는 1516년부터 성직자의 비행을 고발하는 설교를 시작했다. 나아가 1520년부터 '참되고 거룩한 성서'에 근거하여 그가 행한 설교는 스위스에서 사제의 독신이나 금식 규정 등의 관행에 대한 대중적인 반감을 불러일으키기 시작했다. 1523년부터 츠빙글리는 취리히의 전례 개혁을 성공적으로 이끌었다. 그림 및 조각, 오르간이 교회에서 철거되었고, 성서 교육이 시작되었으며 (츠빙글리를 비롯한) 많은 성직자가 아내를 맞아들였다. 그는 교리의 권위가 오직 성서에 있다고 주장했고, 교회의 머리는 오직 그리스도이며, 연옥이란 성서에 근거가 없으므로 죽은 자를 위한 기도는 무익하다고 가르쳤다. 나아가 성찬례는 결코 희생의 제사가 아니라고 주장했다. 츠빙글리는 원죄를 그리스 교부들과 유사한 방식으로 이해했다. 곧 결코 최초의 죄가 유전되는 것이 아니라고 주장했다. 루터와 마찬가지로 그는 오직 값없이 주시는 하느님의 은총이 인간을 의롭게 한다고 보았다. 그러나 루터와 달리 성찬례의 빵과 포도주에 그리스도의 몸과 피가 실재하지 않는다고 주장했다. 이는 그리스도 안에서 인성과 신성이 영원히 그 속성과 작용에 있어 구별된다고 보았기 때문이다. 츠빙글리의 가르침은 스위스의 여러 칸톤canton으로 전파되었고, 독특한 형태의 스위스 개혁교회를 형성하는 데 기여했다. 그는 1531년 군종 목사로 종군하던 중 전사했다.

칼뱅

2세대 종교개혁자 가운데 가장 중요한 인물은 단연 장 칼뱅이다. 칼뱅은 젊은 시절 파리에서 가톨릭 교회 내부의 개혁 운동에 적극적으로 참여했으며, 이 때문에 1533년 파리를 떠나야 했다. 스위스 바젤로 향한 그는 더 순전한 프로테스탄트적 사고를 받아들이게 되었다. 1536년부터 1538년까지 칼뱅은 제네바에 머무르며 도시의 (다소 열의 없는 프로테스탄트) 종교개혁을 위해 일하다 시의회에 의해 추방되고 말았다. 추방된 그는 독일 슈트라스부르크(오늘날 프랑스의 스트라스부르)에 체류하다가, 종교개혁의 명분에 대한 반대와 무관심을 극복하는 데 힘을 보태 달라는 제네바 시의회의 초대에 다시 제네바로 돌아갔다.

이따금 갈등과 실패가 없었던 것은 아니었지만, 제네바에서 칼뱅은 자신의 신학적 이상에 부합하는 교회 조직과 사회 질서를 만들어 낼 수 있었다. 장로들이 교회를 운영했고 적법하게 세워진 목사들이 설교하며 가르쳤다. 집사deacon들은 공동체를 돌보았다. 나아가 제네바 시민의 도덕률은 이제 단순히 사회적 관심의 문제를 넘어선 형사법의 대상이 되었다. 공동체의 감독자들은 음란 행위, 춤, 도박, 불경한 발언, 부적절한 복장과 행동거지, 불손함과 신성모독, 교회 불참 등 모든 도덕적 해이를 보고해야 했고, 정무관들은 이를 매우 공개적인 방식으로 처벌했다. 거짓 가르침은 용납되지 않았다. 이러한 조치는 은총에 관한 루터파와 칼뱅파의 궁극적인 입장 차이와 관련이 있다. 루터의 관점에서 칼뱅의 여러 악덕법은 개인의 의에 지나치게 집착하는 증거로, 심지어 행위에 의한 칭의를 주장하는 것으로 보였다. 반면 칼뱅은 칭의의 선물이 실제로 사람을 의롭게 하며, 따라서 선택된 이들이 구성하는 사회는 은총에 의해 주입된 거룩함을 드러내야 한다고 믿었다. 하느님의 활동은 그렇게 드러난다고 보았다.

여러 측면에서 칼뱅 신학의 요소들은 전형적인 프로테스탄트 시각을 드러낸다. 성서의 고유한 권위, 철저하게 대가 없이 주어지는 칭의, 구원을 얻는 데 있어 인간 의지의 무력함, 단식과 보속의 무익함, 예정 등이 그것이다. 예정에 있어서 칼뱅의 강조점은 루터와 달랐다. 칼뱅은 이전과 당대의 어떤 신학자들보다도 하느님의 전적 주권을 강조했으며 이를 통해 하느님의 창조와 구원의 신비를 설명했다. 그는 심지어 은총으로부터의 인간의 타락도 하느님이 영원으로부터 예정한 것으로, 당신의 의지로 선택한 이들을 대가 없이 구원하고 그렇지 않은 이들은 유기함으로써 주권자의 영광을 드러내실 것이라고 주장하기에 이르렀다. 이러한 절대적인 하느님의 주권 사상은 개혁 전통의 매우 특징적인 요소로 자리 잡게 되었다.

세르베투스의 죽음

주류 종교개혁은 결코 더 큰 양심의 자유를 위한 운동도, 종교의 자유를 위한 투쟁도 아니었다. 개혁의 목표는 (개혁 신학자들이 해석한) 성서의 원칙을 철저히 따르는 것이었고, 신자들의 경건과 도덕성을 강화하는 것이었다. 프로테스탄트 정부는 가톨릭 정부만큼이나 일탈적인 신학 주장에 가혹했다.

대표적인 예는 미카엘 세르베투스Michael Servetus(1510년경~1553년)의 사례일 것이다. 스페인 태생의 의사로 과학과 점성술에도 조예가 깊었던 세르베투스는 혈액 순환을 발견한 과학자일 뿐 아니라 아마추어 신학자이기도 했다. 그는 가톨릭 신자였지만 개혁의 명분에 매료되었다. 그가 1531년과 1532년에 출간한 두 권의 책은 삼위일체 교리를 공격함으로써 프로테스탄트와 가톨릭 모두의 심기를 불편하게 했다.

1534년 파리에서 계획된 세르베투스와 칼뱅의 논쟁은 성사되지 못했으나, 세르베투스는 얼마 지나지 않아 칼뱅을 자신의 신학 논쟁의 상대자로 간주하기 시작했다. 1546년, 그는 (니케아 신학을 비성서적인 것으로 비판한) 논고 「그리스도교의 환원」The Restitution of Christianity의 원고를 칼뱅에게 보내 토론을 시도했다. 그러나 몇 번의 서신 교환 후 칼뱅은 더는 편지를 쓰지 않았고 원고를 돌려주는 것조차 거절했다. 나아가 칼뱅은 제네바의 동료 개혁자 기욤 파렐Guillaume Farel(1489년~1565년)에게, 세르베투스가 제네바로 온다면 결코 그를 살려 보내지 않겠다고 장담하기까지 했다.

칼뱅의 말은 사실이었다. 1553년, 리옹의 이단 심문을 피해 제네바로 도피한 세르베투스는 곧 그를 알아본 사람들에게 사로잡혀 이단 혐의로 법정에 서게 되었다. 칼뱅은 세르베투스에게 극형을 선고할 것을 강력히 촉구했다. 그리고 법정에서 자신의 주장을 변론하는 세르베투스의 모습에 격분한 칼뱅은 "닭들이 저 스페인인의 눈알을 쪼아대는 것을 보고 싶다"며 분기를 감추지 못했다.

세르베투스는 유죄 판결을 받고 화형에 처하게 되었다. 최소한의 명예를 지켜주려고 한 것일까. 칼뱅은 화형을 참수형으로 대체하여 빠르고 자비로운 최후를 허락해 달라고 탄원했다. 그러나 세르베투스는 결국 화형대에 올랐다. 그리고 불길에 휩싸여 고통스러워하던 세르베투스의 모습을 칼뱅은 어느 편지에서 회고했다.

> 나는 모든 방법을 동원해 이 완고하고 통제할 수 없는 자를 가로막아 더는 그로부터 감염이 퍼지지 못하게 하는 것을 내 의무로 여겼음을 부인하지 않는다.
>
> 장 칼뱅, 1553년 9월

40

재세례파와 가톨릭 종교개혁

종교개혁 운동을 두 '주류' 전통, 즉 루터 교회와 개혁 교회의 전유물로 국한하여 이해하기 쉬우나 이는 훨씬 더 크고 다양한 역사적 사건이었다. 개혁은 독일과 스위스 프로테스탄트 교회에 국한되지 않았다. 아니, 프로테스탄트에 머무르지도 않았다. 루터 교회와 개혁 교회가 종교개혁의 '넓은 중도'를 형성했다면, 이를 기준으로 이른바 '좌파'라고 할 수 있는 급진 프로테스탄트와 '우파'라고 할 수 있는 가톨릭 교회 내 개혁 운동이 있었다.

대다수의 '급진' 프로테스탄트 종교개혁자들은 다시 세례를 받아야 한다고 주장했기에 '재세례파'anabaptists라고 불렸다. 세례는 그리스도 안에서 진정성 있는 회심의 징표이므로, 오직 성인만이 받을 수 있다고 그들은 주장했다. 그래서 그들은 이미 어린아이였을 때 세례를 받은 이들에게 다시 세례를 주었다. 그런데 다시 세례를 주는 행위는 세례를 주는 사람에게나, 세례를 받는 사람에게나 사형에 해당하는 죄였다. 그러나 '재세례파'는 이것이 결코 다시 세례를 주는 것이라고 생각하지 않았다. 세례를 받는 사람의 자유로운 동의가 없다면 결코 진정한 세례가 아니라고 믿었기 때문이다. 납득하지 못할 이유는 아니다.

종교개혁의 이 흐름은, 적어도 초기 형태에서는 츠빙글리의 신학에 깊은 영향을 받았던 것이 사실이다. 츠빙글리와 마찬가지로 재세례파는 이성적 사고를 할 수 있는 나이에 이르지 않은 어린아이는 누구나 때 묻지 않은 영혼을 지녔다고 믿었다. 그러나 츠빙글리와는 달리 재세례파 공동체는 정치적, 사회적 분리주의를 표방했고, 시민적 충성 맹세나 소송, 병역이나 선서는 그리스도를 진정으로 따르는 사람에게 반하는 행위라고 여겼다. 몇몇은 메시아의 신정을 세워야 한다는, 정치적으로 급진적인 주장을 하기도 했다. 물론 대다수 재세례파는 폭력에 반대했다. 그러나 그들의 주장은 가톨릭과 프로테스탄트 정부 모두를 반대하는 것이었기에, 재세례파는 양편 모두에게서 박해를 받았다. 실로 재세례파는 16세기 서방 '순교자의 교회'였다.

스위스 형제단

최초의 재세례파 공동체 가운데 하나는 인문주의자 콘라트 그레벨Konrad Grebel(1498년경~1526년)의 주도로 취리히에서 결성된 스위스 형제단Swiss Brethren이다. 한때 츠빙글리의 추종자였던 그레벨은 점진적이고 온건한 츠빙글리의 개혁에 환멸을 느끼고 돌아선 인물이었다. 츠빙글리가 유아세례를 옹호한 것도 결별의 이유 가운데 하나였다. 1525년 1월, 그레벨은 시의회의 경고에도 불구하고 '이미' 세례를 받았던 사람들에게 세례를 주기 시작했다. 그는 두 번 고발당해 투옥되었고, 지속적인 박해 끝에 젊은 나이에 처형당했다. 그러나 그가 시작한 운동은 계속하여 확산되었다. 그레벨의 주장에 영감을 얻은 독일 재세례파 발타자르 후브마이어Balthasar Hubmeier(1485년~1528년)는 1521년 이미 스위스 형제단의 지도자 가운데 하나로 부상한 인물이었다. 그는 취리히에서 체포되어 강제로 주장을 철회했으나 다시금

얀 뤼켄, 《안네켄 헨드릭스의 화형》(1685년)

(보다 여건이 덜 적대적이었던) 모라비아의 재세례파 운동을 주도했다. 그는 1528년 빈에서 화형으로 생을 마감했다.

더 급진적이고 전투적인 재세례파 운동은 멜키오르 호프만Melchior Hoffman(1495년경~1543년)의 가르침에서 영감을 얻었다. 독일의 평신도 신학자였던 그는 본래 루터의 동료로 독일 종교개혁의 지지자였다. 그러나 세상의 종말에 살고 있다고 확신했던 그는 점차 개혁 운동을 종말론적 문제로 독특하게 이해하기 시작했고, 결국 재세례파의 주장을 수용한다. 그러나 그의 관점은 재세례파가 보기에도 낯설었다. 호프만은 1533년 그리스도가 재림할 것이며, 자신은 슈트라스부르크에 새 예루살렘을 건설할 것이라고 예언했다.

그러나 새 예루살렘이라는 영예에 걸맞지 않게 슈트라스부르크는 호프만을 투옥했고, 수년 뒤 호프만은 감옥에서 눈을 감았다. 그러나 그의 가르침은 몇몇 열성적인 지지자들을 만들어냈고, 이는 때로 폭력적인 결과로 이어졌다. 가령 피로 얼룩진, 1534년 뮌스터에 세워진 재세례파 '왕국'의 짧은 역사가 대표적이다. 이는 결국 가톨릭 국가와 프로테스탄트 국가 모두에서 재세례파에 대한 더 맹렬한 박해를 불러일으키는 결과를 낳았다.

그러나 재세례파의 압도적 대다수는 철저한 평화주의자였다. 이러한 평화적 재세례파 운동을 대표하는 인물은 네덜란드 메노파 Mennonites 공동체의 창시자 메노 시몬즈Menno Simonsz(1496년~1561년)다. 그는 1524년 사제 서품을 받았으나 1528년 종교개혁 사상 대부분이 설득력 있다고 믿게 되었고, 결국에는 성인 세례에 관한 교리를 수용한다. 그런데 네덜란드 재세례파 가운데는 급진적인 인물들이 더러 있었고, 이들 중 몇몇은 1535년 폭동에 가담해 네덜란드군에 진압되며 여러 사상자를 냈다. 이러한 현실을 본 메노는 공개적으로 급진파의 행동을 비난했다. 그리스도교인은 결코 폭력을 사용해서는 안 되며, 모든 세례받은 사람은 박해의 상황 속에서도 사랑의 삶을 살아야 한다고 그는 호소했다.

메노는 아마도 1537년 '재세례'를 받은 것 같다. 동시에 그는 재세례파 목사로 안수를 받고 아내를 맞아들였다. 모든 나라로부터 이단으로 몰린 그는 도망자의 삶을 살아야 했다. 그에게 거처를 마련해 주는 것만으로도 사형을 당할 수 있었다. 1542년, 황제 칼 5세는 그의 목에 현상금을 걸었다. 그러나 메노는 계속하여 글을 쓰고 유려한 문장으로 설교했으며, '배교'한 지 25년 후 평화롭게 눈을 감았다.

뮌스터 왕국

멜키오르 호프만이 슈트라스부르크에서 사로잡히자 그의 추종자들이 안전히 피신할 수 있었던 몇 안 되는 도시 가운데 하나는 뮌스터였다. 재세례파의 주장에 공감하던 뮌스터의 목사 베른하르트 로트만Bernhard Rothman(1495년경~1535년경)의 가르침과 영향력 덕분에, 1533년 시의회 의석의 다수를 재세례파가 차지하고 있었기 때문이다.

뮌스터로 온 급진주의자들을 이끌었던 인물은 네덜란드 출신의 얀 마티스Jan Mathijsz(1500년경~1534년)와 이른바 '레이던의 얀'John of Leiden이라고 불리던 얀 뷔켈스존John Beukelszoon(1509년~1536년)이었다. 그들은 뮌스터를 새 예루살렘이라고 명명하고 1534년 1월 성인 세례를 도입했다. 다음 달, 급진주의자들은 시청을 점령해 무리 중 한 사람, 베른하르트 크니퍼돌링Bernhard Knipperdolling(1495년경~1535년)을 시장으로 앉혔다. 도시를 완전히 장악한 그들은 '불경자'들을 추방한 뒤 신정 체제를 수립하고 (물론, 하느님의 도우심으로) 세계를 정복하려는 계획을 선포했다.

지역의 주교후主敎侯,prince bishop* 프란츠 데 발데크Franz de Waldeck는 반역이 일어나고 있는 뮌스터를 포위했다. 4월 부활주일, 마티스는 하느님이 자신을 새 예루살렘의 적들을 응징하기 위한 도구로 사용하실 것이라고 예언하며 30명의 부하를 이끌고 진압군을 향해 돌격했다. 이들은 모두 목숨을 잃었다. 진압군은 마티스의 시신의 목을 베고 거세한 뒤 뮌스터시의 성문 앞에 효수하고 성기를 성문에 못 박았다.

이에 굴하지 않고 레이던의 얀은 뮌스터를 '천년 왕국'이자 새로운 '하느님의 시온성'으로 선포했다. 그리고 (다윗의 반열을 따라) 자신을 왕으로 선포하고 이른바 '그리스도교적' 법령을 공표했다. 이를테면 모든 사유재산을 폐지하고 재화를 나누며, 일부다처제를 시행하는 것이었다. 그는 16명의 아내를 두었다(그중 한 명은 죄를 물어 시민들이

---

* 주교이면서 동시에 세속 영지를 소유한 제후를 뜻한다.

보는 앞에서 자신의 손으로 목을 베었다).

1535년, 뮌스터는 가톨릭과 루터교 연합군에 의해 함락되었다. 이듬해 1월, 국왕 얀을 비롯한 재세례파 지도자 3명은 끔찍한 고문 끝에 사형에 처해졌다. 그들의 시신은 가죽이 벗겨져 철창 안에 넣어진 채로 성 람베르트 교회 첨탑에 걸렸으며 백골만 남을 때까지 방치되었다.

가톨릭 종교개혁

16세기와 17세기, 가톨릭 교회는 교회 규율을 재정비하고 전례를 개혁하며, 내적인 부패와 문란을 근절하고 모호한 교리와 관행을 명확히 하는 대대적인 작업에 착수했다. 이러한 종교적, 제도적 갱신을 흔히 '반反종교개혁'Counter-Reformation이라고 일컫기도 했으나 이는 오도하는 면이 있다. 당대 가톨릭 교회가 채택한 여러 교리는 물론 프로테스탄트가 제기한 신학적 비판에 대한 대응이었다. 그러나 교회의 개혁을 위한 운동 자체는 16세기의 분열 이전부터 진행되었고 그러한 분열의 결과로 가톨릭 교회 내에서 개혁의 목소리가 사라진 것도 아니었기 때문이다. 가톨릭 교회의 성직자들 가운데, 또한 교육받은 평신도 중에는 프로테스탄트 개혁자들만큼이나 성직자들의 배임과 '미신 행위들', 위선, 영적 나태함을 개탄하던 수많은 인물이 있었다. 그들은 다만 프로테스탄트의 신학이나 교회 이해에 동의하지 않을 뿐이었다.

네덜란드 출신의 가톨릭 인문주의자 데시데리우스 에라스무스 Desiderius Erasmus(1469년~1536년)나 그의 벗이었던 잉글랜드의 인문주의자이자 정치가 토머스 모어Thomas More(1477년~1535년)는 대표적인 사례다. 루터와 동시대인이었던 그들은 모두 교회 개혁의 거물이었다. 그러나 그들은 교회 분열에 강력히 반대했고, 죄와 은총에 관한 후기 아우구스티누스 신학을 루터처럼 엄격하게 해석하는 것에도 동의하지 않았다. 에라스무스는 특히 그리스 교부들의 저술, 무엇보다 그들의 성서 주석에 큰 영향을 받았던 인물이었다. 그는 교황들의 부패와 교회의 금전 유용, 여러 가톨릭 신심 형태의 모호함을 혐오했다. 그

엘리아 나우리지오, 《트리엔트 공의회》(1633년)

러나 동시에 에라스무스는 광신과 분열에도 동의하지 않았다. 그와 루터는 한때 서로를 존경했으나 결국 바울 신학에 대한 이해와 인간 의지의 타락이라는 문제에서 갈라서게 된다. 헨리 8세 치하에서 '순교한' 토머스 모어는 성서 및 교부 연구와 교회 개혁에 대한 의지에 있어 에라스무스 못지않은 열정을 가졌던 인물이었다. 그러나 그는 에라스무스보다 훨씬 더 루터와 '분파주의자'들을 혐오했다.

그러나 교회 개혁의 과업을 일구어낸 실질적인 힘은 수도자들에게서 나왔다. 새로운 수도회들과 기존 수도회의 갱신은 16세기 가톨릭 세계의 신앙적 재생을 가능케 한 핵심 원동력이었다. 성 이냐시오 데 로욜라나 위대한 스페인 가르멜회 신비주의자 (그리고 스페인의 위대한 시인이기도 한) 산 후안 데 라 크루스(십자가의 성 요한)John of the Cross(1542년~1591년), 예수회의 영적 작가 성 프란치스코 살레시오Francis de Sales(1567년~1622년) 등은 모두 이러한 영적 갱신이 낳은 인물들이다. 나아가 이러한 부흥의 흐름은 해외 선교에 향한 열정에 불을 지핌으로써 근대 로마 가톨릭 교회를 온 세계로 확장하는 데 기여했다.

한편 로마 교회 제도의 전면적인 갱신은 1545년 교황 바오로 3세 Paul III(1468년~1549년)의 트리엔트 공의회 개최와 함께 시작되었다. (몇 번의 휴회 기간을 거쳐) 교황들의 주재 아래 1563년까지 이어진 공의회는 서방 교회의 전례를 대대적으로 개혁하고 표준화했으며, 성직자들의 여러 비행에 교회가 체계적으로 대응할 수 있도록 했다. 또한 면벌부의 판매를 금지하고 주교와 사제에게는 적절한 사목적 의무를 부과했다. 나아가 정경을 확정하고 사제가 되기 위해 받아야 할 교육을 구체화했다. 한편 이와 나란히 공의회는 프로테스탄트 개혁자들이 비판한 여러 교리, 이를테면 연옥이나 성찬식의 빵과 포도주에서 ('공재'가 아닌 '화체'의 방식으로 임하는) 그리스도의 실재, 일곱 성사, 교황의 수위권 등을 재확인했다. 무엇보다 공의회는 루터의 칭의 사상을 거부하며, 구원 활동에 있어 인간 자유의 유효성을 단언했다. 즉 선행은 구원에 도움이 되며, 은총으로 자유롭게 된 인간 의지가 구원 활동에 동참한다는 것이었다. 공의회는 이를 성서에서 도출한 정밀하고 다양한 근거로 뒷받침했다. 따라서 프로테스탄트는 비록 그 결론에 동의하지는 못하더라도, 로마 가톨릭 교회가 그 숙고 과정의 중심에 성서를 놓고 있다는 사실은 더는 부인할 수 없게 되었다.

41

분열과 전쟁: 근대 초 유럽

정치적 원인을 고려하지 않는다면 종교개혁을 온전히 이해하기란 어렵다. 가톨릭과 프로테스탄트들이 교회 개혁을 진정으로 갈망하지 않았던 것은 아니다. 그러나 개혁의 명분이 군주들에게 이익을 가져다주지 않았더라면 개혁은 가시화되지 않았을 수도 있다. 본질적으로 프로테스탄트 교회들은 국가 단위의 조직으로 통치자에게 종속되어 있었고, 그렇게 교황과 황제 모두의 영향력에서 벗어날 수 있었다. 실제로 잉글랜드의 경우 종교개혁의 결과로 로마 교회와 결별했다기보다는, 로마와 결별한 결과로 종교개혁이 이루어졌다고 볼 수 있다. 게다가 유럽의 근대 초기는 극도로 폭력적인 시대였다. 근대 주권국가는 전쟁과 반란, 학살의 도가니 가운데 구축되었다. 새롭게 일어나던 종교개혁 운동이 이러한 싸움에 휘말리는 것은 불가피했다. 그리고 권력자들은 교파의 분열을 철저히 이용했다.

잉글랜드의 가톨릭 교회

잉글랜드 성공회는 대규모의 대중적 개혁 운동에서 시작하지 않았다. 심지어 프로테스탄트 교회로 첫발을 내디딘 것도 아니었다. 국왕 헨리 8세Henry VIII(1491년~1547년)가 자신을 잉글랜드 교회의 수장으로 선언했을 때, 그는 이 칭호를 잉글랜드 영토 내 가톨릭 교회의 수장이라는 뜻으로 이해했다. 교황과 결별하는 과정에서도 그는 프로테스탄트 신학이나 교회 규율을 받아들일 의사가 없었다. 그는 루터를 혐오했고, 1521년 루터를 반박하며 가톨릭 성사 신학을 옹호하는 글 「칠성사 옹호」Assertio Septem Sacramentorum를 직접 집필한 공로로 교황이 수여한 '신앙의 수호자'라는 칭호에 자부심을 가졌다.

잉글랜드 종교개혁의 이러한 특징은 이후 성공회 역사에도 지속해서 드러난다. (사도 시대로 소급되는, 주교들의 직접적 계승의 의미로서의) '사도 전승'Apostolic Succession의 보존을 지속해서 강조해 왔다는 점, 오늘날까지 이어지는 성공회 수도회들이 존재한다는 점, 성공회 내에서 꾸준히 '고교회' 운동이 일어났다는 점은 성공회가 신학과 전례에서, 나아가 신심에 있어 가톨릭적 공동체의 면모를 꾸준히 유지해 왔다는 사실을 보여준다.

만약 (성서적 근거에 따라) 아라곤의 캐서린Catherine of Aragon(1485년~1536년)과의 혼인 무효 선언을 얻어내고 젊은 앤 불린Anne Boleyn(1507년경~1536년)과 결혼할 수 있었더라면, 그리고 그렇게 해서 왕자를 얻을 수 있었더라면 헨리는 로마와 결별하지 않았을지도 모른다. 그러나 교황은 헨리의 요구에 응할 엄두를 내지 못했다. 캐서린은 황제 칼 5세Charles V(1500년~1558년)의 이모였기 때문이다. 결국 1531년, 7년간의 기다림 끝에 헨리는 캐서린과 결별한다. 일 년 반 후, 그는 앤과 결혼했다. 그리고 다섯 달 후, 그는 1533년 토머스 크랜머Thomas Cranmer(1489년~1556년)를 캔터베리 대주교*로 직접 임명한다. 그리고 크랜머는 헨리의 첫 번째 결혼이 무효임을 공식 선언하게 된다.

국왕의 지상권

루터파 성향의 인물이었던 크랜머는 성서를 근거로 하느님이 기름 부으신 지배자는 왕이지 교황이 아니라고 주장했다. 그리고 이는 세속적 영역뿐 아니라 교회에 대해서도 해당한다는 것이 크랜머의 입장이었다. 이는 헨리 8세가 바라던 새로운 질서, '프랑스식' 절대왕정이라는 이상은 물론 막강한 수석 장관 토머스 크롬웰Thomas Cromwell(1485년경~1540년)의 정치적 기획에도 부합하는 것이었다. 크롬웰은 1534년 의회를 설득해 잉글랜드 교회의 유일한 수장은 잉글랜드 국왕이라는 것을 골자로 하는 '수장령'Act of Supremacy을 통과시켰다. 크롬웰의 종교적 신념이 어떤 것이었는지는 분명하지 않다. 그러나 적어도 그는 국정을 위해 종교개혁을 지지했고, 수도원을 해산하고 그 재산을 국왕에게 귀속하는 데 큰 영향력을 행사한 인물이다. 한편

---

* 잉글랜드 교회의 최고 성직자.

게를라흐 플리케, 《토머스 크랜머의 초상》(1545년)

헨리 8세는 언제나 자신이 가톨릭 신자라고 생각했다. 그는 성직자들의 독신을 요구했고, 로마 교회의 성사 이해를 유지했으며, 끝까지 '루터식' 개혁에 반대했다.

헨리 8세가 세상을 떠나자 크랜머는 잉글랜드 교회에 프로테스탄트 예배형식을 도입했다. 이는 무엇보다 그의 매우 정교하고 아름다운 『성공회 기도서』Book of Common Prayer를 통해 이루어졌다. 『성공회 기도서』 1판은 1549년 출간되었다. 그러나, 크랜머는 로마 가톨릭 여왕 메리 1세Mary I(1516년~1558년) 치하에서 화형당함으로써 개혁의 대가를 치러야 했다. 그러나 이어 즉위한 헨리 8세와 앤 불린의 딸 엘리자베스 1세Elizabeth I(1533년~1603년) 여왕은 잉글랜드 교회를 프로테스탄트 교회로 확립한다. 엘리자베스 1세는 부왕에 비해 개혁에 더 큰 열정을 가진 이는 아니었다. 그러나 그녀는 수장령이 가져다주는 정치적 유용함을 알았고 이를 이용할 줄 알았다. 신앙에 있어 엘리자베스 1세는 온건한 전통주의자였다. 그녀는 성찬례에 그리스도가 실재한다고 믿었지만, 고교회주의자들의 과도하게 정교한 전례에는 반감이 있었다. 그리고 잉글랜드 '청교도'Puritan들의 규율 없는 회중주의도 못마땅하게 여겼다. 여왕은 잉글랜드 성공회의 형태를 다음과 같이 구축했다.

> 질서는 가톨릭적으로, 실제는 프로테스탄트적으로, 그래서 가톨릭과 프로테스탄트 신자들을 모두 포괄하도록.

'종교 전쟁'

16세기 초반부터 17세기 중반까지 서유럽의 각 국가 간, 그리고 국가 내부에서 일어난 가공할 정도로 잔인한 싸움들을 전통적으로 '종교 전쟁'이라는 용어로 부르곤 한다. 이는 이러한 전쟁들이 교파적 경계선을 따라 일어나고, 종교적 열정에 의해 자극받았으며, 종교적 목적을 위해 일어났다는 점을 시사한다. 그러나 '종교 전쟁'이라는 용어와 그것이 전달하는 의미는 사실과 크게 다르다. 이러한 전쟁은 무엇보다 근대 유럽 민족국가가 태어나는 과정에서 겪은 산고로, 정치권력과 각국의 주권을 위해 일어났다. 비록 지역 군주들은 특정 교파에 대한 충성과 증오를 이용했지만, 그런 것은 어디까지나 부수적인 것에 지나지 않았다. 그리고 그런 요인이 각국의 동맹 관계나 군사적 침공을 결정하지도 않았다.

합스부르크 가문의 신성 로마 제국 황제 칼 5세가 벌인 전쟁들은 이러한 다툼의 서막을 여는 전초전이었다. 황제는 1521년에서 1522년 사이 가톨릭 국가 프랑스와 전쟁을 벌였고, 1527년에는 교황과 전쟁을 벌였다(같은 해 황제의 군대는 로마를 약탈하기까지 했다). 칼 5세는 제국 제후령에서 루터교의 확산을 막으려고 했던 것은 사실이나, 이는 그가 이러한 현상이 지역 독립의 움직임이라는 사실을 정확히 간파하고 있었기 때문이었다. 1547년 독일 내에서 일어난 전쟁은 1555년 '아우크스부르크 화의'Peace of Augsburg가 체결될 때까지 계속되었다. 그러나 이 화의는 지역의 자율성을 존중하는 것이었을 뿐, 종교의 자유를 의미하는 것은 아니었다. 독일의 가톨릭 제후들조차 모두 황제의 편에서 싸우지 않았던 것은 그들 또한 아우크스부르크 협약이 가져다줄 결과를 기대하고 있었기 때문이었다.

16세기 후반부 프랑스에서 일어난 '종교' 전쟁은 발루아Valois 왕조의 왕위 계승을 둘러싼 세 귀족 가문의 다툼이었다. 각 당파는 필요에 따라 프로테스탄트나 가톨릭 세력의 이익을 명분으로 삼았지만, 이러한 열정은 언제든 굽힐 수 있는 것이었다. 발루아 왕가의 섭정 카트린 드 메디시스Catherine de Médicis는 상황에 따라 1562년 프랑스 프로테스탄트들에게 관용령을 선포했다가 1572년에는 파리 일대에서 수천 명의 위그노** 학살을 사주하기도 했다. 절대왕정과 이에 종속된 가톨릭 교회를 지지하던 가톨릭 당파들은 종종 위그노를 옹호하며 제한적 왕권과 자유로운 가톨릭 교회를 지지하는 세력과 적대하곤 했다. 게다가 스페인의 펠리페 2세Philip II(1527년~1598년)가 가톨릭 기즈Guise 가문과 동맹을 맺어 프랑스 왕위 계승 다툼에 뛰어들자, 가톨릭 신자인 프랑스 왕 앙리 3세Henri III(1551년~1589년)와 프로테스탄트 신자로 그의 후계자였던 나바라 왕 앙리 드 부르봉Henri de Bourbon(1553년~1610년)의 동맹이 잠시 체결되기도 했다. 한편 1589년 앙리 4세로 프랑스 왕에 즉위한 앙리 드 부르봉이 1593년 가톨릭으로 개종한 사건은 프랑스를 손에 넣으려는 펠리페 2세의 야심에 어떤 변화도 주지 않았다.

프랑스 왕위 계승 전쟁에서 일어난 가장 악명 높고 잔인한 사건은 1572년에 일어난 생바르텔르미 축일 대학살St. Bartholomew's Day Massacre이다. 이틀 동안(8월 23~24일) 진행된 이 학살에서 수천 명에 달하는 프로테스탄트들이 파리와 근교에서 살해당했다. 이는 극단적인 종교적 불관용이 빚어낸 대표적인 참사로 꼽히나, 실상은 오히려 유럽사의 무자비한 정치적 책동이 빚어낸 무시무시한 결과로 이해하는 것이 더 타당하다.

유혈 사태의 배경이 된 사건은 나바라 왕 앙리 드 부르봉과 프랑

** 위그노Huguenots는 16세기 프랑스 프로테스탄트 칼뱅파를 가리키는 말이다. 가톨릭의 박해를 피해 밤에 비밀스럽게 돌아다니며 모이는 것이 옛 프랑스의 전설적인 왕 위그 카페Hugue Capet의 유령을 떠올리게 한다는 것에서 유래했다.

스 왕 샤를 9세[Charles IX(1550년~1574년)의 누이 마르그리트 드 발루아 Marguerite de Valois(1553년~1615년) 공주의 혼인이었다. 나바라에서 결혼식을 축하하기 위해 파리로 온, 귀족과 평민을 망라한 수많은 위그노들은 결혼식이 끝난 후 4일이 지난 8월 22일에도 파리에 머물러 있었다. 그때 위그노이자 국왕의 심복이었던 프랑스 제독 가스파르 2세 드 콜리니[Gaspard II de Coligny]를 암살하려는 시도가 일어났다. 이는 실패로 끝났고, 국왕은 사건을 조사할 것을 약속했다.

콜리니 암살을 모의한 이는 기즈 가문과 샤를 9세의 어머니 카트린 드 메디시스였던 것이 거의 확실하다. 그들은 국왕에 대한 콜리니의 영향력을 못마땅하게 여기고 있었고, 스페인에 대항하기 위해 네덜란드로 위그노와 프랑스 가톨릭 병력을 파견하려는 콜리니의 계획

프란스 호헌버르흐, 《생바르텔르미 축일 대학살》(1572년)

에 반대하고 있었다. 전모가 드러날 것을 두려워한 카트린은 콜리니를 필두로 한 위그노 지도층이 반역 음모를 꾸미고 있다고 왕을 자극했다. 결과적으로 콜리니와 위그노의 지도부를 제거하라는 명령은 국왕에게서 나왔던 것으로 보인다. 그러나 파리의 모든 위그노를 학살하고, 그러한 아비규환 속에 콜리니의 죽음을 묻히게 하여 낭자하는 유혈 가운데 자신의 음모를 숨긴 것은 카트린의 기획이었다.

그럼에도 불구하고 종교적 증오는 이를 먹고 자라났다. 스페인의 궁정과 로마의 교황청은 대학살 소식에 환호했다. 물론 종교적인 이유만큼이나 정치적인 이유였음은 두말할 나위 없다.

> 자정을 지나 세 시가 되었을 때, 나는 사방에서 울려대는 종소리와 사람들이 내지르는 혼란스러운 아우성에 눈을 떴다. 거리로 나와 광기의 현장을 목도한 나는 공포에 사로잡혔다. 사람들은 광기에 사로잡혀 사방으로 뛰어다니며 고함을 내질렀다. 죽여버리자고, 죽여버리자고, 위그노들을 학살하자고.
>
> 막시말리앙 드 베튄, 회상록, 1572년 8월

가장 오래 이어져 파괴적인 결과를 가져온 사건은 30년 전쟁이었다. 나중에 신성 로마 제국 황제 페르디난트 2세로 즉위하는 보헤미아의 페르디난트Ferdinand of Bohemia(1578년~1637년)가 보헤미아에서의 종교 일치를 강요한 것에 반대하여 1618년 프로테스탄트들이 일으킨 봉기가 전쟁의 시작이었다. 그러나 페르디난트는 주저하지 않고 프로테스탄트 신자인 작센 선제후의 지원을 받아 반란을 진압했다. 전쟁 전반기, 반기를 든 독일 제후들의 편에 독일 바깥의 프로테스탄트 세력이 가담하기도 했다. 그러나 종교적 원리에 따른 것만으로 보기는 어렵다. 종교적 동기는 (가장 치열한 국면에 접어든) 전쟁의 후반 십여 년간 이어진 가톨릭 합스부르크 왕가와 가톨릭 부르봉 왕가의 싸움을 설명하지 못한다. 마찬가지로 1630년 리슐리외 추기경Richelieu(1585년~1642년)이 루터교 국가인 스웨덴 왕 구스타프 2세 아돌프Gustavus Ⅱ Adolphus(1594년~1632년)에게 (교황의 축복과 함께) 보조금을 보내며 독일로 병력을 파견하도록 설득한 것도, 1635년 프랑스가 직접 프로테스탄트 진영에 가담해 참전한 것도 설명하지 못한다.

근대 초 가톨릭과 프로테스탄트들의 적대와 증오가 극에 달해 있었던 것은 분명한 사실이다. 그러나 그러한 앙심으로 군대를 움직일 수는 없었다. 근대 초 유럽에서 일어난 전쟁들은 어떤 의미에서도 '종교 전쟁'은 아니었다.

42

식민과 선교

이슬람 칼리파 제국의 부상과 함께 그 터전을 대부분 상실한 그리스도교 세계는 근대 초기에 이르기까지 유럽의 경계 안에 머물러 있었다. 다시 말해 그리스도교는 유럽인들의 종교였다. 유럽을 제외하면 남방과 동방의 몇몇 고립된 지역들이 그리스도교 세계 외곽의 전초기지 역할을 하고 있었고, 그마저도 적대적인 이웃 사이에 에워싸인 채 사면초가에 몰린 경우가 대다수였다. 그러나 16세기에서 17세기 그리스도교는 사방으로 뻗어 나가며 진정한 의미의 세계 종교로 자리매김했다. 한편으로 이러한 확장은 새로 발견한 아메리카 대륙을 식민지로 삼아 강제로 그리스도교 세계에 편입하는 방식으로 이루어진 것이다. 그리고 선교사를 통해 포교하는 방식으로도 그리스도교 세계는 확장되었다. 당시 이러한 선교를 주도했던 이들은 예수회 수사들이었다.

1492년부터 1504년, 크리스토포로 콜롬보, 곧 크리스토퍼 콜럼버스Christopher Columbus(1451년~1506년)가 이끈 네 번의 대서양 횡단은 아메리카 대륙에 유럽인이 정착하는 길을 열었다. 콜럼버스를 후원한 덕에 이익을 얻은 스페인은 또한 유럽 국가 최초로 '신세계'에 정착했다. 1497년 이탈리아인 탐험가 조반니 카보토Giovanni Caboto(1450년경~1499년경)는 뉴펀들랜드에 이르렀다. 그럼으로써 카보토를 후원한 잉글랜드 또한 아메리카 대륙에 발판을 마련할 수 있었다. 1500년 포르투갈인 탐험가 페드루 알바르스 카브랄Pedro Álvares Cabral(1467년~1520년)은 브라질로 향하는 문을 열었다. 1523년과 1528년 사이 조반니 다 베라차노Giovanni da Verrazzano(1485년~1528년)는 북아메리카와 '서인도제도'에 프랑스의 거점을 마련했다(그의 탐험 여정은 앤틸리스 제도의 식인종에게 잡아먹힘으로써 끝났다).

신세계

'신세계'에 식민지를 세운 유럽 국가들의 목적은 물론 영토와 전리품을 획득하는 것이었지, 이교 세계에 그리스도교 신앙을 전하는 것은 아니었다. 그러나 유럽 국가들이 식민지를 건설할 때면 항상 선교사들도 뒤따랐다. 때로 선교사들은 현지인을 노예로 삼거나 추방하려는 당국에 맞서 현지인의 편에 서기도 했다. 라틴 아메리카의 예수회 선교사들이 보여준 모범이 그랬다. 그들이 얼마나 이상주의자였

1661년, 포르투갈 정착민들에 의해 추방당하는 예수회 신부 안토니우 비에이라 (18세기 판화)

는지, 그리고 그 이상을 구현할 능력도 있었는지 보여주는 대표적인 사례는 파라과이, 아르헨티나, 브라질에 설립한 '레둑시온'reducción(마을, 학교, 교회, 도서관을 포함해 공공예술과 토착 산업을 펼쳐나갈 수 있도록 건립된 인디오 지역민들의 자치 공동체)이다. 1609년부터 1768년까지 예수회가 관리하는 수많은 레둑시온이 독립 국가로 발전했다. 그러나 얼마 지나지 않아 스페인과 포르투갈은 레둑시온을 침략해 파괴했다. 토지는 몰수되고, 원주민들은 노예로 전락했으며 예수회 수사들은 추방되었다.

북아메리카의 잉글랜드인 정착촌들은 국가 주도의 식민 사업으로 건설되지 않았다. 각 정착촌은 독립된 식민지를 구성했다. 그리고 식민지를 건설하며 발급받은 특허장이 각 지역의 신앙을 결정했다. 한편으로 이는 우여곡절로 가득한 잉글랜드의 교회사를 반영했다. 완전하게 구분할 수는 없으나 1642년부터 1651년까지 일어난 잉글랜드 내전 당시 사용된 표현에 따르자면 대개 '왕당파'Cavalier들은 남부,

곧 버지니아(1607년)와 메릴랜드(1634년), 캐롤라이나(1670년)지역에 정착했고, '의회파'Roundhead 청교도들은 북부에 정착했다. 실제로 찰스 1세Charles I(1600년~1649년)가 잉글랜드를 통치하던 시절(1625년~1649년), 수천에 달하는 잉글랜드 청교도들이 박해를 피해 뉴잉글랜드* 지역으로 이주했다. 한편 찰스 1세가 처형되고 공화정이 출범하자 이번에는 다수의 왕당파가 버지니아로 이주했다. 메릴랜드는 조금 독특한 지역으로, 처음부터 잉글랜드의 가톨릭 신자들을 위한 피난처로 시작했다. 1632년 찰스 1세는 볼티모어 경 세실 캘버트Cecil Calvert, Lord Baltimore(1605년~1675년)에게 특허장을 발급해 식민지를 건설하도록 윤허했고, 2년 뒤 메릴랜드 식민지가 설치되었다. 1649년 메릴랜드 의회는 '관용령'Act of Religious Toleration을 제정해 모든 그리스도교 신자들이 완전한 예배의 자유를 누릴 수 있게 했다. 그러나 1650년 관용령 아래 피신하고 있던 청교도들이 식민지 정부를 장악하고 로마 가톨릭과 성공회 모두를 금지했다. 1658년 청교도들이 진압되자 관용령이 부활했다. 그러나 개신교인 윌리엄 3세William III(1650년~1702년), 메리 2세Mary II(1662년~1694년)가 잉글랜드 왕으로 즉위하자 메릴랜드는 성공회 식민지가 되었고 로마 가톨릭은 탄압받았다.

예수회의 에티오피아와 인도 선교

예수회는 처음부터 선교 수도회로 출발했다. 이냐시오 데 로욜라

---

* 오늘날 미국 북동부 메인, 뉴햄프셔, 버몬트, 매사추세츠, 로드아일랜드, 코네티컷에 이르는 지역.

가 교황의 인가를 받아 시작한 첫 선교 활동의 무대는 1490년부터 포르투갈이 꾸준히 접촉해 오던 에티오피아였다. 그러나 에티오피아인 대부분은 본래 그리스도교인이었고, 선교는 실패로 끝났다. 선교사들이 할 수 있는 것이라고는 로마에 복종하게 하는 것이 전부였다. 한 가지 예로 1603년에 에티오피아에 도착한 예수회 수사 페드로 파에스Pedro Páez(1564년~1622년)는 황제 말라크 사가드 3세Malak Sagad III(1572년~1632년)로부터 로마에 대한 복종 서약을 얻어냈다. 황제가 이에 동의한 것은 서방의 군사 원조를 기대했기 때문이다. 이어 황제는 에티오피아의 모든 백성에게 로마 가톨릭 신앙을 강요하려 했다. 1624년 파에스의 후임자로 에티오피아에 도착한 아폰소 멘데스Afonso Mendez는 황제의 지지를 등에 업고 에티오피아 현지의 그리스도교 관행을 탄압하기 시작했다. 반발하며 봉기하던 '이단자'들은 화형대로 보냈다. 1632년 부왕을 퇴위시키고 왕위에 오른 파실라다스Fasilides(1603년~1667년)는 즉시 모든 로마 가톨릭 선교사들을 추방했다.

인도 선교는 훨씬 더 성공적이었다. 그러나 (에티오피아와 마찬가지로) 선교사들은 현지 그리스도교인들과 충돌했다. 선교사들은 당시 포르투갈이 지배하던 인도 남서부 고아 지방으로 진출했다. 인도로 향한 선교사들 가운데 가장 널리 알려진 이는 성 프란시스코 하비에르Francis Xavier(1506년~1552년)로, 그는 인도 남부의 어부 수천 명을 개종시켰다. 그러나 1560년에는 이단 심문이 도입되어 로마 교회에 순응하지 않는 인도의 토마 계열 그리스도교인들을 탄압했다. 이후 한 세기를 거치며 수많은 봉기가 일어났고, 혼란 중에 인도 그리스도교의 고대 문헌 대부분이 소실되었다. 그리스도교인들 가운데 일부는 화형장으로 보내졌다. 토마 계열 그리스도교 공동체가 신앙의 자유를 되찾은 것은 1660년, 네덜란드인들이 말라바르 지역 대부분을 정복한 이후의 일이다. 그러나 오늘날에 이르기까지, 분열은 치유되지 않고 있다.

동아시아 선교

예수회의 일본 선교는 1549년 포르투갈 무역 사절에 앞서 도착한 선교사들에 의해 시작되었다. 프란시스코 하비에르가 처음으로 일본 땅을 밟았고, 그는 곧 일본이 그리스도교 신앙을 전하기에 더할 나위 없는 토양이라는 사실을 깨달았다. 실제로 모든 계층이 그리스도교 신앙을 받아들이기 시작했다. 몇몇 다이묘는 자신이 거느리던 사무라이 및 평민과 함께 그리스도교 신앙을 받아들이기도 했다. 그러나 16세기 후반, 스페인의 도미니쿠스회 수사들과 프란치스코회 수사들이 도착하자 수도회 사이에 여러 불미스러운 분쟁이 벌어졌다. 그러나 머지않아 이런 분쟁도 사치스러운 일이 되고 만다. 1587년 도요토미 히데요시豊臣秀吉(1537년~1598년)는 다이묘의 개종을 금지했고, 얼마지나지 않아 일본 최초의 그리스도교 순교자가 나왔다. 1597년 26명의 그리스도교인(20명은 일본인들이었다)이 나가사키에서 책형磔刑으로 순교했다. 도쿠가와 이에야스德川家康(1543년~1616년)는 1614년 그리스도교를 전면적으로 금지했고, 이 금지는 1873년까지 이어졌다. 그러나 소수의 '기리시탄'은 사제나 교리 교사 없이 비밀리에 신앙 생활을 이어갔다.

동아시아로 향한 로마 가톨릭 선교사들은 대체로 그리스도를 닮은 온화함을 더 일관성 있게 보여줄 수 있었다. 선교가 제국주의 정치와 연루될 일이 없었기 때문이다. 티베트로 간 예수회 선교사 안토니오 드 안드라데Antonio de Andrade(1580년~1634년)와 이폴리토 데시데리Ippolito Desideri(1684년~1733년)는 매우 겸손한 태도로 티베트인들을 대하며 지적으로도 열린 태도를 보였다. 1582년부터 시작된 예수회의 중국 선교는 동서양 학문 및 문화 교류의 모범이라고 할 만했다. 이 시기를 대표하는 선교사 마테오 리치Matteo Ricci(1552년~1610년)와 미켈레 루지에리Michele Ruggieri(1543년~1607년)는 중국의 독자적인 그리스도교, 즉 '유럽주의'에 의한 오염 없이 복음과 중국 고유의 신심 및 철학이 조화를 이루는 그리스도교를 일구려 애썼다. 리치는 특히 (부유하고 학식 있는 이들이 신봉하던) 유교 전통에 이끌렸다. 그는 거룩한 진리가 유교를 통해 중국에 전해졌다고 믿었다. 한편 루지에리는 (하층민들 사이에 번성하던) 도교에 이끌렸다. 그는 하느님의 영원한 로고스에 대한 앎이 '도'遄라는 형태로 중국에 전해졌다고 믿었다. 이러한 이견은 종종 리치와 루지에리가 개종시킨 이들 사이의 갈등으로 나타나기도 했다. 그러나 두 사람 모두는 중국 전통이 '시원적 계시'primordial revelation를 담지하고 있다고 확신했고, 언젠가 중국의 풍요로운 철학과 영적 자산이 (한때 그리스와 로마 전통이 그랬듯) 복음을 만나 그리스도교 문화의 새로운 종합을 이루어낼 것이라고 믿었다.

중국 의례

마테오 리치는 중국인들에게 그리스도교 신앙이 설득력이 있으려면 그들의 고유한 종교성과 의식 형태를 존중해야 한다고 생각했다. 그래서 그는 중국의 많은 의례(황제 및 부모 조상, 공자, 혹은 상제上帝를 향해 경의를 표하고 공물을 바치는 것)를 더할 나위 없이 문명화된 경외심의 표현으로 여겼다. 리치는 이것이 그리스도교 신앙과 완전히 양립할 수 있는 요소라고 여겼다. 그러나 17세기 초 리치의 견해를 따르던 예수회 수사들과, 중국의 의례가 본질적으로 이교 행위이며 우상을 숭배하는 것이고 심지어는 악마를 숭배하는 것이라고 보던 도미니쿠스회와 프란치스코회 수사들 사이에 이른바 '중국 의례 논쟁'Chinese Rites Controversy이 일어났다. 도미니쿠스회 수사들과 프란치스코회 수사들은 로마에 항소했고 결국 1645년 로마는 교서를 내려 중국 그리스도교인들의 전통 의례 참여를 금지했다. 그러나 1656년에는 예수회 수사들이 항소했고, 교황은 결정을 번복했다. 하지만 논란은 수그러들지 않았다. 1704년, 1715년, 1742년 로마는 다시 교서를 내려 중국 의례를 금지했다. 급기야 베네딕도 14세Benedict XIV(1676년~1758년)는 이 사안에 관한 논의를 금지했다.

1715년의 교황 교서는 중국 선교에 심각한 타격을 입혔다. 가장 위대한 청나라 황제이자 중국 역사상 가장 위대한 통치자 가운데 한 명으로 꼽히기도 하는 강희제康熙帝(1654년~1722년)는 본래 그리스도교를 상당히 긍정적으로 바라보고 있었다. 그는 특히 황궁에서 일하

에우클레이데스의 『기하학 원론』 중국어판 삽화. 마태오 리치와 역자 서광계_{徐光啓}.

던 예수회 수사들의 과학 지식, 학문적 탁월함, 예술성을 높게 평가했고, 1692년에는 이 '덕망 있는' 신앙을 칭찬하며 그리스도교 예배의 자유를 공표하기도 했다.

그러나 1722년 교황 교서가 청나라 조정에 도착하자 상황은 급변했다. 교서는 모든 중국 전통 의례를 금지했을 뿐 아니라 하느님을 전통적인 중국의 신 이름인 상제라는 말로 표현할 수 없게 했고, '하늘'天이라는 말도 쓰지 못하게 했다. 또한 중국의 사원에서 하듯 '하늘 섬김'敬天이라는 글귀를 그리스도교 교회 건물에 표시하지 못하게 했다. 강희제는 이에 칙령을 발표해 '서양인'들의 무지함과 불교 및 도교에 대한 종교적 편견을 강력히 질책했다. 이후 중국에서의 그리스도교 포교 활동은 금지되었다.

43

교회와 과학자

그리스도교 시대가 동트며 당시 번성하던 그리스의 과학이 (학문과 이성에 대한 그리스도교의 반감으로) 조직적으로 파괴되었다는 이야기는 (엄밀한 역사 연구가 이것이 사실이 아님을 입증하고 있음에도 불구하고) 오늘날에도 상당한 인기를 끄는 신화 가운데 하나다. 많은 이는 근대 초기에 이르기까지 그리스도교가 과학 및 학문을 적대시하였으며, 이를 로마에서 이루어진 갈릴레오 재판이 보여주고 있다고 주장하곤 한다. 그리고 과학 연구가 제대로 이루어지게 된 것은 교회의 권력이 쇠퇴한 시점 이후라고 생각한다.

그러나 고대, 중세, 근대의 역사적 증거들에 비추어 보면, 이는 그리스도교에 대한 올바른 평가라고 볼 수 없다. 이러한 주장은 헬레니즘 및 초기 그리스도교 학문은 물론 중세 지성 문화를 곡해한다. 게다가 16세기와 17세기 그리스도교 대학에서 교육을 받고 그리스도교 과학과 수학 전통을 따르던 그리스도교 과학자들이, 아리스토텔레스 시대로부터 내려오는 비그리스도교적 우주 이해와 자연 이해를 뒤집었다는 매우 흥미로운 사실을 간과한다는 점에서 이는 더욱 정당하지 못한 견해다.

고대와 중세 과학

헬레니즘 선진 '과학' 문화라는 것은 존재하지 않았다. 적어도 오늘날 우리가 알고 있는 '과학' 다시 말해 체계적이며 분석적인 실험과 관찰을 통해 가설을 수정하고 다듬는 방식의 과학은 존재하지 않았다. 물론 천체에 대한 세심한 관찰은 천문관측의astrolabe의 발명으로 이어졌고, 당대 '의학'에 따른 몇몇 처방책은 나름대로 효과가 있었다 (적어도 해롭지는 않았다). 프톨레마이오스Ptolemy(100년경~170년경)는 기하학과 광학에서 주목할 만한 업적을 남겼다. 1세기 초에는 몇몇 기발한 기계가 발명되기도 했다. 그러나 그리스 학문은 구체적인 실험과는 관련이 없는 것이었고, 그리스도교 시대가 시작되기 전 이미 기존의 지식을 집대성하거나 옛 학자의 글을 주석하는 것에 집중하고 있을 뿐이었다. 그나마 알렉산드리아에서는 계속하여 새로운 연구가 이루어졌고, 그리스도교가 등장하자 그리스도교 학자들 또한 비그리스도교 학자들 못지않게 적극적으로 연구 활동에 참여했다.

가장 오랜 시간 꾸준히 연구되며 정교한 발전을 이룩한 학문 분야는 우주론cosmology이었다. 고대부터 중세 후기에 이르기까지 고대 다신교는 물론이고 그리스도교와 이슬람 학자들까지 일련의 아리스토텔레스 우주 모형과 지구가 우주의 중심임을 수학적으로 증명하려고 한 프톨레마이오스의 가설을 당연한 것으로 받아들였다. 아리스토텔레스에 따르면 지구는 정지해 있고 그 주위를 결정체 모양을 한 행성들이 동심원을 그리며 천구를 이룬다. 달은 지구와 가장 가까운 곳에서 천구를 이루고 있다. 이 달을 기준으로 두 영역이 나뉜다. 이른바 '월하계'sublunar는 4원소(물, 불, 흙, 공기)의 영역으로 변화하며 부패한다. 한편 '월상계'superlunar는 제5원소, 곧 아이테르(에테르)αἰθήρ로 이루어져 있으며 불변한다. 가장 먼 천구에는 별이 고정되어 있다. 그리고 그 너머에는 원동자prime mover가 있어 우주 만물을 움직인다.

프톨레마이오스가 고안한 매우 정교한 천체 모형은 아리스토텔레스의 모형을 행성의 역행retrograde 운동과 같이 실제로 관측되는 천문 현상에 어떻게든 부합하게 하려는 시도에서 나왔다. 그러나 곧 한계에 부딪힌 프톨레마이오스는 더 복잡한 개념을 추가로 도입해야 했다. 이심離心,eccentrics(항성구의 실제 중심인 지구에서 '벗어난 중심'으로, 행성이 그리는 커다란 궤도의 중심), 주전원周轉圓,epicycle(행성이 이심을 중심으로 공전하는 중에 그리는 작은 궤도의 중심), 동시심同時審,equants(행성의 운동이 수학적으로 완벽한 원을 이루도록 관측 오차를 수정하는 가상 지점) 등이 그것이다. 프톨레마이오스는 경험적 관찰 결과에 지나치게 집착하지 않았다(며칠 동안 계속 달을 바라보는 것만으로도 프톨레마이오스 모형의 문제점을 발견할 수 있다). 게다가 그가 내세운 수학적 대안은 어떤 것도 아리

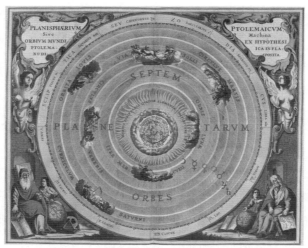

프톨레마이오스의 우주관을 반영한 안드레아스 라리우스의 『대우주의 조화』(1660년) 삽화.

스토텔레스 물리학과 양립하지 않았다. 학자들은 더 나은 모형을 제시하려 애썼지만, 이 세계관 자체에 근본적인 문제점이 있다고는 감히 생각하지 못했다.

예외적인 인물은 6세기 그리스도교인 학자 요안네스 필로포노스 John Philoponus였다. 그는 천상계 또한 변화하며, 대기 위는 진공상태일 것이라고 추측했다. 또 항성들은 (고대인들이 생각한 것처럼) 신적 존재가 아니라 불덩어리에 불과하며, 그것에 '각인된 임페투스'에 의해 움직일 것이라고 보았다. 얼마 후 이슬람 학자들이 필로포노스의 견해를 언급하였으나 수용하지는 않았다. 그리고 그들의 언급을 통해 임페투스 이론은 다시 서방 그리스도교 스콜라 학문의 지평으로 들어왔다. 토머스 브래드워딘, 리처드 스와인즈헤드, 장 뷔리당, 니콜라

오렘 등은 임페투스 이론을 연구한 대표적인 학자들이다.

지동설의 혁명

니콜라우스 코페르니쿠스Nicolaus Copernicus(1473년~1543년) 또한 임페투스 이론의 수혜자였다. 그러나 그는 태양 중심의 우주론을 직접 제기한 최초의 그리스도교인이었다. 1543년 그는 「천구의 회전에 관하여」De revolutionibus orbium coelestium라는 논고를 출판하여 이러한 주장을 펼쳤으나 이렇다 할 주목을 받지 못했다. 프톨레마이오스에 버금갈 정도로 난해한 데다(프톨레마이오스의 주전원 개념을 차용했다) 수학 모형에도 결함이 있었기 때문이다. 코페르니쿠스가 제시한 기본 모형은 왜 수성과 금성이 언제나 태양 근처에 있는지 설명해주는 것처럼 보였다. 그러나 이는 코페르니쿠스 사후 튀코 브라헤Tycho Brahe(1546년~1601년)가 제시한 체계, 즉 모든 행성은 태양을 중심으로 공전하며, 태양은 지구를 중심으로 공전한다는 가설을 통해서도 설명할 수 있었다. 코페르니쿠스의 가설을 열렬히 옹호했던 갈릴레오 갈릴레이Galileo Galilei(1564년~1642년)에 대한 재판이 벌어졌을 때, (대부분 예수회 수사였던) 당대 최고의 천문학자들 대다수는 이미 브라헤의 가설을 받아들였던 차였다.

신학자들의 비판에 맞서 갈릴레오는 교부들을 근거로, 성서를 우주론에 대한 설명으로 이해해서는 안 된다며 답변했다. 그러나 개신교의 비판을 의식하던 17세기 로마 가톨릭 교회는 성서를 읽는 방식에 있어 이전과는 사뭇 다른 태도를 취하고 있었다(보다 문자주의로 기우는 경향을 보였다). 그럼에도 불구하고 여러 저명한 성직자와 수도자들은 갈릴레오를 존경했다. 몇몇 예수회 소속 천문학자들은 갈릴레오가 망원경으로 관찰했던 내용을 확인하는 데 도움을 주기도 했다. 또 1613년 갈릴레오가 코페르니쿠스의 가설을 노골적으로 지지하며 나섰을 때도 교회는 별다른 제재를 가하지 않았다. 교회에서 갈릴레오를 칭송하며 옹호했던 핵심 인물은 추기경 마페오 바르베리니Maffeo Barberini(1568년~1644년)였다. 그가 바로 나중에 갈릴레오에게 신념을 철회하도록 강요한 교황 우르바노 8세Urban VIII(재위 1623년~1644년)다.

갈릴레오는 무례했다. 새로운 내용을 발견한 학자들의 공로를 인정하지 않는가 하면, 경쟁자로 여긴 이(요한네스 케플러Johannes Kepler가 대표적이다)를 업신여겼다. 자극적인 논쟁을 불필요하게 일으키기도 했다. 무조건 자신의 이론이 옳다는 식으로 일관하던 갈릴레오의 태도는 결국 1616년 교회를 자극하고 말았다. 하지만 갈릴레오는 별다른 증거도 없이 주장만을 나열했고, 교회는 그런데도 갈릴레오가 코페르니쿠스의 이론을 사실로 가르친다며 책망했다. 그러나 우르바노 8세는 갈릴레오에게 이와 관련된 책을 써 보도록 독려하며, 코페르니쿠스의 이론이 입증되지 않은 가설이라는 진술을 포함하라고 지시했다. 이에 갈릴레오는 1632년 『두 가지 주요 세계관, 곧 프톨레마이오스 세계관과 코페르니쿠스 세계관에 관한 대화』Dialogue Concerning the Two Chief World Systems, the Ptolemaic and Copernican를 출판했다.* 이 책에서 갈릴레오

---

* 『대화 - 천동설과 지동설, 두 체계에 관하여』(사이언스북스)로 역간.

조제프 니콜라 로베르-플뢰리, 《이단 심문을 받고 있는 갈릴레오》 (1847년)

는 교황의 지시대로 코페르니쿠스의 이론이 가설에 불과하다는 문장을 수록했다. 그러나 그는 이를 심플리치오Simplicio라는 우스꽝스럽고 어리석은 인물이 하는 말로 설정하여 자신을 후원하던 인물의 너그러움을 조롱했다.

모욕감을 느낀 교황은 심문을 진행하기로 결정했다. 게다가 실제로 코페르니쿠스 이론이 증명되지 않았다는 우르바노의 지적은 타당했다. 물리학의 대가였으나 당대 천문학의 방법론에는 능하지 않았던 갈릴레오는 코페르니쿠스의 저서가 얼마나 수학적, 경험적으로 일관성이 부족한지 알지 못했다. 재판에서 그가 지구의 운동과 관련해 제시할 수 있었던 유일한 증거는 실제로 관측되는 현상과 전혀 일치하지 않는 조수 운동에 관한 이론뿐이었다. 케플러가 주장한 타원형 행성 궤도에 관한 이론을 채택했다면 그는 지동설을 더 잘 방어할 수 있었을 것이다. 그러나 갈릴레오는 그 이론을 알고 있었음에도 이를 증거로 채택하려 하지 않았다.

결과적으로 로마의 권위주의적 간섭은 교회의 위계질서를 터무니없는 것으로 보이게 했다. 그러나 갈릴레오에 대한 이단 심문은 매우 이례적인 일이었고, 이것이 로마 가톨릭 교회와 과학의 관계를 대변한다고 볼 수는 없다. 교회는 언제나 과학을 적극적으로 후원하곤 했다. 또 예수회는 당대의 가장 독창적인 과학자들을 배출했다. 그러나 갈릴레오를 심문한 일로 로마 교회가 당한 망신은 오늘날까지 온전히 해소되지 않고 있는 것이 사실이다.

44

이신론, 계몽주의, 혁명

유럽 문명의 탈그리스도교화는 17세기와 18세기를 거치며 시작했다. 제도적 실체로서의 교회는 정치적 권력과 사회적 영향력을 상실했다. (교육을 받았든, 받지 않았든) 많은 이가 공공연하게 그리스도교 이야기를 거부하고 현실과 실재를 설명하는 대안적인 서사를 채택하기 시작했다.

어떤 이들은 그리스도교 신앙을 도무지 받아들이지 못하도록 하는 (이들의 시각에서) 미신이나 난해한 형이상학적 언어를 제거한 '합리적' 유신론theism 혹은 '이신론'Deism을 받아들였다. 또 (당시에는 드물었으나) 어떤 이들은 초월적인 현실, 혹은 실재에 대한 믿음 자체를 거부하기도 했다.

이신론과 형이상학의 낙관론자들

가장 멀리 소급하자면 16세기 중반 처음 등장한 이신론은 17세기 초부터 18세기 말까지 가장 큰 인기를 누린 종교철학의 형태였다. 이신론의 형태는 다양했으나, 내용은 대부분 같았다. 이신론자들은 유치한 신화, '계시'에 바탕을 둔 진리, 난해한 형이상학 체계에 의존하지 않고 모든 민족과 문화에서 통용될 수 있는 자연 종교natural religion, 다시 말해 '합리적인' 종교, 상식적인 사람이라면 받아들일 수 있는 종교를 추구했다. 이신론의 성서라고 할 만한 저작은 매튜 틴들Matthew Tindal(1657년~1733년)이 쓴 『창조만큼 오래된 그리스도교: 혹은 자연 종교의 재공표로서의 복음』Christianity as Old as the Creation: The Gospel, a Republication of the Religion of Nature(초판 1730년)이다. 그러나 이 운동의 실질적인 '아버지'는 셰버리의 허버트 경 에드워드Edward, Lord Herbert of Cherbury(1583년~1648년)라 할 수 있다. 그는 최초로 이신론의 일반 원리를 분명하게 밝힌 인물이다. 에드워드에 따르면 이신론자들은 우주를 창조한 최고 존재supreme being를 믿는다. 이 최고 존재는 도덕적인 존재이기도 하며 우리의 경외를 받을 만한 가치가 충분하다. 이 존재는 우리에게 도덕적 선을 요구하고 인간 영혼에 상과 벌을 내린다. 모든 이신론자가 허버트 경처럼 영혼이 불멸한다고 믿었던 것은 아니었으나 대부분은 그랬다. 그리고 모두가 이러한 '합리적 신앙'이 종교의 참된 형태라고, 이러한 형태가 제의종교, 미신, 편협한 종교가 되기 전 종교의 본래 모습이라고 확신했다.

이신론자들은 신을 자연의 설계자로 상상하곤 했다. 또 자연법칙의 복잡함과 규칙 안에서 신이 존재한다는 증거를 찾았다. 반면 기적을 통해 신이 지상에 개입한다고 믿는 종교에 대해서는 강한 반감을 품었다. 시간이 흐르면서 '신정론'theodicy, 즉 피조물의 고통에도 불구하고 신은 정의롭다는 것을 변호하는 일이 이신론자들의 중요한 과제가 되었다. 그들은 우연, 재난, 고통, 도덕적 악을 포함하지 않는 단일한 자연법칙이 지배하는 창조 질서란 있을 수 없음을, 그렇기에 모든 가능한 세계 중에서 우리가 살아가는 세계가 최상의 세계임을 증명하려 했다. 이러한 형이상학적 낙관주의는 17세기 후반과 18세기 초 지적 문화를 지배했다. 당대의 전통적인 그리스도교인들도 마찬가지였다. 신정론은 루터교 신자였던 철학자 라이프니츠G. W. Leibniz(1646년~1716년)에 의해 정교한 형이상학적 형태로 발전했다. 하지만 이신론은 단일한 신조를 지닌 종교는 아니었다. 이신론의 요소는 다양했다. 일례로 풍자 문인이자 사상가 볼테르Voltaire(1694년~1778년)를 이신론자로 보는 견해도 있으나, 그는 '형이상학적 낙관론'에 매우 비판적인 인물이었다.

18세기 후반까지 이신론은 영국, 독일, 프랑스, 북아메리카 지식인들 대부분이 열광하며 신봉하던 종교철학이었다. 토머스 페인 Thomas Paine(1737년~1809년), 벤저민 프랭클린Benjamin Franklin(1706년~1790년), 토머스 제퍼슨Thomas Jefferson(1743년~1826년) 모두가 이신론자였다. 하지만 이러한 유행도 이내 잦아들었다. 한편으로 고도로 설계된 우주에서 신 존재를 도출하는 접근의 문제점을 지적한 데이비드 흄David Hume(1711년~1776년)과 같은 인물들의 비판이 커다란 역할을 했으나,

이신론 자체가 본래 무미건조하고 단조로운 이론이었던 까닭이기도 하다. 이윽고 19세기에 들어 다윈주의Darwinism가 부상하자 이신론의 흔적은 완전히 사라졌다.

무신론자와 혁명가들

이신론의 흥망성쇠는 전통적으로 '계몽주의'Enlightment라고 부르는 더 큰 문화 운동 가운데 일어났다. 계몽주의의 주요 가르침은 인간이 이성으로 이 세상의 기저에 있는 자연법칙을 꿰뚫어 볼 수 있을 뿐 아니라 정의로운 사회를 이룰 힘을 지녔으며 인간의 자유를 진전시킬 수도, 도덕의 합리적 근거를 발견할 수도, 국가와 개인의 도덕적 행동을 고취할 수도 있다는 것이었다. 이러한 계몽주의의 선전에 공감하는 그리스도교인들도 상당수 있었지만 '이성의 새로운 각성'이라는 계몽주의의 표어가 암묵적으로 가리키는 이념을 따르던 대다수는 대부분 더 합리적인 종교를 추구하거나, 아예 합리적인 비종교로 기우는 경향을 보였다.

당대 가장 위대한 사상가였던 임마누엘 칸트Immanuel Kant(1724년 ~1804년)는 하느님에 대한 신념을 포기하지 않았으나 이는 합리적 추론에 따른 결과였다. 그는 전통적인 형이상학에 반발하며 신과 영혼은 '윤리 형이상학'의 공리라고 이야기했다(하지만 칸트의 도덕철학은 반드시 초자연적인 것을 전제하지는 않는다). 하지만 대다수 계몽주의 지식인들은 신이라는 개념을 폐기해야만, 그리고 모든 종교를 거부해야만 참된 계몽이 이루어질 수 있다고 보았다. 그들이 보기에 신은 경험적 증거를 간과한 채 인간이 만들어 낸 비이성적인 첨가물이었으며, 종교는 성직자 계층의 이익을 위해 만들어진, 공상과도 같은 신념 위에 세워진 제도였다. 이러한 맥락에서 폴앙리 티리 돌바크Paul-Henry Thiry, Baron d'Holbach(1723년~1789년)는 1770년에 출간한 저서 『자연의 체계』The System of Nature에서, 종교는 무지와 두려움의 산물이며 종교를 믿는 것은 폭군에게 이용당하는 것이나 다름없다고 주장했다. 또한 그는 현실 세계에는 움직이는 사물 외에는 존재하지 않으며 도덕적 관습이 개인의 행복을 침해할 경우에는 그 관습을 버려야 한다고 주장했다. 한편 그 못지않게 열정적인 (그리고 좀 더 통찰력 있는) 유물론자 드니 디드로Denis Diderot(1713년~1784년)는 이와 관련해 널리 알려진 말을 남겼다.

마지막 왕의 목을 마지막 사제의 내장으로 졸라 죽이기 전까지 인간에게 자유란 없다.

이러한 말은 어디까지나 말로 남아 있을 때만 매력적이다. 하지만 '진보적', 혹은 '계몽'을 위한 사회 혁명을 일으킨 정치적 급진파들은 이 말을 실제 현실에서 이루려 했다. 그것도 철저하게. 물론 1789년 프랑스 혁명 이후 등장한 사회가 반反성직자주의 경향을 보인 것은 자연스러운 일이었다. 당시 프랑스 로마 가톨릭 교회는 '앙시앵 레짐(구체제)'ancien régime과 긴밀한 연관을 맺고 있었기 때문이다. 1793년부터 1794년까지 혁명 정부는 '공포 정치'Reign of Terror를 도입했고, 이는 과

피에르-앙투안 드마쉬, 《최고 존재의 제전》(1794년)

격파 자코뱅 당원들의 이념을 따라 시행되었다. 정부는 파리에 있는
교회를 폐쇄하고 공적 장소에서 예배하거나 십자가를 전시하는 것을
금지했다. 그뿐만 아니라 수백 혹은 수천 명의 '저항 사제'들(즉 새로
운 정부에 충성을 맹세하지 않는 사제들), 주교들, 수녀들을 처형했다. 학
살, 재판 조작, 즉결 처형이 일상적으로 되풀이되었다. 사람들은 이
들을 살해하며 이들의 신앙을 비웃고 조롱했다. 사제와 수녀를 발가
벗긴 뒤 함께 묶어 강이나 웅덩이에 던져 죽이는 이른바 '공화국식 결
혼'은 이러한 분위기를 단적으로 드러내는 의식이었다. 공포 정치가
막을 내린 후에도 로마 가톨릭 성직자에 대한 박해는 계속되었다. 박
해는 혁명 정부가 나폴레옹Napoleon(1769년~1821년) 통치 체제로 교체되
었을 때 비로소 끝났다. 1801년 나폴레옹은 프랑스에 있는 교회들이
(제한적으로나마) 자유를 누릴 수 있게 해주는 이른바 '정교화약'政教和

約,Concordat을 로마와 체결했다. 하지만 이후 또 다른 '유토피아' 혁명 운동들에서도 이와 비슷한 일이, 심지어는 더 큰 규모로 반복해서 일어났다. 종교를 향한 극단적 적의는 늘 대규모 학살로 이어졌다.

45

—

근대 초기의 동방 정교회

15세기 중반 투르크인들이 동로마 세계에 남아 있던 마지막 지역을 정복한 이후, 이슬람의 지배를 받지 않던 정교회 국가는 슬라브인들과 발칸 북부에 있는 이들의 국가뿐이었다. 이 중에서 러시아는 **빠르**게 강력한 국가로 부상했다.

모스크바는 여러모로 동방 그리스도교 세계를 대표하는 도시가 되었고 그렇게 러시아 제국은 비잔티움 제국의 후계자가 되었다. 러시아인들은 자신들의 나라를 '제3의 로마'라고 부르기도 했다. 1547년 모스크바의 야심 찬 대공 '폭군 이반' 이반 4세Ivan IV 'the Terrible'(1530년~1584년)는 대관식에서 '차르'Tsar 곧 '황제'Caesar라는 칭호를 얻었다.

차르와 총대주교

1448년까지 러시아 교회의 수장은 (실제로 대교구는 한 세기 이상 모스크바에 있었음에도 불구하고) '키예프 대주교'Metropolitan of Kiev였으며 명목상으로나마 콘스탄티노플 총대주교의 관할 아래 있었다. 하지만 그해, 한편으로는 피렌체 공의회에서 콘스탄티노플이 로마에 굴욕적으로 항복한 일에 대한 반발로 러시아 주교들은 주교 요나Jonas(1390년경~1461년)를 '모스크바 대주교'로 임명하고 러시아 교회의 '자치'自治를 선언했다. 그리고 1589년 콘스탄티노플이 이를 승인함으로써 모스크바 대주교는 '모스크바 총대주교'Patriarch of Moscow로 격상했다.

차르와 총대주교의 관계에는 종종 심각한 긴장이 감돌았다. 물론

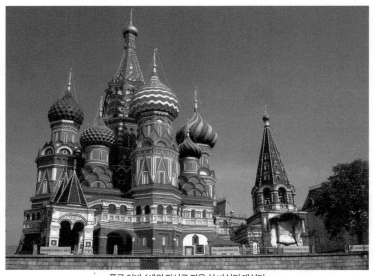

폭군 이반 4세의 지시로 지은 성 바실리 대성당

충돌이 일어나면 승자는 언제나 차르였다. '폭군' 이반의 대학살을 비난한 총대주교 필립 2세Philip II(1507년~1569년)는 결국 해임되고 투옥된 끝에 교살로 죽음을 맞는 대가를 치러야 했다. 열정 넘치는 개혁가였던 총대주교 니콘Nikon(1605년~1681년)은 러시아 사상 가장 영향력 있는 총대주교이기도 했다. 차르 알렉세이 1세Alexei I(1629년~1676년)도 (처음에는) 그를 열렬히 존경했다. 그러나 총대주교가 자신의 명령을 고분고분 따르지 않자 알렉세이는 그를 해임하고 평수사로 강등했다. 또한 1721년 표트르 대제Peter I the Great(1672년~1725년)는 총대주교직 자체를 폐지하고 스웨덴과 독일의 루터 교회를 본떠 국가 기관인 신성 종무원으로 대체했다. 1917년에 이르기까지 모스크바 총대주교는 존재하지 않았다.

우크라이나(옛 키예프) 교회는 러시아 교회와는 사뭇 다른 길을 걸었다. 특히 1569년 우크라이나 대부분이 로마 가톨릭 폴란드에 속하게 된 사건은 결정적 변화를 가져왔다. 1596년, 키예프 대교구를 로마에 예속하는 브레스크-리토프스크 연합의 결의 사항이 정교회 신자들에게 강요되었다. 1620년 정교회 대교구가 재건되어 1686년 모스크바 총대주교의 관할이 되었으나 우크라이나 교회는 정교회와 '동방 가톨릭 교회'로 영구히 분열되고 말았다.

아름다움에 대한 사랑

근대 초 동방 정교회 역사에서 가장 중요한 사건은 1782년 『필로칼리아』Philokalia('아름다움에 대한 사랑'을 뜻한다)의 출간이라고 말해도 과언이 아니다.* 이 책은 4세기부터 14세기까지 동방 그리스도교 신비주의 문헌들을 모아놓은 선집으로, 아토스산의 두 수사 성산聖山의 니코데모스Nicodemus of the Holy Mountain(1748년~1809년)와 코린토스의 마카리오스Macarius of Corinth(1731년~1805년)의 작품이다. 책은 포괄적인 동시에 이전에는 한 번도 공개되지 않은 많은 글을 발굴해냈다는 점에서 각광을 받았다. 에바그리오스 폰티코스의 명예를 어느 정도 회복해주었다는 점도 각별한 의미가 있었다. 비록 오리게네스주의자라는 비난을 받으면서 에바그리오스의 저작들은 천년이 넘는 세월 동안 잊혀 있었으나, 그대로 사장되기에 그가 남긴 영성 생활의 지혜는 너무나 탁월하고 동방 그리스도교의 관상 전통에 중요했다. 또한『필로칼리아』는 정교회 영성을 헤지카즘이 주도하게 하는 데 기여했다.

그러나『필로칼리아』가 무엇보다도 중요한 이유는 정교회 세계 전체에 걸쳐 일어난 신앙 회복 운동에 크게 기여했기 때문이다. 이 책이 출판되자 많은 이들은 이 책이 정교회의 핵심을 독특하면서도 탁월하게 표현해냈다고 보았다.『필로칼리아』는 특히 러시아와 슬라브 세계에 커다란 영향을 미쳤다. 1793년 아토스산의 수사 파이시 벨리치코프스키Paissy Velichkovsky(1722년~1794년)는 상트페테르부르크에서『필로칼리아』의 슬라브어 번역본을 출간했다. 그는 그리스의 영적 '장로'elder 전통을 슬라브 교회에 소개한 이기도 하다. 그리스어로 '게론'γέρων, 러시아어로는 '스타레츠'cтápeц라고 하는 '장로'는 영성 생활의

---

* 『필로칼리아 1~5』(은성)로 역간.

본이 되는 이를 일컫는 표현이었다. 장로는 수사들의 스승이었고, 평신도의 고해 수사이자 인도자였다. 이 '스타르치'(스타레츠의 복수형)는 정교회 수도 생활 혁신의 중심에 있었다.

근대 러시아 성인 중 가장 사랑받는 성인 '은둔자' 테오판Theophan the Recluse(1815년~1894년)은 (이미 엄청난 인기를 끌던) 슬라브어 『필로칼리아』를 러시아어로 번역했다. 19세기 익명(아마도 아토스산의 수도사일 가능성이 크다)의 저자가 남긴 두 편의 이야기(『순례자의 길』The Way of a Pilgrim 과 속편인 『순례자는 계속 자신의 길을 간다』The Pilgrim Continues Upon His Way)는 평신도들의 신심에 이 선집이 얼마나 커다란 영향을 미쳤는지를 보여준다. 이 이야기들에서 주인공인 방랑자는 쉬지 않는 내적 기도라는 헤지카즘의 방법을 실천하기 위해 애쓴다.

정교회의 선교

18세기는 러시아 선교사들이 가장 활발히 활동한 시대이기도 하다. 그들은 시베리아의 거친 오지는 물론 최북단 지역과 중앙아시아, 심지어 북아메리카 대륙까지 나아갔다. 러시아 선교사 중 가장 존경받는 이는 성 알래스카의 게르만Herman of Alaska(1758년경~1837년)이다. 그는 1794년 6월, 동료 수사들과 함께 러시아령 코디악섬에 도착해 아메리카 대륙에 처음으로 정교회를 설립했다. 경건하고 온화한 성격의 인물이었던 게르만은 현지 알류트Aleut족에게 복음을 전파하며 많은 이를 개종시켰을 뿐 아니라, 러시아 식민지 개척자들에게 학대받던 현지인들의 조력자이자 보호자가 되기도 했다. 1808년 게르만은 코디악섬에서 1.6km가량 떨어진 스프루스섬에 자신과 같은 은수자가 피정을 할 수 있는 곳을 마련하는 한편 학교와 예배당을 짓기도 했다. 그는 고아와 병자를 돌보며 여생 대부분을 보냈다.

러시아 교회는 알류트족을 향한 선교를 이어갔다. 성 알래스카의 이노켄티Innocent of Alaska(1797년~1879년)는 2세대 러시아 선교사 중 가장 커다란 업적을 세운 인물이다. 1824년 아내를 비롯한 가족과 함께 우날라스카섬에 도착해 교회를 세운 그는 곧바로 신자들의 언어를 공부하기 시작했다. 교구민 가운데는 우날라스카섬 주민뿐 아니라 프리빌로프와 폭스 제도의 거주민도 있었기 때문에, 이노켄티는 여러 언어를 익혀야 했다. 점차 알류트어에 익숙해지자 그는 알류트 문자를 고안해 성서를 (알류트어의 주요 방언인) 서부 우나간 방언으로 번역하는 작업에 착수했다. 1829년 이노켄티는 베링해 연안을 향한 선교 활동을 시작했다. 1834년에는 싯카섬으로 이주해 그곳에 살던 틀링키트족의 언어를 익혔다. 그러던 중 이노켄티는 1838년 아내와 사별하고 2년 후 수도 서원을 한다. 같은 해 그는 알류샨 열도와 캄차카 반도, 일본 북동쪽 쿠릴 열도를 아우르는 교구의 주교로 임명되었다. 그는 주교로 활동하는 가운데도 끊임없이 각 지역을 돌아다니며 선교 활동을 이어갔고, 북아메리카 원주민의 언어를 공부하며 번역하는 일에 힘썼다. 1865년 모스크바 종무원 위원이 된 이노켄티는 1868년 의장으로 추대되었다.

성 세라핌

러시아가 거대한 영적 갱신을 이루는 동안 등장한 모든 '장로'가 운데 특히 커다란 사랑을 받은 이는 사로프의 성 세라핌Seraphim of Sarov(1759년~1833년)이다. 그의 본래 이름은 프로호르 모쉬닌Prohor Moshnin으로 쿠르스크 지역의 상인 집안에서 태어났다. 어렸을 때부터 그는 경건하고 온화하며 다소 신비주의적인 면모가 있었다. 1777년 사로프 수도원에 입회한 그는 1786년 수사로 서원하고 세라핌이라는 이름을 갖게 되었다.

세라핌은 평생 금욕의 삶을 살았다. 건강을 유지하기 위한 최소한의 음식만을 먹었고, 대부분의 시간은 수도원의 제대 앞에서 기도를 하며 보냈다. 1793년 그는 보제직을 겸하게 되었고 장로의 축복 아래 숲으로 가 홀로 기도 생활을 했다. 종종 영적 지도를 받고 싶은 남녀 수도자들이 그를 찾았고 (전하는 이야기가 사실이라면) 숲에 사는 많은 동물 또한 그를 찾았다고 한다. 어떤 수녀는 그가 곰에게 직접 먹이를 주는 모습을 목격했다고 증언했다.

하루는 세라핌에게 훔칠 만한 물건이 있다고 착각한 도적들이 그를 공격했다. 당시 그는 나무를 베고 있었으므로 도적들은 그가 들고 있던 도끼 손잡이를 빼앗아 그를 폭행했다. 그는 이렇다 할 대응을 하지 않았다. 세라핌이 죽었다는 생각이 들자 도적들은 비로소 폭행을 그만두었다. 한편 도적들이 체포되어 재판을 받자 (완전하게는 아니었으나) 건강을 회복한 세라핌은 그들에게 자비를 베풀어 달라고 재판관에게 간청했다. 건강을 회복한 지 얼마 지나지 않아 그는 천 일 동안 쉬지 않고, 바위 위에서 맨발로, 손을 들어 올려 하느님 께 기도했다. 1815년 자신이 본 성모 마리아에 대한 환상에 대한 응 답이었을까. 세라핌은 은둔처를 열어 영적 조언을 받기 위해 자신을 찾는 이들을 맞아들였다. 많은 이가 어떻게 하면 성령을 받아 그리 스도교가 전하는 사랑을 실천할 수 있을지 그에게 배우기를 원했다. 실제로 세라핌과 만난 이들은 그의 지혜는 물론 사람의 마음을 꿰뚫 어 보는 기적과도 같은 능력, 쾌활함, 자애로움, 온화함에 감탄했고, 더 많은 순례자가 그를 찾았다. 가장 널리 알려진 이야기는 니콜라 이 모토빌로프Nicholas Motovilov가 전한 이야기일 것이다. 그는 세라핌이 전한 많은 가르침을 기록했을 뿐 아니라 장로가 '창조되지 않은 빛' 으로 변모된 모습을 보았다고 증언했다. 1833년 세라핌은 성모 이콘 앞에서 기도하다 평화롭게 세상을 떠났다.

46

19세기: 의심의 시대

19세기 말, 근대 초기부터 시작된 서유럽 그리스도교의 쇠퇴는 돌이킬 수 없는 흐름처럼 보였다. 많은 이들이 이러한 쇠퇴를 인류 역사의 자연스러운 과정으로 여겼다. 유럽의 지식층은 점점 더 조상의 신앙을 외면했다. 일부 집단은 암묵적으로 무신론을 지지했고 이로써 무신론은 과거 어느 시대에도 누리지 못한 대우를 받았다.

어떤 이들은 그리스도교의 쇠퇴를 기뻐했다. 또 어떤 이들은 그리스도교의 쇠퇴가 그저 사라져 가는 또 다른 옛 문화의 풍경일 뿐이며, 그런 점에서는 안타까운 일이라고 생각했다. 어떤 경우든 많은 사람은 이제 종교가 완전히 사라진 세상이 도래하고 있다고 믿었다.

신앙을 위한 애가

물론 19세기 내내 대다수 유럽인은 명목상 그리스도교 신자였고 실제로는 다양한 종류의 믿음을 갖고 있었다. 회의론자나 아예 그리스도교를 믿지 않는 사람도 있었으나 소수였다. 그러나 그들은 점점 더 공공 영역에서 활발하게 활동했고, 이전까지 당연시되던 그리스도교 신앙을 분명하게 거부했다. 이는 서구 문화의 상상력을 지배해온 그리스도교의 힘이 점점 더 약화되고 있음을 보여주는 일종의 징후였다.

이러한 거대한 문화적 변동의 원인을 한 마디로 잘라 이야기하는 것은 불가능하다. 의심의 여지 없이 물질적인 이유도 있고, 정신적인 이유도 있다. 사회적인 이유도 있고, 정량화할 수 없는 부분도 있다. 한편으로는 이른바 '대항해 시대'에 글을 읽고 쓸 줄 아는 중산층이 부상하며 현실과 실재를 설명하는 담론들이 각광받는 문화가 형성되었다는 점을 들 수 있을 것이다. 또한 근대 초기 그리스도교 세계가 붕괴함으로써 그리스도교가 전하는 모든 가르침에 대한 신뢰도가 떨어졌다는 점도 한 이유가 될 수 있다. 그리고 사람들이 점점 (논리상으로는 필연적이지 않다고 하더라도) 우주와 세계에 대해 근대 과학이 제시하는 설명과 그리스도교가 전하는 가르침이 조화를 이루지 못한다고 '느끼기' 시작했다는 것 또한 하나의 설명이 될 수 있을 것이다. 이처럼 이른바 '세속화' 현상을 온전히 이해할 수 있게 해주는 단 하나의 설명은 없다.

당시 많은 이들은 (심지어는 자신이 그리스도교인이 아니라고 이야기했던

귀스타브 도레, 《런던의 철로 근처에서》(1873년)

이들도) 새로운 현실을 성찰하고 관찰하며 애도하고 탄식했다. 그리스
도교 신앙이 사라짐으로써 삶의 방식과 의미를 주었던 것, 희망과 위
안이 필요한 이들에게 이를 제공해 준 많은 것이 사라졌다는 사실을
깨달았기 때문이다. 또한 그들은 종교적 신앙이 없는 사회의 도덕성
이 그렇게 낙관할 만한 수준이 아니라는 것도 감지했다. '불신'에 빠
진 시대에 대한 비탄의 감정과 관련해 가장 유명한 시는 매슈 아널드
Matthew Arnold(1822년~1888년)가 1867년 발표한 「도버 해안」Dover Beach이라
는 시다. 여기서 시인은 "신앙의 바다"가 물러나며 들리는 것은 "우
울한 긴 행렬이 퇴각하면서 내는 굉음" 뿐이라고, 세상에 더는 "진정

한 기쁨, 사랑, 빛"이 없으며 "확신, 평화, 고통에서의 구원"도 없다고 이야기한다. 이제 세상은 "전진과 후퇴를 알리는 혼란스러운 경종들에 휩쓸린 무지한 군대가" 격돌하는 "어두운 광야"다. 시인으로서는 상대적으로 덜 알려진 토머스 하디Thomas Hardy(1840년~1928년)가 1908년 발표한 「신의 장례식」God's Funeral이라는 시도 있다. 이 시에서 시인은 "황혼에 물든 평원"에서 죽은 신이라는 "신비로운 형태"를 운구하는 장례 행렬에 관한 환상을 노래한다. 운구가 진행됨에 따라 점점 더 많은 이가 애도의 행렬에 동참한다. 시인은 자신 또한 상실의 슬픔을 겪고 있음을 고백하며 "신실한 기도로" 하루를 시작하고, 신이 우리와 함께한다는 확신 아래 하루를 마무리한 과거에 대한 그리움을 노래한다. 시인은 묻는다.

누가 혹은 무엇이 그의 빈자리를 채울 것인가?

그리고 이어서 말한다.

이 상실을 나는 어떻게 견뎌야 하는가.
모든 살아 있는 정신이 끊임없이 묻는다.

자연은 이빨과 발톱이 피로 물들고[*]

찰스 다윈Charles Darwin(1809년~1882년)이 1859년 출간한 『종의 기원』 The Origin of Species[**]만큼 전통적인 신앙에 커다란 타격을 입힌 저작은 없다. 이 책에서 다윈은 처음으로 진화, 곧 광대한 시간에 걸쳐 돌연변이와 자연 선택으로 이루어진 성취의 개념에 관해 이야기했다. 이 책에서 다윈은 인류의 진화를 언급하지는 않았지만, 함의는 분명했다. 그리고 이는 1871년 『인간의 유래』The Descent of Man[***]가 출간되면서 분명해졌다.

성서를 문자 그대로 읽는 이들에게 다윈의 주장은 창세기의 창조 이야기와 모순된다는 이유 하나만으로도 가증스러울 것이다. 그러나 성서에 등장하는 이야기를 은유로 읽는 고대 그리스도교의 관행은 그리스도교 문화에서 단 한 번도 사라진 적이 없었고, 당시 많은 그리스도교인은 진화에 대한 다윈의 생각에 별다른 거부감을 느끼지 않았다. 일례로 아주 이른 시기부터, 그리고 가장 열렬히 다윈을 지지한 인물 중 하나인 미국 식물학자 에이사 그레이Asa Gray(1810년~1888년)는 독실한 그리스도교인이었다. 그는 진화를 하느님의 창조 능력이 자연의 구조를 통해 나타나는 것이라고 보았다. 이러한 점을 고려해본다면 실재, 현실에 대한 그리스도교적 관점 및 전망에 대해 다윈

---

[*] 시인 알프레드 테니슨Alfred Tennyson이 발표한 시 「A.H.H.를 기억하며」In Memoriam A.H.H.에 나오는 표현으로 다윈이 『종의 기원』 서문에서 인용했다.

[**] 『종의 기원』(사이언스북스)으로 역간.

[***] 『인간의 유래 1,2』(한길사)로 역간.

의 저서들이 제기한 진정한 도전은 논리적인 것이라기보다는 감성적인 것이었다. 달리 말하면 문제는 진화라는 생각보다는 자연 선택이라는 진화의 원리였다. 그리스도교인들은 이러한 접근이 그리스도교적 관점으로 세상을 바라보는 상상력을 갉아먹는다고 생각했다. 다윈의 논의는 실재란 오직 차가운 필연성과 아무것도 고려하지 않는 우연뿐이라는, 그러한 실재가 이 세계를 지배한다는, 결국 이 세계는 무수한 죽음과 투쟁, 맹목적인 분투로 형성된다는 인상을 사회에 불어넣었다. 사람들은 생각했다. '그리스도교에서 이야기하는 하느님이 그런 세계를 창조했을까?'

의심의 대가들

19세기는 '탈종교', 혹은 '유물론' 사상을 주장한 위대한 학파가 탄생한 시기기도 했다. 이 학파들은 보이든 보이지 않든 근대 후기 문화를 가장 깊은 차원에서부터 빚어냈다. 이중 가장 주목할 만한 사상은 심리학과 사회이론이다. 심리학의 발전에 가장 강력한 영향을 미친 인물은 당연히 지그문트 프로이트Sigmund Freud(1856년~1939년)다. 오늘날 그의 명성은 다소 쇠락했지만 그가 만든 인간 의식에 관한 '신화'는 여전히 커다란 영향력을 행사하고 있다. 프로이트는 자아가 영원한 본성을 지닌 영혼이라기보다는 생물학적, 사회적 충동의 복잡한 혼합물이라고 생각했다. 프로이트의 인간관은 근본적으로 다원주의적이다. 이러한 입장에 선 이들은 인간의 의식이 '무의식'의 표면일 뿐, 그 밑바닥에는 숨겨진, 대체로 비이성적인 충동, 억압된 욕망, 은밀한 원한 감정, 암묵적 기억 및 충돌하는 성적 충동이 흐르고 있다고 생각한다. 이러한 맥락에서 프로이트는 과학이 발전하고 정신과학이 초자연에 기대는 사고를 물리치면 (죽음에 대한 두려움에서 나오는) 종교라는 '망상'이 사라질 것이라고 확신했다.

사회적, 혹은 정치적 선善에 대한 전망을 유물론적 관점으로 분명하게 제시하려 한 19세기 유럽의 이론가 중 가장 막대한 영향력을 남긴 이는 단연 칼 마르크스Karl Marx(1818년~1883년)다. 그는 혁명을 주장하는 사회주의 흐름에서 다소 독특한 유파를 창시한 이로 평가받는다. 프로이트처럼 마르크스의 명성 역시 오늘날에는 많이 쇠퇴했다. 하지만 정치, 문화, 사회를 변증법적 유물론의 창조물로 보는 그의 시각, 역사를 이끄는 힘은 계급 투쟁과 경제적 동기라는 그의 견해는 그를 비판하는 이들에게조차 깊은 영향을 미쳤다. 그리고 그가 제안한 무신론적 이상사회의 이념은 20세기에 이르러 막강한 힘으로 사회 전체를 변화시켰다(그리고 종종 파괴했다).

19세기 말 사회주의 경제학과 '진보적' 사상에는 또 다른 사회이론이 덧붙을 때도 있었다. 그 사회이론은 역사상 그 어떤 이론보다도 끔찍한 결과를 낳은 악질 이론, 바로 우생학이었다. 1860년 프랜시스 골턴Francis Galton(1822년~1911년)은 우생학의 원리를 처음으로 명시했다. 19세기 후반과 20세기 초 가장 '계몽된' 이들은 이러한 생각을 공유했다. 어쩌면 다윈 본인도 이러한 생각을 했을지도 모른다. 우생학을 받아들인 대다수는 자신들이 그저 다윈의 과학이 가리키는 결론을 따를 뿐이라고 믿었다. 그들은 어떤 종이 번성하고 발전하는 원리가 자연 선택이라면 인간이라는 종 안에서도 이러한 과정이 진행되는 것을 문명사회가 가로막아서는 안 된다고 주장했다. 그리고 이상적으로는 유전적 결함을 전달하는 이들뿐만 아니라 인종적, 도덕적, 정신적으로 열등한 이들도 번식하는 것을 막아야 한다고 생각했다.

물론 논리적으로 생각해보았을 때 다윈의 생물학을 도덕적 명령으로 받아들이는 것은 터무니없는 일이다. 그러나 자유주의 성향의 개인들과 국가들은 이러한 우생학의 전제를 폭넓게 수용했다. 심지어 20세기 초 유럽, 미국, 캐나다 및 호주와 같은 전통적인 개신교 국가 중 상당수가 우생학의 특정 원리를 법률에 반영했다. 당시 H.G. 웰스H.G. Wells(1866년~1946년)와 같은 이상주의적 사회주의자들이 인간 종 전체의 이익을 위해서라면 한 인종을 몰살해야 하는 날이 오리라고 예견한 것은 그리 놀라운 일이 아니었다. 이때까지도 서구 사회는 극단적인 유물론이 최악의 종교적 광신보다도 훨씬 더 끔찍한 결과를 낳을 수 있다는 사실을 깨닫지 못했다.

반反그리스도교 예언자

19세기 사상가 중 프리드리히 니체Friedrich Nietssche(1844년~1900년)만큼 그리스도교 신앙을 향해 순수하면서도 날카로운 '불신의 목소리'voice of unbelief를 낸 사상가는 없다. 탁월한 고전문헌학자이자 철학자였던 그는 그리스도교 신앙의 쇠퇴에 대한 가장 일관된 해석자이자 탈종교라는 기치를 가장 완고하게 옹호한 이였으며 모든 시대를 통틀어 가장 격렬하게 그리스도교를 반대한 철학자였다. 그는 서구 인류에게 가장 커다란 재앙은 바로 그리스도교의 승리라고 믿었다. 그리스도교가 약하고 병든 노예들의 가치를 드높여 강하고 정직한 이들의 고귀하고 삶을 긍정하는 건전한 미덕 위에 두었기 때문이다. 또한 그는 천상의 현실에 대한 그리스도교 이야기는 이 땅이 지닌 삶의 의미를 앗

아가고 선과 악을 도덕적으로 구분해 인간 가치를 왜곡한다고 비난했다. 그리고 그리스도교가 전하는 복음은 연약하고 온유한 이들에게 관심을 기울이고 그들에 대한 동정심을 유발함으로써 인간 본성의 원천을 오염시켰다고 니체는 생각했다. 그는 이런 자신을 '안티크리스트(反그리스도교인)'Antichrist라고 부르기를 주저하지 않았다.

그러나 니체는 하느님이 없는 미래를 마냥 낙관하지는 않았다. 그는 인류가 더 높은 곳에 이르기를 열망하지 않으면 (자신의 표현을 빌리면) '인간 말종'die letzten Menschen으로 전락하게 될 것이라고 우려했다. 니체는 그리스도교에 2천 년간 물들어 혼수상태에 빠진 인류가 스스로 깨어나 "단순한 인간 그 이상"을 추구하기를 바랐다. 그는 이를 '위버멘쉬'Übermensch라고 불렀는데 이는 영감을 주지만 형언할 수 없는 영웅 혹은 예술가, 혹은 지도자로 도래하는, 인류가 열망하는 존재를 가리킨다. 물론 이때까지 인류가 궁극적인 허무주의에 굴복하지 않고 지상의 삶을 온전히 긍정하는 힘을 갖고 있다면 말이다.

1882년 출간한 『즐거운 학문』The Gay Science 중 널리 알려진 대목에서 니체는 '신의 죽음', 초월자에 대한 믿음이 종말을 맞이했음을 알리기 위해 도시에 들어오는 광인狂人의 우화를 전한다. '신의 죽음'은 이 세계의 가장 핵심적인 지평이 "거품이 되어 사라진" 사건인 동시에 모든 가치를 철저하게 바꾸며 인간의 모든 것을 변화시킬 거대한 사건이다. 하지만 누구도 그의 말을 제대로 이해하지 못하며 심지어

***

* 『즐거운 학문 메시나에서의 전원시 유고(1881년 봄~1882년 여름)』(책세상)로 역간.

신을 더는 믿지 않게 된 이들조차 이 말이 얼마나 심대한 의미를 갖는지 헤아리지 못한다. 결국 광인은 신의 죽음이 뜻하는 바를 인간이 온전히 이해하기까지는 수 세기가 걸릴지도 모른다고 결론을 내리고 도시를 떠난다.

47

19세기: 뜨거운 신앙의 시대

19세기는 그저 '불신의 시대'가 아니었다. 다양한 무신론과 회의주의가 서양 문화의 중심이 되어갔던 만큼 신앙적 열정을 새롭게 하려는 강력한 움직임 또한 일어났다(그리고 수치상으로는 이쪽이 수가 많았다). 어떤 교회는 지역적으로 크게 확장되었다. 또 어떤 교회는 기반을 닦고 부흥하기도 했다. 그러한 면에서 19세기는 더 커다란 그리스도교 세계의 바탕을 놓은 '신앙의 시대'였다.

19세기 개신교에서 가장 주목할 만한 움직임은 18세기 영국에서 시작해 곧 북미로 넘어간 일종의 경건 운동, 복음주의evangelicalism의 가파른 성장이다. 복음주의는 (적어도 처음 몇십 년 동안은) 어떠한 신학과도 관련이 없었으며 특정 교파의 틀에 갇히지 않은 운동이었다. 복음주의 운동이 강조한 것은 하느님의 은총과 성화를 '개인'이 체험하고 회심함으로써 구원받는 것이었다. 그렇기에 복음주의 운동의 특징은 인상적일 정도로 열정적인 형태의 예배였다. 복음주의 운동을 이끄는 이들은 신자들에게 예수 그리스도가 구원자라는 개인의 확신에 입각한 기도의 삶과 복음을 전하는 삶의 중요성을 강조했다.

복음주의 운동의 가장 중요한 초기 형태는 (유럽 대륙에서 일어난 가톨릭, 개신교 경건주의 운동과 동시대에 일어난) 감리교였다. 감리교 운동은 학식 있고 열정적인 성공회 사제 존 웨슬리John Wesley(1703년~1791년)와, 그의 동생이자 마찬가지로 성공회 사제이면서 시인이자 그리스도교 역사상 가장 위대한 찬송시 작가 가운데 한 사람으로 꼽히는 찰스 웨슬리Charles Wesley(1707년~1788년)의 주도로 영국에서 첫걸음을 내디뎠다. 성직자가 된 후 성찬례 집전, 성서 연구, 교도소 사목 활동에 헌신하던 웨슬리 형제는 1738년 모두 회심을 경험했다. 또 다른 성공회 사제 조지 횟필드George Whitefield(1714년~1770년)는 존 웨슬리에게 대중들을 상대로 설교를 해볼 것을 권했다. 여기서 복음주의 특유의 부흥회가 탄생했다(비록 웨슬리와 횟필드는 예정론에 대한 견해차로 서로 갈라서긴 했지만 말이다).

횟필드는 미국에 '부흥 운동'을 소개하는 데 결정적인 역할을 했다는 점에서도 중요한 인물이다. 그는 1720년대부터 1740년대까지 잉글랜드 아메리카 식민지들을 휩쓴 경건주의 운동이자 열광적인 신앙 운동인 '대각성 운동'Great Awakening에 커다란 영향을 미쳤다. 1790년대 뉴잉글랜드와 켄터키에서 두 번째로 일어난 '대각성 운동'의 경우 뉴

에어 크로우, 《무어필즈에서 설교하는 조지 횟필드》(1865년)

잉글랜드 지역에서는 첫 번째 운동보다 한결 진지한 모습으로 나타 났고, 켄터키에서는 훨씬 더 '열정적'이고 '열광적인' 모습으로 나타났 다. 시간이 지나면서 세례보다는 회심 체험을 그리스도 안에서 '다시 태어나는 것'으로 간주하며 중요시하는 복음주의 형태의 그리스도교 가 미국 개신교를 특징짓는 형태가 되었다.

개신교 선교사들

19세기는 개신교 교파들이 아직 그리스도교를 받아들이지 않은 민족에게 복음을 전하기 위해 공동의 노력을 기울이기 시작한 시기 기도 하다. 감리교 감독 토머스 코크Thomas Coke(1747년~1814년)는 감 리교의 해외 선교를 열었다. 영국 침례교 목사 윌리엄 캐리William

Carey(1761년~1834년)는 침례교 최초로 인도 선교를 추진했다. 플리머스 형제단Plymouth Brethren의 창시자 중 한 사람인 앤서니 노리스 그로브스 Anthony Norris Groves(1795년~1853년)는 인도로 이주하기 전 바그다드에서 선교사로 활동하기도 했다.

19세기의 가장 유명한 개신교 선교 단체는 허드슨 테일러Hudson Taylor(1832년~1905년)의 주도로 이루어진 '중국 내지 선교회'China Inland Mission다. 허드슨 테일러는 중국에서 50년 넘게 살면서 수많은 학교를 설립했고 적극적인 포교 활동으로 수천 명의 중국인을 개종시켰다. 그의 선교는 수백 명의 선교사의 발걸음을 중국으로 이끌었다. 그는 중국 사회에 동화되기 위해 현지 복장을 하고 현지 관습을 따랐으며 현지어를 구사했다. 그의 선교 방식을 본받은 개신교 선교사는 소수 에 불과했다. 그러나 이후 허드슨 테일러는 중국은 물론 전 세계의 외딴 지역에서 선교 활동을 하는 이들의 귀감이 되었다.

제1차 바티칸 공의회

같은 시기 로마 가톨릭 교회도 활발한 선교 활동을 펼쳤고, 전 세계에서 계속하여 급속도로 교인이 증가했다. 그러나 이 시기 로마 가톨릭에서 가장 주목할 점은 더는 교황이 유럽에서 세속 권력, 종교 권력을 쥐고 있는 이가 아니었다는 사실이다. '혁명의 해' 1848년 이후 교황령은 사실상 종말을 맞이했다. 로마는 통일 국가 이탈리아에 병합되었다. 1870년 이후 상황은 돌이킬 수 없게 되었다. 이러한 정치 상황 속에서 교황 비오 9세Pius IX(1792년~1878년)는 긴 재임 기간을 보냈다. 그가 감내해야 했던 것은 비단 정치 상황의 변화뿐만이 아니었다. 문화적 상황은 더욱 심각했다. 유물론이 날로 기세를 떨치고 있었으며 사회 전체에서 교회의 도덕적 권위는 쇠퇴하고 반교권주의 Anti-clericalism가 팽배했다.

비오 9세가 제1차 바티칸 공의회를 소집한 배경에는 이러한 정치, 문화적 변화에 대한 위기의식이 있었다. 이 거대한 기획을 통해 교황은 교회의 가르침을 분명히 하고, 교회 제도를 개편하고자 했다. 하지만 공의회는 1869년 12월부터 1870년 10월까지만 진행되었다. 피에몬테 군이 로마를 점령하는 바람에 회의가 무기한 중단되었기 때문이다. 해산에 앞서 공의회는 두 개의 교의 헌장을 발표했다. 첫 번째 헌장인 「하느님의 아들」Dei Filius은 신학 진술, 성서 해석의 타당성에 대한 최종 결정은 교회의 교도권敎導權, magisterium에 있음을 천명하고 신앙과 이성의 관계를 논의하며 한편으로는 둘의 본질적인 조화를 이야기하면서도 동시에 신앙의 권위를 확립했다.

두 번째 헌장인 「영원하신 목자」Pastor Aeternus는 격렬한 논쟁을 야기한 교회의 치리권 및 교회의 가르침과 관련된 교황의 권위를 논했다. 이 문서는 베드로의 후계자로서 교황이 모든 교회에 대한 고유한 권위를 상속받았으며(이 고유한 권위는 모든 교구에 대한 완전하고, 반대할 수 없는 관할권을 포함한다) 교회의 가르침에 관한 그의 권위는 절대적이고 문자 그대로 '오류가 없다'고 단언했다. 물론 이 주장은 교황이 교리의 전통과 모순을 일으키지 않는 방식으로 교회의 가르침을 분명히 할 때 여기에는 오류의 가능성이 없다는 의미였다. 그러나 이 문서에 따르면 교황에게는 '교회의 합의'가 아닌 자기 자신으로부터 교회의 가르침을 정의할 수 있는 권한이 있었다. 이는 그가 교리에 관한 결정을 내릴 때 공의회의 협력이나 동의를 필요로 하지 않음을 뜻했다.

러시아의 '종교철학'

19세기 동방 정교회 사상에서 가장 중요한 발전은 러시아에서 일어났다. 19세기 전반에는 근대 서유럽의 권위주의와 유물론, 영적 빈곤에 대한 대안으로 슬라브 문화의 통일과 정교회 전통의 창조적 회복을 제안하는 '친슬라브주의'Slavophilism라는 흐름이 등장했다. 정치 영역에서 친슬라브주의자들은 대부분 농노의 해방, 사형제 폐지 및 언론의 자유를 옹호하고 의회가 차르를 견제하는 입헌군주제를 지지하는 자유주의 성향을 보였다. 문화와 종교 영역에서는 슬라브 그리스도교의 고유한 신앙과 문화 전통, 특히 옛 키예프 러시아 그리스도교 정신의 회복을 강조했다.

이들 중 가장 인상적인 인물은 알렉세이 호미아코프Alexei Khomyakov (1804년~1860년)다. 시인이자 정치철학자, 또 신학자이기도 했던 그는 최초로 '슬라브 그리스도교인'의 이상을 '소보르노스트'sobornost(여기서 소보르노스트는 '일치'concordance, '통합주의'integralism, '조화'harmony 등으로 번역될 수 있다)라는 신학, 정치 원리로 설명한 사람이다. 호미아코프는 자본주의와 사회주의를 모두 경멸했다. 그는 두 이념 모두 '이단' 서구 유물론의 두 가지 양태에 불과하며 인간의 존엄성과 양립할 수 없는 권위주의적 사회 제도라고 생각했다.

이반 키레예프스키Ivan Kireevsky(1806년~1856년)도 소보르노스트를 이상적인 원리로 내세운 인물이다. 그는 이를 서구 근대성의 양면인 개인주의와 집단주의에 대한 대안으로 보았다. 또한 키레예프스키는 독일 관념론, 특히 프리드리히 빌헬름 쉘링Friedrich Wilhelm Schelling(1775년 ~1854년)의 철학을 러시아 그리스도교 철학으로 끌어들이는 데 크게 기여했다.

러시아 그리스도교 사상가들의 다음 세대는 앞선 세대의 모든 사상을 거의 그대로 받아들였지만 한쪽에서는 이를 민족주의의 관점으로, 다른 한쪽에서는 이를 훨씬 더 국제적인 관점으로 받아들였다. 현대 러시아 사상사를 대표하는 철학자이자 시인인 블라디미르 솔로비요프Vladimir Solovyov(1853년~1900년)는 후자를 대표하는 사상가다. 독실한 정교회 신자였음에도 불구하고 솔로비요프는 교회 일치 운동에 적극적으로 참여하며 모든 그리스도교인이 궁극적인 화해를 이루기를 갈망했다. 그는 자기보다 앞선 친슬라브주의자들이 보여주었던 자본주의, 사회주의에 대한 경멸과 정치적 자유주의 성향을 물려받았다. 게다가 솔로비요프는 이전의 그 어떤 러시아 철학자들보다도 유럽의 철학 전통, 특히 독일 관념론을 잘 알고 있었다. 그의 사상의 중심에는 '신성한 인간성'divine humanity, 즉 하느님을 향한 인간의 근본적이고도 자연적인 지향성이 있다. 솔로비요프는 예수 그리스도를 '신인'Godman, 즉 신을 향한 인간의 지향이 열매 맺게 하는, 모든 피조물을 하느님께 연결하는 존재로 보았다.

솔로비요프는 또한 성서가 증언하는 하느님의 '소피아' 즉 '지혜'를 숙고하는 신학 흐름인 '지혜론'Sophiology의 아버지로 평가받는다. 역사 속에서 자연의 '신성한 여성성'으로 이해되기도 하는 이 '지혜'는 동시에 이 지상에 오신 하느님과 연합하려는 피조물의 영적 개방성을 의미한다.

신인神人을 노래한 시인

바실리 페로프 〈도스토예프스키 초상〉(1872년)

표도르 도스토예프스키Fyodor Dosto-yevsky(1821년~1881년)는 서양 문학사를 대표하는 위대한 소설가로 꼽히며, 특히 가장 위대한 '철학적 소설가'philosophical novelist로 평가받는다. 생애 후반에 그는 당시 '젊은 철학자'였던 솔로비요프의 사상에 깊은 감명을 받았다. 특히 그는 솔로비요프가 '신인'(그리스도, 하느님의 은총으로 온전해진, 거룩하게 된 인간)과 '인신'mangod(물질세계를 지배하고 승리하려는, 타락한 인간 의지의 가장 높은 성취를 대변하는 인간)을 대비하는 것에 커다란 인상을 받았다. '신인'과 '인신'에 대한 솔로비요프와 도스토예프스키의 묘사는 (니체는 둘의 이야기를 전혀 들어보지 못했음에도 불구하고) '위버멘쉬'에 대한 묘사와 유사한 면이 있다.

도스토예프스키는 매우 모순적인 인물이었다. 젊은 시절 그는 종교에 반대했고 정치적으로는 급진주의자였다. 그런 탓에 사형 선고를 받고 시베리아 망명, 투옥, 강제 노동 등 갖은 고초를 겪어야 했다. 이후 그는 그리스도교 신앙을 완전히 받아들였고 정교회와 러시아에 뜨거운 애정을 보였다(때로는 민족주의적 열정이 그리스도교 신앙에 대한 열정을 넘어설 때도 있었다). 그는 겉만 번지르르한 신앙, 쉽고 편한 믿음을 단호하게 거부했다. 그의 마지막 작품이자 가장 위대한 작품이기도 한 소설 『카라마조프가의 형제들』The Brothers Karamazov 중 '반역'이라는 장에서 그는 많은 사람이 그리스도교 신앙에 반대하는 가장 강력한 사례로 여기는 것을 기술한다.

소설가로서 도스토예프스키는 인간 심리의 깊이에 대한 탁월한 통찰로 당대에도 칭송을 받았다. 이러한 그의 재능이 처음으로 만발한 작품은 『지하에서 쓴 수기』Notes from the Underground다. 이야기는 아마도 서양 문학사에서 가장 기이하고 복잡하면서도 충동적인 인물이 1인칭 시점에서 기술하는 방식으로 쓰였다. 주인공은 그리스도교가 힘을 잃은 시대의 이성중심주의가 낳은 옹졸하고, 자기를 혐오하면서 동시에 자아도취적인 인물이다. 그는 모든 합리적 사고를 거스르는 인간의 뒤틀린 의지에 괴로워하면서 동시에 한때 자신이 저지른 잔혹 행위와 관련해 죄의식(그는 이를 끊임없이 부정한다)에 시달린다.

니체가 현대 서구에서 그리스도교 신앙이 퇴락한 것과 관련해 바라본 모든 것, 그리고 이로 인해 나타난 위기와 불확실성을 도스토예프스키도 보았다. 특별히 그는 (니체에게 부족했던) 인간의 미묘함에 대한 깊이 있는 관찰을 통해 이를 보았다. 니체와는 달리 도스토예프스키는 현대 인류가 허무주의(그는 놀라울 정도로 허무주의가 빚어낸 최악의 정치적, 사회적 결과를 예견했다)에 빠지게 되는 것이 그리스도교가 타락한 결과가 아니라 그리스도교가 선포한 자유의 힘을 인류가 감당하지 못한 결과라고 믿었다. 그리고 이에 대한 응답으로 그는 '위버멘쉬'가 아닌 '조시마 장로'(『카라마조프가의 형제들』에 나오는 등장인물), 자기를 내어주는 따스한 사랑의 시선으로 모든 피조물을 바라보는 수사를 제시했다.

48

20세기 미국

20세기 말 그리스도교 인구는 (적어도 명목상으로는) 20억 명에 달했다. 전 세계 인구의 3분의 1에 달하는 수다. 복음은 여러 형태로 전 세계 구석구석에 퍼졌다. 역사적인 관점에서만 본다면 그리스도교는 어느 때보다도 세계 종교에 가까워진 것처럼 보인다. 그러나 한편으로 그리스도교의 형태는 그 어느 때보다도 다양해져 어떤 한 형태에 속한 그리스도교인이 다른 형태에 속한 그리스도교인을 이해할 수 없을 정도가 되어버렸다. 그리스도교는 세계 종교이나, 단일하고 통일된 형태의 공동체는 아니다.

그리스도교 신앙의 다양한 형태를 가장 생생하게 보여주는 지역은 북아메리카일 것이다. 특히 19세기 후반부터 20세기 초에 이르기까지 수많은 이민자가 유입되어 한데 얽혀 살아간 미국의 그리스도교는 더욱 다채로운 형태로 드러났다.

근본주의

19세기 미국인 다수가 열광하며 지지한 개신교 복음주의는 단일 교파가 아니었다. 또 어떤 단일하고 고정된 신학을 중심으로 조직된 집단도 아니었다. 복음주의는 무수한 변이를 거쳤고, 1920년대에는 복음주의로부터 이른바 '근본주의'fundamentalism라는 새로운 형태가 등장했다. 이 명칭은 이러한 신앙 형태의 원리를 개괄한 열두 권의 소책자 『근본주의』The Fundamentalism에서 유래한 것으로, 1909년부터 1915년까지 출간되었다.

근본주의는 본래 성서 해석에 어느 정도의 자유를 허용하는, 곧 어떤 이야기는 문자 그대로 받아들이나 어떤 일화는 상징으로 이해하는 이른바 '자유주의 신학'liberal theology을 허용하던 주류 개신교에 대한 반발로 등장한 것이다. 하지만 근본주의는 나아가 다윈주의, 심령주의spiritualism, 모르몬교, 유물론과 같은 근대 사회, 종교, 과학의 다양한 산물에 대한 반발에서 나온 운동이기도 했다. 여기서 '근본'은 참된 그리스도교를 정의하는 다섯 가지의 기본 '명제', 곧 그리스도의 대속, 기적의 실재, 동정녀 잉태, 그리스도의 육체적 부활, 성서 무오로 구성되었다. 여기에 그리스도의 신성과 최후의 심판이 포함되기도 한다.

이들 가운데 성서 무오는 전적으로 새롭게 등장한 개념이었다. 물론 그리스도교인들은 전통적으로 성서를 하느님의 영감에 의해 기록된 진리의 말씀으로 받아들였다. 그러나 근본주의가 이야기하는 성서 무오는 이를 훨씬 넘어섰다. 근본주의자들은 성서에 기록된 모든 사건이 역사적으로 사실이며, 기록된 모든 내용은 문자 그대로 참되고, 모순처럼 보이는 것은 실재하지 않는다고 주장했다. 물론 그리스도교의 오랜 역사 속에서 그렇게 생각하는 사람들이 적지 않았을 수는 있지만, 대부분의 그리스도교 전통, 곧 로마 가톨릭과 정교회는 물론 개신교 전통조차 이를 교리로 명시하지는 않았다.

오순절 운동과 은사주의 운동

미국 복음주의의 발전에 견줄 만한 중요한 흐름, 그리고 전 세계적 차원에서 보자면 더 중요한 흐름은 1910년대에 태동한 '오순절'Pentecostal 운동이다. 오순절 운동은 ('물'로 받는 세례와는 구별되는) '성령에 의한' 두 번째 세례를 믿는 등 다양한 형태의 '열광적' 신앙 운동이다. 이 운동에 동참한 이들은 1세기 교회가 체험했던 영적 '카리스마' 혹은 능력, 즉 방언과 기적처럼 일어나는 치유, 예언, 악귀를 내쫓는 힘 등을 중시한다. 많은 오순절파 신자들은 성령의 통치가 본격적으로 시작되었다고 믿으며, 그 시작 시점을 로스앤젤레스 아주사 거리의 부흥 운동이 일어난 1906~1915년 무렵으로 본다. 이 부흥 운동은 다양한 인종이 함께 모였다는 점, 집회에 참여한 대다수가 황홀경 체험을 했다는 점을 특징으로 했다. 그리고 바로 그 특징 때문에 부흥 운동은 경멸을 샀다.

오순절 운동은 복음주의 그리스도교 공동체들을 넘어 퍼져나갔다. 1960년대에 이르러 오순절 영성은 미국의 주류 개신교는 물론 로마 가톨릭과 심지어는 (미미한 수준이기는 하였으나) 정교회 교회들에까지 스며들었다. 심지어 이 운동은 고루할 정도의 차분함을 고수하던 미국 성공회에도 영향을 미쳤다. 여기에는 미국 성공회 사제였던 데니스 베넷Dennis Bennett(1917년~1991년)이 커다란 공헌을 했다. 1967년 로마 가톨릭 신학생으로 아내와 함께 회심을 체험한 (이후 부제가 된) 케빈 래너건Kevin Ranaghan(1940년~)은 미국뿐 아니라 전 세계 로마 가톨릭 교회에서 '카리스마의 부흥'이 일어나는 데 주도적인 공헌을 남겼다.

오순절 운동의 영향을 받은 교파는 대체로 이러한 형태의 영성을 성서에 근거한, 마땅할 뿐 아니라 예찬할 만한 그리스도교인의 생활로 받아들였다. 일례로 로마 가톨릭 교회에서는 점차 성령이 베푸는 은사에 대한 믿음이 신자들을 교회에서 이탈시키는 것이 아니라 오히려 더 나은 신자로 만들 수 있음을 인정했다. 20세기 말에 이르자 로마 가톨릭 교회 안에서 전개된 오순절 운동은 가톨릭 신앙의 한 형태로 인정받았을 뿐 아니라 일부 국가들(사하라사막 이남에 있는 아프리카 국가들, 필리핀, 브라질)에서는 지배적인 신앙 형태가 되었다.

스콥스 재판

미국에서 그리스도교 근본주의와 현대 유물론 사상 사이에 일어난 가장 널리 알려진 분쟁은 1925년 테네시 주 데이턴에서 일어난 스콥스 재판Scopes Trial이다. 재판에서 미국 법조계와 정치계의 거물들이었던 클래런스 대로우Clarence Darrow(1857년~1938년)와 윌리엄 제닝스 브라이언William Jennings Bryan(1860년~1925년)은 진화론을 가르치는 공립학교 교사의 권리를 놓고 치열한 다툼을 벌였다.

문제의 교사는 존 스콥스John Scopes(1900년~1970년)였다. 그는 생물의 진화에 관한 내용을 포함하는 책(조지 헌터George Hunter가 쓴 『시민 생물학』Civic Biology)을 교재로 사용했다는 이유로 고발되었다. 엄밀하게 따지면 이는 그해 초 통과된 테네시의 '버틀러 법'Butler Act를 어긴 것이었다. 이 법은 성서의 창조 이야기를 부정하고 동물에서 인간이 나왔다고 제안하는 그 어떤 이론도 가르치는 것을 금했다. 대로우는 불가지론자였지만 미국시민자유연맹American Civil Liberties Union의 일원이었기에 피고 측 변호를 자원했다. 반면 근본주의를 지지하던 브라이언은 원고 측 변호를 맡았다. 재판 당시 대로우가 천지 창조와 여러 기적을 보도하는 성서 기록의 신빙성에 대해 '성서 전문가' 브라이언에게 반대 심문을 한 사건은 국가 차원의 신화 반열에 올랐다. 결국 무의미한 순환 논리를 반복하던 논쟁은 법정 기록에서 삭제되었다. 스콥스는 유죄 판결(100달러 벌금형)을 받았지만 항소하여 이 판결은 무효가 되었다.

많은 이는 이 재판을 무지한 종교와 중립적인 과학 사이에서 일어난 분쟁으로 기억한다. 그러나 사건의 전말은 다소 복잡하다. 브라이언은 젊은 시절 '진보적인' 정치인들 가운데서도 열정적인 정치인으로 평판이 높았다. 그는 민주주의를 신뢰했으며 노동자와 가난한 이들을 위한 정책을 지지하고 인종차별을 반대했다. 당시 진화론은 우생학과 불가분의 관계에 있었기에 브라이언은 초창기부터 다윈주의를 증오와 억압을 정당화하는 사조라고 비난했다. 그는 그리스도교가 제시하는 사랑의 법이 정의로운 사회의 참된 기초라고 확신했다. 게다가 당시에는 진화론이 그 어떤 사회사상과도 연관을 맺을 필요가 없다는 명백한 사실을 다윈주의 과학자들조차 분명하게 깨닫지 못하고 있었다.

나아가 『시민 생물학』은 오늘날 기준에서는 어처구니가 없을 정도로 인종차별적인 내용을 담고 있는 책이었다. 이 책은 인류의 진화를 다섯 단계(가장 낮은 단계에 흑인이, 가장 높은 단계에 백인이 있다고 말했다)로 나누었으며 우생학에 입각한 인종청소를 옹호했다. 또 인종 간 결혼을 비난하고 '열등한' 개체가 살아남는 현실을 개탄하며 이러한 사회의 '기생충'들을 제거하기 위한 '인도적' 실천을 제안했다. 브라이언은 오래전부터 이러한 생각들이 인류를 전쟁, 살인, 폭정으로 이끌 것이라고 우려했다. 재판 이후 수십 년 동안 실제로 일어난 일들을 생각해본다면 브라이언의 이러한 염려를 기우로 보기는 어렵다.

공민권

1954년 미국 연방대법원의 브라운 대 교육 위원회 판결Brown v. the Board of Education(공립학교의 흑백 분리 교육이 부당하다는 판결) 이후 시작된 미국의 공민권 운동을 사실상 주도한 것은 교회였다. 수많은 지역 교회와 그리스도교 단체(남부 그리스도교 지도자 회의Southern Christian Leadership Conference 등)는 평화 시위를 장려하고 지원했다. 남부 그리스도교 지도자 회의를 창립한 인물 가운데 한 명인 침례교 목사 T.J.제미슨 T.J.Jemison(1918년~2013년)은 1953년 루이지애나 배턴루지에서 버스 승차 거부 운동을 주도하며 이러한 시위의 모범을 남겼다. 또 공동 창립자인 프레드 셔틀스워스Fred Shuttlesworth(1922년~2011년, 쿠 클럭스 클랜Ku Klux Klan, KKK은 수차례 그를 암살하려고 시도했다)는 1961년 남부 지방에서 '프리덤 라이드'Freedom Rides 운동(여러 인종의 학생들이 차별 철폐를 호소하며 버스와 기차로 남부 지방을 돌아다닌 운동)을 이끌었다.

한편 공민권 운동을 이끈 수많은 그리스도교 목사 중 가장 널리 알려지고, 가장 많은 이에게 존경받은 인물은 단연 마틴 루터 킹Martin Luther King Jr.(1929년~1968년)이다. 침례교 목사로 탁월한 연설가이기도 했던 그는 공민권 운동을 국가적 관심사로 확장하기 위해 누구보다도 많은 일을 했다. 흔들림 없이 평화 시위만을 고집하던 그의 모습은 언론 보도를 통해 수백만의 사람들에게 알려졌고, 이 운동을 반대하는 이들의 폭력 행위는 더욱 분명하게 드러나게 되었다(우연이지만 반대자들의 폭력 행위는 남부보다 시카고를 비롯한 북부 도시에서 더 심각했다). 1963년 '워싱턴 행진'March on Washington과 더불어 공민권 운동이 제

1965년 3월 셀마-몽고메리 행진에 앞서 연설하는 마틴 루터 킹

기한 인종차별 문제는 분명한 국가적 관심사로 떠올랐다. 이 사건만큼 전국적 도덕의식 각성을 호소한 사례는 없었다. 한 가지가 있다면, 그것은 1968년 테네시 주 멤피스에서 일어난 킹의 암살 사건일 것이다.

49
—
역사상 가장 폭력적인 세기

'계몽'이 정점에 이르렀을 때, 많은 사람은 세상이 '미신'과 성직자들의 정략政略에서 벗어나 합리적인 사회, 평화롭고 조화를 이루며 현명하게 움직이는 사회로 진화할 것이라는 희망에 부풀어 있었다. 인간 본성에 대한 다소 어두운 관점이 등장해 이따금 제동을 걸기는 했지만 좀 더 큰 맥락에서 19세기에 등장한 세계가 진보한다는 확신, 세속 사회는 합리적인 과학으로 종교의 악한 영향력을 정화하거나 제거해 '신앙의 시대' 보다 훨씬 더 정의롭고 평화로우며 인간다운 사회로 나아갈 것이라는 믿음은 바뀌지 않았다.

그러나 이러한 희망이 무색하게 20세기 말까지 수많은 전쟁이 이전에는 상상조차 할 수 없었던 규모로 일어났다. 수많은 유토피아적

이념, 엄밀하게 말하면 세속주의 이념들의 기치 아래 대략 1억 5천만 명이 희생되었다. 이 이념들은 사회를 좀 더 합리적인 형태로 만들고자 한 계몽주의 운동의 적자이자 19세기 후반 인간 본성을 바로잡기 위해 일어난 기획들의 계승자였다. 그리스도교 역사상 교회 권위를 남용한 최악의 사례는 스페인 왕국에서 일어난 이단 심문으로, 300년에 걸쳐 약 3만 명이 목숨을 잃었다. 하지만 이 시기조차 이단 심문은 일정한 법적 절차에 따라 진행되었으며, 유죄판결보다 무죄판결이 훨씬 더 많았다. 하지만 소비에트 연방이나 중화 인민 공화국에서는 어떠한 법적 절차도 밟지 않은 채 3일 만에 3만 명을 살해했다. 세기말이 되자 모든 확실성은 산산이 부서졌다. 서양에서 '제도 종교'의 힘은 눈에 띌 정도로 쇠퇴했다. 그러나 조직적인 '비종교', 혹은 '반종교'는 제도 종교보다 훨씬 더 폭력적이고 변덕스러우며 살인적인 역사적 세력이라는 사실을 스스로 입증했다.

인민 혁명

15세기 이후 외세의 지배에서 해방된 러시아는 정교회 국가들 가운데 우위를 점하게 되었다. 정교회를 받아들인 민족 중 오직 슬라브인들만이 비그리스도교 국가의 지배를 받지 않았다. 그리고 러시아는 슬라브인 국가 중 가장 크고 강력했다. 그러나 19세기 후반 급진적인 무신론에 바탕을 둔 정치 운동이 러시아 전역에 퍼져나갔다. 이 정치 운동은 '과학적 사회주의' 이념의 영감을 받아 군주제와 교회 등 '부르주아적' 제도 및 기관들을 타도하고자 일어났다. 1870년 러시아의 상황을 바라보던 선견지명이 있는 이들의 시각에 혁명은 일어나느냐 일어나지 않느냐의 문제가 아니었다. 다만 언제 일어나느냐의 문제였다.

1917년 11월 볼셰비키가 권력을 장악하자 새롭게 구성된 소비에트 정부는 교회에 대한 조직적인 박해에 나섰다. 정부는 교회 재산을 몰수했을 뿐 아니라 수많은 주교와 사제를 투옥해 고문하고 살해했다. 훗날 20세기 동유럽의 여러 '혁명' 정권들은 이를 더 잔인하게 모방했다. 1927년 훗날 모스크바 정교회의 총대주교가 되는, 존경받고 박학다식한 대주교 세르게이Sergius(1867년~1944년, 볼셰비키 혁명이 일어나기 몇 달 전 대주교직을 회복했다)는 소비에트 정부에 협력하겠다는 입장을 공개적으로 표명하며 교회를 구하려 했다. 하지만 1943년 시작된 관용의 시대는 오래가지 않았다. 1959년 니키타 흐루쇼프Nikita Khrushchev(1894년~1971년)가 집권하자 박해가 재개되었다. 그리스도교 탄압 정책이 수그러든 것은 소비에트 정권 자체가 붕괴하기 시작한 1980년 후반기에 이르러서다.

소비에트 정권의 통치 기간 중 무수한 정교회 성직자가 살해당했다. 그중 가장 널리 알려진 사람은 파벨 플로렌스키Pavel Florensky(1882년~1937년)다. 그는 매우 뛰어난 신학자이자 철학자였고, 상당히 탁월한 문인이었을 뿐 아니라 전기 기술과 수학에도 재능이 있었다. 플로렌스키는 일찍이 솔로비요프를 존경하며 그의 사회사상을 바탕으로 그리스도교 혁명 운동의 원칙을 세우고자 매진한 인물로, 솔로비요프의 '지혜론'을 이어받아 이를 더 정교하게 발전시켰다. 1924년 플로렌스키는 대표작 『진리의 기둥과 터전』The Pillar and Ground of the Truth을 출간했다. 사랑을 그리스도교 형이상학적 관점으로 다룬 긴 논문이었다. 볼셰비키 혁명이 일어났을 때 그가 곧바로 처형되지 않은 이유는 전기 역학과 전기 공학에 대한 그의 전문 지식 때문이었다. 러시아 전역에 전기를 공급하겠다는 웅대한 정책을 추진하고 있던 소비에트 정권은 그의 도움이 필요했다. 결국 플로렌스키는 소비에트 정부에서 일하게 되었으나, 정교회 사제의 복장을 하고 머리카락과 수염을 자르지 않았다. 결국 1933년 그는 10년의 굴라크(소련 노동 수용소) 강제노동형을 선고받았고, 1937년 비밀 재판에 회부되어 사형을 선고받고 얼마 지나지 않아 총살형으로 생을 마감했다.

피, 흙, 그리고 운명

동유럽 공산주의자들이 선호한 국제공산주의는 일반적으로 인종보다는 계급에, 종種을 개선하는 것보다는 사회를 재편하는 데 관심을 기울였다. 그래서 공산주의자들이 사람을 죽일 때는 사회, 정치, 또는 경제 원리라는 이름 아래 이루어졌다. 그러나 '진보적' 사회주의 사상의 또 다른 흐름은 우생학, 즉 '결함이 있는 사람들'을 제거하는 것과 연결되어 있었다. 1930년대 독일의 '민족 사회주의', 혹은 국가 사회주의가 바로 그 대표적인 예다. 그리고 이러한 사회주의가 독일에서 나온 인종, 사회 '철학'과 결합하면서 제3 제국(1933년~1948년 히틀러 치하의 독일)의 대량 학살 정책이 나오게 되었다. 각 인종과 민족은 고유한 운명을 지니고 있다는 이념, 게르만 '신이교주의'와 '과학

1939년 발행된 나치의 선전용 포스터, "흥정하는 유대인들은 이제 그만".
유대계 상인을 매우 어둡고 험상궂게, 부정적으로 묘사하고 있다.

적' 사회주의가 결합된 이념을 내걸고 나치는 (다른 지역에서 희생된 수
백만 명과 마찬가지로) 6백만 명이 넘는 유대인을 살해했다.

　　이러한 나치가 주요 정치 세력으로 부상하는 과정에서 대부분의
독일 교회가 보여준 모습은 우유부단하고 비굴하기까지 했다. 한편
으로 이는 수 세기 동안 끈질기게 유럽 대륙에서 횡행하고 있던 반유
대주의의 결과였으며, 더 크게는 비겁함의 결과였다. 나치, 즉 국가
사회주의 노동자당은 명백히 탈그리스도교 운동이었다. 이들은 '유대
인들에 의해 오염된' 복음을 '아리아인'의 문화와 인종 정체성으로 대
체하고자 했다. 그러나 나치는 이러한 기획을 추진하기 위해 기존의

기관들을 그대로 두는 것도 괜찮다고 판단했다. 1933년 독일 제3 제국은 강제 획일화Gleichschaltung 정책의 일환으로 모든 개신교 교회들을 하나의 '개신교 제국 교회'Protestant Reich Church로 편성하고 (구약성서와 같은) 유대교의 불순물을 정화하려 했다.

순교

얼마 지나지 않아 제국 교회의 문제점이 드러났다. 그러나 제국 교회의 오류는 1934년 '고백 교회'Confessing Church라고 불린 그리스도교 저항 운동이 일어나는 계기가 되었다. 명망 있는 루터교 목사들과 신학자들이 이끈 이 운동은 위대한 스위스 개신교 신학자 칼 바르트Karl Barth(1886년~1968년)의 주도로 작성된 문서 「바르멘 선언」Barmen Declaration을 중심으로 조직되었다. 하지만 지하 조직인 고백 교회가 실제로 할 수 있는 일은 미미했다. 유대인 문제를 두고 공개적으로 발언한 몇몇 사람들은 이 운동이 지나치게 소극적으로 이루어지고 있음을 한탄했다. 하지만 고백 교회의 구성원 모두가 소심하게 움직인 것은 아니었다. 일부는 유대인을 숨겨주는 것과 같은 체제에 반하는 활동에 참여했으며 일부 지도자들도 적극적인 반反나치 활동을 하다 값비싼 대가를 치렀다. 이러한 사람들 가운데서도 루터교 신학자이자 목사로 고백 교회를 창립한 인물 가운데 하나인 디트리히 본회퍼Dietrich Bonhoeffer(1906년~1945년)는 특별한 귀감이 된다. 그는 1930년대 초반과 중반 독일 내외에서 대담하게 새롭게 들어선 나치 정권을 반대했고 나치에 대항하는 유대인들과 그리스도교인들의 연대를 위해 끊임없이 노력했다. 게슈타포는 이러한 본회퍼의 활동을 주목했고, 머지않아 그는 공개적으로 가르치거나 설교하거나 발언하는 것을 금지당했다. 본회퍼는 그리스도교인이 평화를 실천해야 한다고 굳게 믿었지만 동시에 어떤 악에는 양심을 걸고, 모든 수단을 동원해 맞서 싸워야 한다고 확신했다. 1939년 그는 자신의 형, 두 명의 매부, 그리고 여러 고위급 장교와 함께 히틀러 암살을 모의했다. 하지만 1943년 4월 암살을 시도하기 전, 본회퍼는 유대인들이 스위스로 탈출하도록 금전을 지원한 일이 드러나 체포되어 감옥에 갇혔다. 1944년 7월 마침내 히틀러를 암살하는 시도가 이루어졌지만 실패로 돌아갔고 조사를 통해 공모자들이 밝혀져 모두 처형되었다. 본회퍼는 1945년 4월 9일 새벽 플로센뷔르크에 있는 강제 수용소에서 교수형으로 생을 마감했다. 연합군이 도시를 점령하기 3주 전 일어난 일이었다.

해방 신학

20세기는 '정치 신학'political theology의 시대이기도 했다. 이는 아마도 교회의 정치 권력이 전반적으로 쇠퇴했기 때문일 것이다. 가장 커다란 논란을 불러일으킨 정치 신학은 '해방 신학'Liberation Theology이라고 불린 라틴 아메리카의 신학 운동이다. 일반적으로 학자들은 1968년 콜롬비아 메데인에서 열린 라틴 아메리카 주교 협의회에서 해방 신학이 시작되었다고 본다. 이 협의회에서 주교들은 성명을 발표하여 개

발도상국들을 가난으로 몰아넣은 부유한 국가들의 정책에 이의를 제기하고 각국 정부와 교회가 새롭게 가난한 이들의 정의를 구현하기 위해 노력할 것을 호소했다.

해방 신학은 곧 전통적인 신학과 뚜렷하게 구별되는 원리들을 발전시켰다. 그리고 이는 가난한 이들을 편드시는 하느님의 정의에 비추어 성서를 읽는 운동을 중심으로 이루어졌다. 해방 신학을 지지하는 이들에 따르면, 복음에 충실하다는 것은 곧 억압받는 이들의 해방을 위한 사회, 정치 투쟁에 헌신한다는 것을 뜻한다. 때로 이러한 투쟁은 혁명의 형태를 취할 수도 있다. 해방 신학자들에게 인류를 향한 하느님의 구원 활동은 단순히 영적인 차원에서만 이루어지는 것이 아니다. 좀 더 정확하게 말하면 하느님께서 이루시는 영적 구원은 예언자, 사도들이 선포하는 정의 및 사랑의 법과 결코 분리될 수 없다.

물론 해방 신학도 인간의 힘으로는 결코 하느님의 나라를 이룰 수 없다는 점에 동의한다. 그러나 하느님의 나라를 향해 살아가고자 하지 않는다면 이는 그리스도를 온전히 섬기는 것이라 할 수 없다. 하느님의 나라가 이 땅에 임하는 것은 반드시 그분의 정의로운 통치를 드러내는 구체적인 사회, 정치, 경제 형태를 갖추려는 움직임을 수반한다. 하느님이 십자가를 통해 심판하시는 악은 개인의 도덕적 문제뿐 아니라 인간 사회를 하느님으로부터 소외시키는 '구조적 악'까지도 포괄한다.

해방 신학이 논란의 대상이 된 것은 해방 신학이 가난한 이들을 지지하거나 기초 교회 공동체Las Comunidades de base eclesiales라는 성서 연구 및 사회 지원 모임을 장려했기 때문이 아니다. 이 신학이 도마 위에 오른 것은 해방 신학을 지지하는 많은 이가 경제 분석과 사회사에 접근하며 마르크스주의 분석을 채택하고 때로는 마르크스 혁명 조직에 가담했기 때문이었다. 이에 1980년대 바티칸은 해방 신학에 의심의 눈길을 보내는 이들을 주교로 임명하여 일정한 제약을 가했다. 그러나 라틴 아메리카 지역에서 해방 신학은 여전히 대중적인 신학 운동으로 남아 있다.

50

20세기에서 21세기로: 그리스도교 세계의 새로운 출발

그리스도교는 동방에서 탄생했고 초창기에는 유럽에서만큼 (혹은 유럽보다 더) 중동 및 북아프리카 세계에서 커다란 비중을 차지했다. 중세에 이르러 그리스도교는 시리아를 전초 기지 삼아 '머나먼 중국'까지 뻗어 나갔다. 그리스도교가 유럽 종교와 동일시된 것, 유럽 문명이 그리스도교를 중심으로만 형성된 것, 그리고 근대 초기 유럽에서 그리스도교가 다른 지역까지 (다시금) 전파된 것은 수많은 역사적 요소가 서로 맞물리며 일어난 결과다(그 중 결정적인 요소는 7세기 이후 이슬람 세력의 출현이었다).

그러나 오늘날, 21세기 초, 그리스도교는 진정한 의미에서의 세계 종교다. 대다수 유럽인은 명목상으로만 그리스도교인일 뿐 적극적인 그리스도교인(즉 교회에 정기적으로 가는 이들)의 수는 인구 전체에서 극소수에 불과하다. 그리고 미국을 제외한 대다수 현대 산업 국가에서는 지난 50년 동안 적극적인 종교 활동이 급격히 감소하고 있다.

그러나 그리스도교는 역사상 그 어느 때보다 빠르게 확산되고 있다. 일반적으로 인정하는 추정치에 따르면 인류의 약 3분의 1, 대략 20억 명 이상이 그리스도교 신앙을 받아들인다. 인구로 보나 문화로 보나, 그리스도교 내부의 역학 구도는 분명히 변화하고 있다.

회복과 갱신

그렇다고 20세기 말에 기존의 그리스도교 세계가 무너진 것은 아니다. 두 차례에 걸친 세계 대전 이후 수많은 그리스도교 공동체들이 엄청난 변화를 맞이했다는 점에는 논쟁의 여지가 없다. 그러나 현 상황에 적응하는 능력에 비추어 본다면, 수많은 오래된 그리스도교 교회는 여전히 자신의 생명력을 입증하고 있는 것이 사실이다.

20세기 그리스도교 세계에서 가장 중요한 특징은 모든 주요 그리스도교 교파가 교회 일치를 향한 한 걸음을 내디뎠다는 사실이다. 여러 신앙 전통 간의 대화를 특징으로 하는 교회 일치 운동은 분열된 그리스도교 공동체들의 최종적인 화해를 목적으로 시작되어 많은 교회가 참여했다. 1948년에는 가장 큰 교회 일치 운동 단체인 세계 교회 협의회World Council of Churches, WCC가 설립되었다. 세계 교회 협의회는 처음에는 주요 개신교 공동체들의 연합체로 시작되었으나 머지않아 동방 정교회와 오리엔트 정교회가 동참했다. 로마 가톨릭 교회는 공식적으로 연합체의 일부가 되지 않았지만 세계 교회 협의회에서 진행하는 여러 활동에 협력하고 있다.

동방 정교회와 여러 오리엔트 정교회는 물론 오리엔트 정교회와 로마 교회 사이에도 적극적인 대화가 오갔다. (역사적인 차원에서) 더 놀라운 일은 교회 간 만남에 커다란 공헌을 남긴 교황 바오로 6세 Paul VI(1897년~1978년)와 콘스탄티노플의 총대주교 아테나고라스 1세 Athenagoras I(1886년~1972년) 사이에 일어난 일이다. 두 사람은 1964년 예루살렘에서 만나 이듬해 1965년 공동 성명을 발표했다. 그중에서도 특히 중요한 것은 양측에서 1054년의 파문을 철회했다는 점이다(하지만 상통 관계를 회복하지는 않았다).

이러한 바오로 6세의 행동은 가톨릭의 갱신과 그리스도교 교회의 화해라는 대의에 공헌했다. 또한 이는 1962년 전임 교황 요한 23세John XXIII(1881년~1963년)가 소집한 제2차 바티칸 공의회가 내세운 기치와도 일치했다. 1963년 바오로 6세가 교황직에 올랐을 때 이미 진행 중이었던 공의회가 현대 로마 가톨릭 역사상 가장 거대하고 커다란 변혁을 이룬 사건임은 두말할 나위 없다. 부분적으로 제2차 바티칸 공의회는 17세기부터 가톨릭 신학을 지배한 (다소 무미건조한) '신스콜라주의'neo-scholasticism에서 벗어나 교부 시대와 중세 초기에서 대안을 찾던 가톨릭 학자들의 수십 년에 걸친 노력, 이른바 원천을 향한ad fontes 노정을 지향하는 신학적 회귀의 결실이라 할 수 있다. 그러나 좀더 중요한 측면에서 공의회는 전례 형식(라틴어가 아닌 자국어로 전례를 진행하며 평신도 참여가 늘어남), 교회 질서(지역 주교의 위엄과 권위에 대한

제2차 바티칸 공의회 (1962년)

강조를 회복함), 해석 방법론(근대 성서학을 긍정함), 로마 가톨릭 교회와
다른 그리스도교 교회, 더 나아가 다른 종교와의 관계에서 모두 급진
적인 개편을 단행했다.

　20세기 동방 정교회 안에서도 나름의 방식으로 원천으로 돌아가
려는 운동이 일어났다. 서유럽과 미국으로 망명한 다수의 러시아 신
학자들(블라디미르 로스키Vladimir Lossky(1903년~1958년)와 알렉산더 슈메만
Alexander Schmemann(1921년~1983년)이 대표적이다)은 이른바 '신교부적 종
합'neo-patristic synthesis이라고 불리는 흐름을 만들었다(비록 '교부적'이라는 표
현을 쓰기는 하나 이 흐름은 몇몇 중세 신학자, 특히 그리고리오스 팔라마스의
사상도 중시했다). 한편 이들이 정의한 정교회 신학은 중세 전통과 근
대 전통의 상당 부분을 간과했다. 그러나 선별적이라는 한계를 갖고

있었음에도 불구하고 '신교부적 종합' 운동은 강력하면서도 설득력이 있었으며 끊임없는 정치적 고통과 제도적 혼란을 겪고 있던 정교회에 활력을 불어넣었다. 그 결과 다른 전통의 교회에 있던 많은 이가 정교회의 문을 두드렸다.

아프리카, 라틴 아메리카와 아시아

유럽과 미국의 그리스도교에 얼마나 많은 활기가 남아 있든 간에, 21세기를 거치며 그리스도교 세계가 겪게 될 가장 커다란 변화는 (전혀 예측하지 못하고 상상조차 할 수 없는 미래의 사건들을 제외한다면) 글로벌 사우스 즉 아프리카, 라틴 아메리카, 아시아 일부 지역에서 '새로운 그리스도교 세계'가 출현함으로써 야기될 일들일 것이다. 지구 먼 곳까지 전파된 그리스도교의 형태는 그 기원과 모습에 있어 유럽, 미국 그리스도교의 특징을 갖고 있지만 현지 문화가 이를 받아들이는 방식은 전통적으로 그리스도교 세계이자 경제적으로도 부유한 서방의 방식과는 매우 다르다. 새롭게 그리스도교 신앙을 받아들인 지역은 점점 더 신앙이 이식된 지역의 '문화적 생태계'cultural ecologies를 반영할 것이고, 이전과는 다른 형태의 그리스도교가 그 그늘 아래 점점 진화해 나갈 것이다. 일례로 사하라 이남 아프리카 국가들에서는 가톨릭 교회와 같은 전통적인 그리스도교 공동체 또한 아프리카 특유의 영적 활기를 반영한다. 그리고 여러 측면에서 이러한 모습은 현대 서구 사회보다는 복음이 처음 전파되었을 당시 세계와 더 유사하다. 이 지역 사람들은 영적 전쟁이 현실에서 벌어지고 있다고 믿으며 자연스

럽게 '카리스마'적인 신앙 운동, '오순절' 운동에도 호의적이다. 그곳
사람들이 드리는 가톨릭 예배는 부흥회와 비슷한 모습을 하고 있다
(성찬례 외에도 축귀, 치유, 예언 및 방언이 예배의 주요 요소를 이룬다).

　글로벌 사우스에서 그리스도교 신앙을 받아들이는 이들의 수가
가파른 속도로 증가하고 있다는 것을 고려할 때, 이러한 현상을 그리
스도교의 전통에 어긋나는 기이한 관행으로 치부하는 것은 정당하지
않다. 아프리카 그리스도교는 이미 전 세계 그리스도교 인구에서 커
다란 비중을 차지한다. 19세기 초 아프리카 지역에서 그리스도교 인
구는 1천만 명이 채 되지 않았다. 그러나 오늘날 아프리카 지역 그리
스도교 인구는 3억 6천만 명에 달하며 매달 수만 명이 늘고 있다. 높
은 출산율 및 라틴 아메리카 전역에서 성공적으로 이루어지고 있는
가톨릭 갱신 운동(이 중 많은 이가 은사주의 운동에 관여하고 있다)과 복음
주의, 오순절 운동에 힘입은 라틴 아메리카 그리스도교 인구 또한 5
억이 넘는다. 아시아에도 3억 5천만 명의 그리스도교인이 있을 것으
로 추정된다.

　아시아 그리스도교 인구는 다소 불확실하다. 이 수치는 오랜 기간
가톨릭 국가였던 필리핀, 그리스도교가 커다란 성공을 거둔 한국뿐
아니라 그리스도교 신앙을 가로막거나 심지어 박해하는 국가의 교인
수도 포함하는 수치이기 때문이다. 특히 오늘날 중국의 그리스도교
인구를 정확하게 측정하는 것은 매우 어렵다. 중국 정부가 종교 활동
을 제한적으로 용인하며 시시때때로 잔혹한 박해를 하기 때문이다.

　중국 정부가 공식적으로 인정하는 그리스도교인 수는 2천만 명 정

도다. 그러나 더 많은 그리스도교인이 지하 가톨릭 교회와 개신교 가정 교회로 모이고 있기에 실제 인구는 4천 5백만 명에서 9천만 명 정도로 추정된다. 정확한 규모를 파악하기 어렵다 해도, 교인 수가 상당히 빠르게 증가하고 있다는 점은 분명하다. 게다가 중국 그리스도교의 구성원 중 상당수는 교육 수준이 높은 사회 계층에 속해있다. 심지어 집권당 중 상당수가 은밀하게 그리스도교 신앙을 갖고 있다는 이야기도 있다.

성인과 순교자의 교회

오늘날 그리스도교는 전 세계를 통틀어 가장 빠른 속도로 가장 널리 퍼져나간 종교인 동시에 전 세계에서 가장 탄압받는 종교이기도 하다(이는 결코 우연이 아니다). 아프리카, 중동, 아시아의 몇몇 국가들, 이를테면 수단, 인도, 터키, 파키스탄, 중국에서 교회는 다양한 방식으로 박해받고 있다. 어떤 곳의 그리스도교인들은 만성적인 사법적, 초법적 괴롭힘에 직면해 있다. 산발적인 집단 폭력에 노출되거나 노예나 다름없는 신세로 전락한 곳도 있다. 그리스도교 신앙을 고백한다는 이유로 감옥에 갇혀 고문당하고 끝내 살해되는 일이 여전히 일어나는 지역도 있다.

전체적으로 보았을 때 초대 교회가 직면한 상황과 가장 유사한 상황에 놓인 그리스도교 공동체는 중국의 그리스도교 공동체일 것이다.

모든 계층에서 그리스도교 인구가 성장하고 있으며, 특히 도시에서 폭발적인 성장을 보이고 있다. 중국 정부는 명시적으로 그리스도교를 적대하지만, 협박이나 실질적인 폭력 행사는 일관성 없이 이루어지고 있다. 앞서 언급한 것처럼 대다수 중국 그리스도교인들은 비밀리에 사적 공간에서 예배를 드린다. 물론 초대 교회와 중국 교회 사이의 유사성을 섣불리 일반화할 수는 없다. 고대 로마 제국에는 인민 공화정 같은 국가 기구가 없었으며 오늘날 중국에서 일어나고 있는 급격한 사회, 경제 변혁도 경험하지 못했다. 그러나 중국에서 그리스도교 신앙이 번져나가고 있는 현실을 온전히 헤아려 보기 위해서는 순교자 시대, 4세기 교회 상황을 살펴보아야 한다.

중국 그리스도교인들이 가장 존경하는 순교자 중 한 사람은 혁명 전후 시기 중국에서 개신교 가정 교회들의 연결망을 구축하는 데 가장 커다란 공헌을 한 워치만 니Watchman Nee(1903년~1972년)일 것이다. 복음주의 자유교회 신자인 그는 영국의 조합교회주의(각 교회가 독립적으로 운영하는 그리스도교 교회의 한 형태)인 플리머스 형제단의 영향을 받았다. 그의 본명은 니 수추倪述祖.Ni Shu-Tsu였지만 1920년 개종한 후 이름을 (파수꾼watchman이라는 뜻을 지닌) 퉈성柝聲.Tuo-Sheng으로 바꿨다. 이후 지칠 줄 모르는 복음 전파자가 된 그는 발걸음이 향하는 곳 어디에나 교회를 설립하고 중국 지방 교회(모든 도시에 하나의 교회를 세우기 위해 헌신하는 복음주의 단체)를 세우는 것을 도왔다. 또한 워치만 니는 성서 해석 및 신앙 생활 지침과 관련된 다수의 책을 출간하기도 했다. 저서에서 그는 영혼과 그리스도의 연합, 그리고 그리스도

안에서 인간의 영광됨, 영적 사랑의 실천과 여기서 나오는 기쁨을 심오하고도 독특하게 증언했다.

공산주의자들이 권력을 잡았을 때도 워치만 니는 설교와 저술 활동을 멈추지 않았다. 상하이에서 추방되는 등 온갖 고초를 겪은 끝에 1952년 체포된 그는 매우 혹독한 감옥 생활을 감내해야 했다. 워치만 니는 20년 후 감옥에서 세상을 떠났다.

그리스도교 이야기

그리스도교는 이제 세 번째 천년에 접어들었다. 당연한 일이지만 누구도 앞으로 그리스도교가 어떠한 형태를 가질지, 어떠한 갱신 과정을 거칠지, 분열이 일어날지, 화해를 이룰지 예측할 수 없다. 분명한 것은 19세기 후반과 20세기 초반을 뒤흔들던, 그리스도교 신앙이 곧 사라질 것이라는 확신에 가득 찬 예언이 이루어지지 않았다는 것이다. 오늘날에도 어떤 이들은 이와 비슷한 섣부른 전망을 하곤 한다. 그러나 절대적인 수치로 보나 상대적인 수치로 보나 세계 그리스도교 공동체는 과거 그 어느 때보다 커다란 규모로 성장하고 있다. 그리고 그리스도교 신앙이 확산되는 속도 역시 전례 없는 수준으로 빠르다. 2000년이 지난 지금, 그리스도교 이야기는 이제 비로소 시작되었다.

추천 도서 목록

· Peter Brown, *The Rise of Western Christendom: Triumph and Diversity AD 200-1000* (Blackwell, Oxford, 2002) 『기독교 세계의 등장』(새물결)

· Olivier Clement, *The Roots of Christian Mysticism: Texts from the Patristic Era with Commentary* (New City Press, New York, 1996)

· Philip Jenkins, *The Next Christendom: The Coming of Global Christianity* (Oxford University Press, New York, 2007) 『신의 미래』(도마의 길)

· Henry Kamen, *The Spanish Inquisition: A Historical Revision* (Yale University Press, New Haven, 1999)

· Robin Lane Fox, *Pagans and Christians* (Penguin, Harmondsworth, 2006)

· Bernard McGinn, *Presence of God: A History of Western Christian Mysticism, Volume 1 :The Foundations of Mysticism* (Herder and Herder, New York, 1994) 『서방 기독교 신비주의의 역사(I)』 (은성)

· Bernard McGinn, *Presence of God: A History of Western Christian Mysticism, Volume 2: The Growth of Mysticism* (Herder and Herder, New York, 1996)

· Bernard McGinn, *Presence of God: A History of Western Christian Mysticism, Volume 3: The Flowering of Mysticism* (Herder and Herder, New York, 1998)

· Bernard McGinn, *Presence of God: A History of Western Christian Mysticism, Volume 4: The Harvesting of Mysticism in Medieval Germany* (Herder and Herder, New York, 2005)

· John Meyendorff, *Byzantine Theology: Historical Trends and Doctrinal Themes* (Fordham University Press, New York, 1987) 『비잔틴 신학』(정교회출판사)

· George Ostrogorsky, *History of the Byzantine State* (Rutgers University Press, New Brunswick, 1984) 『비잔티움 제국사 324-1453』(까치)

· Jaroslav Pelikan, *The Christian Tradition: A History of the Development of Doctrine, Volume 1: The Emergence of the Catholic Tradition (100-600)* (University of Chicago Press, Chicago, 1973) 『고대교회 교리사』(CH 북스)

· Jaroslav Pelikan, *The Christian Tradition: A History of the Development of Doctrine, Volume 2: The Spirit of Eastern Christendom (600—1700)* (University of Chicago Press, Chicago, 1977)

· Jaroslav Pelikan, *The Christian Tradition: A History of the Development of Doctrine, Volume 3: The Growth of Medieval Theology (600-1300)* (University of Chicago Press, Chicago, 1980)

· Jaroslav Pelikan, *The Christian Tradition: A History of the Development of Doctrine, Volume 4: Reformation of Church and Dogma (1300-1700)* (University of Chicago Press, Chicago, 1985)

· Jaroslav Pelikan, *The Christian Tradition: A History of the Development of Doctrine, Volume 5: Christian Doctrine and Modern Culture (since 1700)* (University of Chicago Press, Chicago, 1991)

· Steven Runciman, *A History of the Crusades, Volume 1: The First Crusade and the Foundations of the Kingdom of Jerusalem* (Cambridge University Press, Cambridge, 1987)

· Steven Runciman, *A History of the Crusades, Volume 2: The Kingdom of Jerusalem and the Frankish East* (Cambridge University Press, Cambridge, 1987)

· Steven Runciman, *A History of the Crusades, Volume 3: The Kingdom of Acre and the Later Crusades* (Cambridge University Press, Cambridge, 1987)

· Robert Louis Wilken, *The Christians as the Romans Saw Them* (Yale University Press, New Haven, 2003)

찾아보기

ㄱ

가나안Canaan 20

가야파Caiaphas 42, 43

가현설주의자Docetists 71

갈레리우스Galerius 110, 111

갈릴레오 갈릴레이 Galileo Galilei 437, 441~444

감리교Methodism 478, 479

게르만(알래스카의) Herman of Alaska 459

경교Radiant 219, 220

계몽주의Enlightenment 447, 450, 500

계약의 궤 Ark of the Covenant 18, 21~23, 139, 144, 145

고백 교회 Confessing Church 504

골고타Golgotha 45

골턴, 프랜시스 Galton, Francis 472

공민권 운동civil rights movement 495

공재설consubstantiation 395

관음Guan Yin 221, 222

교부Church Fathers 8, 119~125, 157, 159~162, 164, 165, 178, 179, 184, 238, 327, 350, 369, 397, 410, 411, 441, 511~513

교회 일치 운동ecumenism 483, 510

구스타프 2세 아돌프 Gustavus II Adolphus, King of Sweden 424

구호 기사단 Knights Hospitallers 289, 316

그레고리오스(나지안주의) Gregory of Nazianzus(the Theologian), Saint 157, 162, 198, 201, 294

그레고리오스(니사의) Gregory of Nyssa, Saint 157, 162, 254

그레고리우스 1세(대교황) Gregory the Great, Saint, Pope 180

그레고리우스 2세 Gregory II, Pope 257, 258

그레고리우스 3세 Gregory III, Pope 258

그레고리우스 7세 Gregory VII, Pope 277, 278, 307, 329

그레고리우스 8세 Gregory VIII, Pope 289

그레고리우스 9세 Gregory IX, Pope 308

그레고리우스 11세 Gregory XI, Pope 330

그레벨, 콘라트 Grebel, Konrad 404, 405

그리고르(계몽자) Gregory the Illuminator, Saint 130, 131, 132

그리고리오스 팔라마스 Gregory Palamas 351, 512

그리스도론Christology 152, 164, 197~199, 202,

247, 248, 395

근본주의Fundamentalism 490, 491, 493

ㄴ

나아세니파Naassene sect 90

나치Nazis 503, 504

나폴레옹Napoleon Bonaparte 452

네로Nero 66, 81

네스토리오스(네스토리우스)Nestorius 198-200

　네스토리우스파 교회Nestorian Church 202, 203,
215, 219, 341

니골라오파Nicolaitism 272

니시비스Nisibis 216-218, 230

니체, 프리드리히Nietzsche, Friedrich 473, 474,
484, 485

　『즐거운 학문』The Gay Science 474

니케아 신경Nicene Creed 153, 157, 255, 256

니콘(모스크바 총대주교)Nikon, Patriarch of Moscow
457

니콜라우스 1세(교황)Nicholas I 256, 264

ㄷ

다윈, 찰스Darwin, Charles 469, 470, 472

　『종의 기원』The Origin of Species 469

다윗David, King of Israel 21, 337, 339, 340, 408

단성론monophysitism 200-203, 206, 207, 211,
216, 218, 245, 246

단의론monothelitism 203, 333

단테 알리기에리Dante Alighieri 319-321, 366

　『신곡』Divine Comedy 319-321, 366

단활론monoenergism 203

대각성 운동Great Awakening 478

대립 교황anti-pope 72

대분열Great Schism 271, 279

대성당cathedrals 314, 315

데키우스(황제)Decius, Emperor 86, 103, 109

도미니쿠스Dominic, Saint 286, 327

　도미니쿠스 수도회(도미니쿠스회)Dominican 325,
327, 330, 352, 371, 379, 432, 434

도스토예프스키, 표도르Dostoyevsky, Fyodor 484,
485

　『지하에서 쓴 수기』Notes from the Underground 485

　『카라마조프가의 형제들』The Brothers Karamazov
485, 486

도요토미 히데요시Toyotomi Hideyoshi 432

도쿠가와 이에야스Ieyasu, Tokugawa shogun 432

독일Germany 237, 264, 265, 277, 278, 288,
297, 298, 305, 307, 308, 315, 331, 385, 388,
390, 394-397, 403, 405, 406, 420, 424, 449,
457, 483, 502-504

동고트Ostrogoths 170, 171, 174, 183, 208, 209

동방의 교회Church of the East 215, 220

동방 정교회Eastern Orthodox Church 11, 126, 243,
271, 294, 455, 457, 482, 510-512

동시리아 교회East Syrian Church 215, 217, 218,
220, 341, 342

디오뉘시오스(아레오파고스의)Dionysius the
Areopagite 164

디오클레티아누스Diocletian, Emperor 110, 169

ㄹ

라이프니츠, 고트프리트 빌헬름Gottfried
Wilhelm Leibniz 449

라틴 교회Latin Church 203, 263, 265, 272, 275,

277, 350, 356, 357

랄리벨라, 게브레 메스켈 Lalibela, Gebre Meskel 337

러시아Russia 265, 267~269, 358, 455~461, 482, 483, 485, 500, 502, 512

러시아 정교회 Russian Orthodox 267, 268

레바논Lebanon 333, 339

레오 1세 Leo I 202

레오 3세 Leo III 237, 256

레오 9세 Leo IX 272~277

로마Rome 8, 11, 12, 24, 29, 30, 40, 41, 44, 45, 55, 61~63, 65~67, 70, 72, 73, 80, 81, 83, 86, 99, 103, 109~117, 121, 129, 130, 133, 134, 141, 145, 150, 153, 154, 160, 165, 166, 169~175~179, 183, 184, 187~192, 202, 203, 205, 207~210, 215, 219, 228, 230, 233, 234, 237, 238, 256~258, 261, 264, 271~275, 277, 279, 287, 293, 298, 300, 303~309, 313, 314, 316, 319, 320, 333~335, 339, 345, 346, 348, 355~358, 361, 362, 372, 381, 385, 386, 388, 411, 412, 415, 417, 418, 420, 423, 430, 431, 433, 434, 437, 441, 444, 451~453, 455~457, 480, 481, 491, 492, 510, 511, 512, 516

로욜라, 이냐시오 Ignatius of Loyola 380, 381, 411, 430

『**영신수련**』Spiritual Excercise 380

루터, 마르틴 Luther, Martin 385~390, 394~398, 406, 410, 411, 412, 416

르네상스Renaissance 297, 365~367, 369, 370, 386

리처드 1세 Richard I 289, 290

리키니우스Licinius 111, 112, 152

ㅁ

마누일 1세 콤니노스 Manuel I Comnenus 299, 340

마누일 2세 팔레올로고스 Manuel III Palaeologus 348, 356

마르크스, 칼 Karl Marx, Karl 471

마르키온Marcion of Sinope 94, 95

마르티누스 1세(교황) Martin I, Saint 203

마르티누스(투르의) Martin of Tours, Saint 188~190

대 마카리오스 Macarius the Great, Saint 122, 123

마테오 리치 Matteo Ricci 433, 434

마티스, 얀 Mathijsz, Jan 408

막달라 마리아 Mary Magdalene 50, 52

막시모스(고백자) Maximus the Confessor 164, 203

메노 시몬즈 Menno Simonsz 406, 407

메토디오스Methodius 262~265

메흐메트 1세 Mehmet I 349, 356

메흐메트 2세 Mehmet II 359

멜란히톤, 필리프 Melanchthon, Philipp 396

멜리톤(사르디스의) Melito of Sardis 160

모세Moses 18, 19, 20, 60, 64, 65, 226, 245, 247

무함마드Muhammad 226~228

뮌처, 토마스Müntzer, Thomas 389, 390

미란돌라, 조반니 피코 Pico della Mirandola, Giovanni 369, 370

미하일 팔레올로고스 Michael Palaeologos 345

밀라노 칙령 Edict of Milan 111, 119, 122, 130, 149

ㅂ

바그다드Baghdad 228, 230, 231, 237, 342, 480

바르멘 선언Barmen Declaration 504

바르톨로메오(사도)Bartholomew, Apostle 130

바실레이오스(카이사리아의)Basil the Great of Caesarea, Saint 157, 162

바오로 6세Paul VI, Pope 511

바울(사도)Paul 52, 61~66, 74, 84, 95, 165, 166, 386, 411

바티칸 공의회(1869, 제1차)First Council of Vatican 480, 481

바티칸 공의회(1962, 제2차)Second Council of Vatican 511, 512

반유대주의anti-Semitism 503

발레리아누스Valerian, Emperor 86, 109

베네딕투스(베네딕도)Benedict of Nursia, Saint 122, 179~183, 316

  『수도 규칙』Rule of Saint Benedict 122, 181, 182

베드로(사도)Peter 40, 42~44, 52, 54, 55, 56, 60, 61, 62, 65, 66, 67, 73, 91, 256, 481

베르나르두스(클레르보의)Bernard of Clairvaux, Saint 288, 321

베사리온Bessarion, Cardinal Basil 357, 368

벨리사리우스Belisarius, General 208, 209, 211

보나벤투라Bonaventure, Saint 326

보르티게른Vortigern, British King 191

보름스 제국 의회Diet of Worms 388

보에티우스Boethius 183

보편 공의회Ecumenical Councils 112, 153, 156, 157, 202, 248, 335

복음주의Evangelicalism 477~492, 514, 516

본회퍼, 디트리히Bonhoeffer, Dietrich 504, 505

볼테르Voltaire 449

불가르Bulgars 208, 265, 306, 347, 355

브라헤, 튀코Brahe, tycho 441

브레스크-리토프스크 연합Union of Brest-Litovsk 457

블라디미르(대공)Vladimir the Great, Prince of the Rus 265~267

비바리움Vivarium 184

비잔티움 르네상스Byzantine Renaissance 294, 365

비잔티움 제국Byzantine Empire 207, 209, 306, 340, 346, 349, 358, 365, 367, 455

ㅅ

사도 교부Apostolic Fathers 160

사도들의 교회Church of Apostles 60

사보나롤라, 지롤라모Savonarola, Girolamo 371, 372

사울(이스라엘의 왕)Saul 21

사제왕 요한Prester John 339~341

사하크 1세Sahak I 132

살라딘(살라흐 앗딘)Saladin 289, 290, 336

30년 전쟁Thirty Years' War 423

상이본질파anomoeans 153, 156

색슨Saxons 191, 192

생드니 성당St Denis, Abbey Basilica 315

샤를 당주Charles of Anjou 346

샤푸르 2세Shapur II 134

서고트Visigoths 170, 173~175, 190, 191, 256

성공회Anglican Church 11, 416, 418, 419, 430, 478, 492

성상 파괴 운동iconoclasm 245, 249

성전 기사단Knights Templar 289

성직 매매Simony 272

세계 교회 협의회World Council of Churches, WCC 510, 511

세라핌(사로프의)Seraphim of Sarov, Saint 461, 462

세르기오스 1세(총대주교)Sergius I, Patriarch 203

세르베투스, 미카엘Servetus, Michael 399, 400

세르비아인Serbs 347, 348

세속화secularization 466

셰키나Shekhinah 17, 27

소보르노스트Sobornost 482, 483

솔로몬Solomon 18, 21~23, 139, 144, 145, 213, 337

솔로비요프, 블라디미르Solovyov, Vladimir 483, 484, 501

수장령Act of Supremacy 417, 419

슈말칼덴 동맹Schmalkaldic League 395

스데파노(순교자)Stephen 62, 79, 80

스위스 형제단Swiss Brethren 404, 405

스테파누스 9세Stephen IX 277

스페인Spain 189~191, 228, 231, 236, 256, 315, 331, 360, 375~380, 385, 399, 400, 411, 421~423, 428, 429, 432, 500

시리아Syria 11, 24, 62, 74, 90, 132, 134~136, 142, 162, 164, 202, 215~220, 228~230, 245, 272, 279, 282, 327, 335, 339, 342, 509

시메온(신신학자)Symeon the New Theologian 294~296

시몬 마고스(마술사)Simon Magus 90, 91

식스투스 2세Sixtus II, Bishop of Rome 86

식스투스 4세Sixtus IV, Pope 378

신교부적 종합neo-patristic sythesis 512, 513

신비주의 신학mystical theology 123, 351~353

라인란트의 신비주의자들Rhineland mystics 351~353

신성 로마 제국Holy Roman Empire 237, 256, 273, 277, 287, 303, 304, 308, 340, 420, 423

십자군Crusades 281~285, 287~289, 297~301, 308, 316, 324, 325, 333~336, 339, 345, 358

ㅇ

아레이오스(아리우스)Arius 152~154

아리우스파Arianism 155, 161, 174, 175, 187, 190, 208, 256

아르메니아Armenia 11, 129~133, 178, 202, 228, 249, 273, 282, 334, 335

아리스티데스Aristides 160

아브가르 왕Abgar, King 135, 136

아브라함Abraham 19, 54, 64, 65, 79

아시리아 교회Assyrian Church 215~218, 221

아우구스툴루스, 로물루스Romulus Augustulm 175

아우구스티누스Augustine of Hippo, Saint 105, 162, 163, 165, 166, 172, 175, 238, 254, 255, 350, 384, 385, 387, 393, 410

『신국론』On the City of God 172

아우크스부르크 화의Peace of Augsburg 420

아이데시우스Aedesius 140, 141

아일랜드Ireland 460

아타나시오스(알렉산드리아의)Athanasius, Bishop of Alexandria, Saint 122, 155, 156, 161

아테나고라스 1세(총대주교)Athenagoras I, Patriarch

511

아틸라Attila 175

안드로니코스 1세 콤니노스 Andronicus I
Comnenus 299

안드로니코스 2세 팔레올로고스 Andronicus II
Palaeologos 350

안테루스Anterus, Bishop 73

안토니오스(안토니우스) Anthony of Egypt, Saint
121, 122, 125

안티오코스 4세 에피파네스 Antiochus IV
Epiphanes, King 24

알라리쿠스Alaric 170~173

알람브라 칙령 Alhambra Decree 376, 379

알렉산드리아Alexandria 70, 73, 99~101,
103~107, 121, 134, 140~143, 145, 151, 152,
156, 161, 164, 199~202, 228, 336, 350, 438

알베르투스Albert the Great, Saint 317, 318

알비 십자군 Albigensian Crusade 285, 287

앗다이(타대오) Addai 135, 136

야곱Jacob 19

얀(레이던의, 얀 뷔켈스존) John of Leiden 408, 409

양자론adoptionism 150

양태론modalism 72, 150

어린이 십자군 Children's Crusade 297, 298

에라스무스, 데시데리우스 Desiderius Erasmus
410, 411

에바그리오스(폰토스의) Evagrius Ponticus 123,
125, 126

에우게니우스 3세(교황) Eugenius III, Pope 288

에우노미우스Eunomius 156

에우튀케스Eutyches 201, 202

에이레나이오스(이레네우스, 리옹의) Irenaeus of
Lyons 72, 160, 161

　『이단 반박』Against the Heresies 160

에크하르트, 마이스터 Eckhart, Meister 352

에티오피아Ethiopia 11, 139, 140~146, 202,
336~340, 430, 431

에페소스Ephesus 200, 202, 357

에프렘(시리아의) Ephraim Syrus 216

엘리자베스 1세(잉글랜드 여왕) Elizabeth 418,
419

연옥Purgatory 320, 321, 387, 396, 412

영지주의Gnosticism 89~96, 133, 160, 285

예루살렘 성전 Temple of Jerusalem 24

예수Jesus 19, 27~34, 37~46, 49~57, 59~62, 67,
96, 135, 136, 149, 151, 160, 197, 199, 200,
226, 246, 249, 297, 298, 339, 478, 483

예수회Jesuit, Society of Jesus 219, 380, 381, 411,
427~435, 441, 442, 444

오리게네스Origen 102, 103, 126, 151, 152,
161

오리엔트 교회들oriental churches 132, 134, 203,
217, 219, 220, 333

오순절 운동 Pentecostalism 491, 492, 514

오토 1세 Otto I 305

오토 2세 Otto II 306

오토 3세 Otto III 306

요셉Joseph 19

요안니스 5세 팔레올로고스 John V Palaeologos
348

요안니스 8세 팔레올로고스 John VIII Palaeologos
356, 358

요안니스(다마스쿠스의)John of Damascus, Saint 164, 165, 246-248

요한 23세(교황)John XXIII 511

우르바노 8세Urban VIII 442, 443

우르바누스 1세Urban I, Bishop 72

우르바누스 2세Urban II, Pope 282

우주론cosmology 439, 441

울필라스Ulfilas 173, 174

워치만 니Watchman Nee 516, 517

웨슬리, 존Wesley, John 478

웨슬리, 찰스Wesley, Charles 478

위클리프, 존Wycliffe, John 383, 384

유다Judah 21, 23

유다(가리옷 사람)Judas Iscariot 41, 42, 60

유다 마카베오Judas Maccabeus 24, 40

유대교Judaism 1, 3, 12, 17, 21, 23, 24, 30, 31, 34, 61-65, 69, 80, 81, 90, 99, 100, 142, 143, 229, 262, 368, 370, 504

유물론materialism 451, 471, 473, 481, 482, 490, 493

유사본질파homoeans 153

유스티누스 1세(황제)Justin I 206

유스티누스(순교자)Justin Martyr 160

유스티니아누스 1세Justinian I, Byzantine emperor 205-213, 281, 304, 306

율리아누스(황제)Julian the Apostate 114-117

은사주의 운동Charismatic movement 491, 514

이그나티오스(안티오키아의)Ignatius of Antioch, Bishop 70, 71, 84, 86, 160, 256, 257

이노켄티(알래스카의)Innocent of Alaska 460

이리니Empress Irene 248, 249

이반 4세(폭군)Ivan IV 455, 456

이사벨라Isabella I, Queen of Spain 375, 376

이사악Isaac 19

이슬람Islam 133, 145, 209, 218, 225-231, 233, 234, 236, 245, 246, 265, 287, 293, 313, 327, 334-336, 338, 339, 342, 355, 366, 368, 375, 427, 439, 440, 455, 509

이시도루스(세비야의)Isidore of Seville 164, 165

이신론Deism 447-450

이집트Egypt 19, 24, 32, 90, 96, 99, 115, 119-121, 123, 145, 177-179, 202, 228, 284, 300, 309, 324, 335, 336, 338

인노켄티우스 3세Innocent III, Pope 286, 298, 300

인노켄티우스 4세Innocent IV, Pope 287, 309

인노켄티우스 8세Innocent VIII, Pope 330, 380

인도India 99, 129, 133, 134, 140, 217, 220, 221, 229, 339, 340, 430, 431, 480, 515

인도의 토마 계열 그리스도교인들St. Thomas Christians 133, 134, 339, 431

일본Japan 220, 222, 432, 460

잉글랜드의 가톨릭 교회Catholic Church in England 416

ㅈ

자그웨 왕조Zagwe Dynasty 337

자연 철학natural philosophy 317

재세례파Anabaptists 403-407, 409

제퓌리누스Zephyrinus, Bishop 72

조로아스터교Zoroastrianism 30, 368

조이Zoe, Empress 273, 274

종교개혁Reformation 197, 383~385, 393~397, 399, 403, 404, 406, 409, 415~417
　가톨릭 종교개혁Catholic Reformation 403, 409
종속론자subordinationists 151
중국China 13, 217, 219~222, 342, 433~435, 480, 509, 514~516
중국 의례 논쟁Chinese Rites Controversy 434
지혜의 집House of Wisdom 229~231

ㅊ

초대 교회early Church 54, 65, 69, 74, 79, 84, 99, 122, 154, 162, 329, 393, 515, 516
츠빙글리, 훌드리히Zwingli, Huldrych 396, 397, 404, 405
친슬라브주의Slavophilism 482, 483
칭기즈 칸Genghis Khan 269, 340, 342

ㅋ

카노사의 굴욕walk to Canossa 278
카롤루스 대제Charlemagne 233~238, 253, 256~258, 281, 303~305
카롤루스 왕조 르네상스Carolingian Renaissance 237, 253
카시아누스, 요한네스Cassian, Saint John 178, 179
카시오도루스Cassiodorus 183, 184
카타리파Cathars 285~287
카파도키아 교부Cappadocian Fathers 157, 162
칸트, 임마누엘Kant, Immanuel 450
칼 5세Charles V, Holy Roman Emperor 394, 407, 417, 420
칼릭스투스(교황)Calixtus, Bishop 72

칼뱅, 장Calvin, John 396~400
칼케돈 공의회Council of Chalcedon 132, 134, 145, 202, 333
칼케돈의 정식Chalcedonian formula 334, 335
케룰라리오스, 미하일Cerularius, Michael 274~276
케플러, 요한네스Kepler, 요한네스 442, 443
코르넬리우스Cornelius 61
코페르니쿠스, 니콜라우스Copernicus, Nicolaus 441~443
콘스탄츠 공의회Council of Constance 384
콘스탄티노스 5세Constantine V 245, 249
콘스탄티노스 9세 모노마코스Constantine IX Monomachus 273, 274, 276, 296
콘스탄티노스 11세 팔레올로고스Constantine XI Palaeologos 358
콘스탄티노플Constantinople 112, 125, 133, 134, 143, 145, 153, 170, 174, 178, 198, 202, 203, 206, 211, 212, 236, 237, 245, 248~250, 256, 257, 261, 262, 265, 266, 271, 273~277, 279, 283, 288, 293~297, 299~301, 303, 304, 318, 345~350, 355~362, 367, 456, 511
콘스탄티노플 공의회(381, 제1차)First Council of Constantinople 157, 255
콘스탄티노플 공의회(553, 제2차)Second Council of Constantinople 102, 126, 211, 216
콘스탄티노플 공의회(879, 제4차)Fourth Council of Constantinople 257
콘스탄티누스 대제Constantine the Great 109, 111, 113, 114, 293, 303
콘스탄티우스 2세Constantius II 114

콥트 교회Copts 202, 335, 336

콰드라투스Quadratus 160

쿠사누스, 니콜라우스Nicholas of Cusa 367

퀴릴로스(알렉산드리아의 주교)Cyril of Alexandria, Saint, Bishop 164, 199~201

크랜머, 토머스Cranmer, Thomas, Archbishop 417, 418

『성공회 기도서』Book of Common Prayer 418

크롬웰, 토머스Cromwell, Thomas 417

크뤼소스토모스, 요안네스Saint John Chrysostom 178

클레르몽 공의회Council of Clermont 282

클레멘스 6세Clement VI, Pope 331

클레멘스(로마의 주교)Clement, Bishop of Rome 160

클레멘스(알렉산드리아의)Clement of Alexandria 101, 161

키레예프스키, 이반Kireevsky, Ivan 483

키릴로스Cyril, Saint 262, 263, 264

키예프Kiev 265~269, 357, 360, 456, 457, 482

키프리아누스Cyprian, Bishop of Carthage 86

킹, 마틴 루터Martin Luther King 495, 496

ㅌ

터와흐도Tewahedo 139, 140, 142, 144

테르툴리아누스Tertullian of Carthage 87, 161

테오도라Theodora, Empress 205~207, 210, 211

테오도로스(몹수에스티아의)Theodore of Mopsuestia 216

테오도로스(스투디온의)Theodore the Studite 249, 250

테오도시우스(황제)Theodosius I, Emperor 103, 104

토르케마다, 토마스de Torquemada, Tomas 379

토마스 아퀴나스Thomas Aquinas 327, 328, 350, 352, 371

『신학대전』Summa Theologiae 328

토머스 모어Thomas More 410, 411

톨레도 교회 회의Synod of Toledo 256

트라야누스Trajan 82, 83

트리엔트 공의회Council of Trent 410, 411

티리다테스 3세Tiridates III 131

티무르Timur 342, 349

티베트Tibet 221, 433

틴들, 매튜Tindal, Matthew 448

『창조만큼 오래된 그리스도교』Christianity as Old as the Creation 448

ㅍ

파비아누스Fabian, Bishop 73

파트리키우스Patrick, Saint 192~194

파호미오스Pachomius 122

판타이노스Pantaenus 101, 134

페르디난트 2세Ferdinand II, King of Spain 375, 376, 378, 379

포티오스(총대주교) Photius, Patriarch of Constantinople 256, 257, 261

폰티아누스Pontian 72, 73

폴뤼카르포스(스뮈르나의)Polycarp of Smyrna 84, 85, 160

프란치스코(아씨시의)Francis of Assisi, Saint 325, 326, 432, 434

프란치스코 수도회(프란치스코회)Franciscan order

325, 326, 432, 434

프랑스France 188, 282, 283, 285, 287, 288, 297, 298, 315, 327, 331, 345, 347, 370, 371, 385, 397, 417, 420, 421, 422, 424, 428, 449, 451, 452

프랑스 혁명French Revolution 451

프랑크Franks 114, 170, 175, 190, 191, 233, 234, 236~238, 253, 256, 258, 263, 272, 304, 305

프로테스탄트Protestant 74, 383, 385, 393, 395~399, 403, 404, 406, 409, 412, 415, 416, 418~421, 423, 424

프루멘티우스Frumentius 140~142

프리드리히 1세(바르바로사)Frederick I Barbarossa 307, 340

프리드리히 2세Frederick II 308, 309, 324

프리드리히 3세Frederick III 388

프리스킬리아누스Priscillian of Avila, Bishop 189, 190

프셀로스, 미하일Psellus, Michael 296, 297, 350, 365

프톨레마이오스Ptolemy 99, 100, 103, 106, 438~442

플라비우스 스틸리코Flavius Stilicho 170

플라비우스 호노리우스Flavius Honorius 171

플라톤주의Platonism 90, 116, 151, 164, 296, 297, 327, 367~369

플레톤, 게미스토스Plethon, Gemistus 367, 368

플로렌스키, 파벨Florensky, Pavel 501, 502

플로티노스Plotinus 90, 369

소 플리니우스Pliny the Younger 82, 83, 86, 184

피렌체 공의회Council of Florence 356, 367, 368, 387, 456

피치노, 마르실리오Ficino, Marsilio 369, 370

필라투스, 폰티우스(본디오 빌라도)Pilate, Pontius 44, 45

『필로칼리아』Philokalia 126, 457, 458, 459

필론Philo of Alexandria 31, 151

필리오퀘 논쟁Filioque Controversy 255, 256

ㅎ

하기아 소피아(거룩한 지혜의 교회)Church of Holy Wisdom 212, 213, 249, 265, 274, 276, 358, 359, 361

하느님의 휴전Truce of God 282

하비에르, 프란시스코Francis Xavier 431, 432

해방 신학Liberation Theology 505, 506, 507

헤지카즘Hesychasm 351, 458, 459

헨리 8세Henry VIII, King of England 411, 416, 417, 418

호교론자Apologists 87, 102, 160

호미아코프, 알렉세이Khomyakov, Alexei 482

호프만, 멜키오르Hoffman, Melchior 406, 407

화체설transubstantiation 395

후스, 얀Hus, Jan 384

훔베르투스(추기경)Humbert of Silva Candida 273~276

횟필드, 조지Whitefield, George 478, 479

흐루쇼프, 니키타Khrushchev, Nikita 501

흐루올란두스(롤랑, 오를란도)Hruolandus 236

흑사병Black Death 331, 347, 366

히폴뤼투스(교황)Hippolytus 72, 73

그리스도교, 역사와 만나다

– 유대교의 한 분파에서 세계 종교가 되기까지 2,000년의 이야기

초판 1쇄 │ 2020년 5월 30일
　　 2쇄 │ 2021년 11월 20일

지은이 │ 데이비드 벤틀리 하트
옮긴이 │ 양세규 · 윤혜림

발행처 │ 비아
발행인 │ 이길호
편집인 │ 김경문
편　집 │ 민경찬 · 양지우
검　토 │ 손승우 · 장재경 · 정다운
제　작 │ 김진식 · 김진현 · 이난영
재　무 │ 강상원 · 이남구 · 김규리
마케팅 │ 유병준 · 김미성
디자인 │ 손승우

출판등록 │ 2009년 3월 4일 제322-2009-000050호
주　소 │ 서울시 강남구 봉은사로 442 75th Avenue 빌딩 7층
주문전화 │ 010-7585-1274
팩　스 │ 02-395-0251
이메일 │ innuender@gmail.com

ISBN │ 978-89-286-4753-8 (03900)
한국어판 저작권 ⓒ 2020 ㈜타임교육